业技能系列

幼儿园教案设计与反思

——新教师专业成长之路

潘娟 主编
陈国强 主审

江蘇鳳凰教育出版社
Phoenix Education Publishing, Ltd

主　　编：潘　娟
副 主 编：马丽萍　李　萍
编　　委：陈国强　钱红霞　张佳芳　王雪琴　葛玉文
陈　飞　黄金艳　王　雯　王　钰　张燕花
黄　萍　薛　萍　庄志花　胡欢欢　孙　茜
姜园园　吴　倩　陈蓉蓉　王　嘉　高容慧
汪　斐　陈　庆　张丽伟
指导专家：张慧和　楼必生　闵传华　薛　瑜　陈国强

幼儿园集体教学计划的设计与思考

陈国强

为促进幼儿园教师的专业发展，建设高素质的幼儿教师队伍，教育部制定了《幼儿园教师专业标准》。《幼儿园教师专业标准》指出，“幼儿园教师应是专业人员，应该掌握系统的专业知识和专业技能”。其中第48条规定，幼儿教师要“制定阶段性的教育活动计划和具体活动方案”。作为一个有专业素养的教师，制定好教育教学计划是重要的、必备的基本功之一。虽然集体教学活动在幼儿园的一日活动中所占时间不长，但集体教学是我国幼儿教育的一种重要组织形式，其本质是教师教与幼儿学。幼儿园教学是幼儿教师以多种形式，有目的、有计划地引导幼儿生动、活泼、主动活动的教育过程。为了提高教学的有效性，制定教学计划是必不可缺的重要环节。

每一个具体的集体教学计划包括教学活动名称、教学目标、教学准备和教学过程几个部分，即使是一个有经验的、专业水平比较高的教师，也都要经历遴选课题、撰写教案、修改教案、实施教案、反思提高这样的专业成长历程。任何一份教学方案，要在实施时收到良好的教学效果，都必须符合当前本班幼儿的兴趣与需要，符合幼儿的原有基础。目标是否清晰、适宜，准备是否充分、必需，方法与手段的选用是否合适、恰当，过程是否既能达成目标，又能充分关注幼儿的即时状态……都是需要幼儿教师在备课时反复思索、创造性决策的，因此，适当修改教学活动计划也是必须的。

设计小班的集体教学活动计划，教师应该注意以下几点：

1. 选择的集体教学课题应生动、易懂。

由于小班幼儿年龄小，认知内容还不够丰富，他们以无意注意为主导，注意力往往容易分散，因此那些形象生动的内容更容易吸引幼儿，引起他们参与活动的兴趣，“橘子宝宝来了”“毛毛虫吃东西”“袋鼠宝宝跳跳”“我给妈妈做面条”“汽车嘟嘟嘟”等活动，主角都是幼儿可以直接接触、感知的小动物、食品和物品，都可能成为幼儿喜欢的、能够引发幼儿学习兴趣的好课题。

再如，数学学习对于小班幼儿来说是有一定难度的，但如果设计成“水果宝宝排排队”这样的课题，选用幼儿常常接触的水果，用游戏的方法让小班幼儿在看看、练练、说说的过程中感知3个物体的大小，尝试按从大到小或从小到大的顺序进行排序，帮助幼儿逐步积累数学经验，这样的课题与内容就非常适合。

2. 目标应具体、明确。

教学活动的目标对于集体教学活动来说是十分重要的，因为目标往往决定了本次活动的难易程度，规定着教学活动的方向。无论是某领域的教学活动，还是综合活动，对于注意力集中时间只有10～15分钟的小班幼儿来说，目标更要简单、明确，要符合小班幼儿的理解水平和学习特点，千万不要写那些又空又大、在幼儿时期甚至整个青少年时期都在培养的目标，比如“体验参加活动的乐趣”、“能用语言与同伴交流”……这些都不够具体。

又如，体育活动“毛毛虫吃东西”，其活动目标是“能手膝着地比较协调地爬，并尝试跨过障碍爬”，只交代了要幼儿手膝协调地爬，没有交代要跨过什么样的障碍，障碍的高度等信息也没有交代，像这样的目标是必须进行修改的。

3. 应关注幼儿的经验准备。

教学活动的准备包括经验准备和物质准备。教师要更重视幼儿的经验准备。对于小班幼儿来说，一定的经验准备可以让他们比较顺利地进入学习状态，如：秋天到了，孩子们在日常生活中看过树叶飘落，捡过落叶，在这些经验的基础上，引导幼儿进入“树叶和妈妈”的活动，幼儿就会有感情地、积极愉快地撕树叶，贴在“树妈妈”的身上，打扮“树妈妈”。

4. 过程要突出游戏化、情境性。

教学过程是教师教和幼儿学的互动过程，小班幼儿的认知特点决定了小班的教学过程应该在教师创设的游戏情境中激发幼儿的情绪，自然调动幼儿的积极性，让幼儿在游戏过程的亲身经历中自然地动手、动口、动脑，获得各方面能力的提高。《3～6岁儿童学习与发展指南》指出：小班幼儿“能注意物体较明显的形状特征”，因此在“请小动物吃饼干”的综合活动设计方案中，教师先通过出示夹心饼干引发幼儿的已有经验，再请幼儿说说吃过什么形状的饼干，引发幼儿对图形的关注，接着以班上来了“小猫”、“小羊”等小客人的情景，引导幼儿根据客人的需要分别送不同形状的饼干，巩固对圆形、正方形、三角形等不同形状的认识，最后让幼儿制作夹心饼干，进行相同图形的匹配。这样游戏化、情境化的教学活动过程，为小班幼儿轻松自然地学习、操作、练习提供了最合适的机会和条件。

幼儿的语言能力在小班阶段也进入快速发展时期，因此在教学过程中教师应该为幼儿的语言发展提供练习的机会，注意引导幼儿清楚发音、学习词汇及用完整句表达。

在评价的环节，教师要注重幼儿的操作过程。对于小班孩子来说更重要的是教师的肯定性语言，教师的评价应该有利于引导孩子学习正确方法、明确操作规则，等等，例如，为了让幼儿明白如何正确使用排序板，教师可以说："水果宝宝要踩在线上。"

随着年龄的增长，4～5周岁的孩子在身体和心理方面有较快的发展，他们的中枢神经的调节功能逐步增强，大小肌肉的协调能力也增强了，思维活跃，好奇好问，想象力丰富，喜欢与别人交往，喜欢受到别人的关注、肯定和夸奖，能欣赏多种形式的艺术作品，并乐于表现。

设计中班的集体教学活动计划，教师要注意以下几点：

1. 选择的教学活动课题的范围要逐渐扩大。

为中班幼儿选择的课题，应逐步从幼儿直接感知的具体的人、事、物扩大到周围环境中人、事、物。如"秋天的树林""湖水中的倒影""小区的楼房"等。随着幼儿自我意识的逐步增强，让幼儿保持良好的情绪状态，让他们主动地与周围环境相互联系、相互作用，可以激发他们的学习兴趣，提高他们的交往技能，促进他们多方面素养的发展和提高，因此"蔬菜造型""我和朋友手拉手""我学大师画格子""我身上也有数""我来买糖果""送给妈妈的礼物""夸南京"等，也必然成为中班幼儿喜爱的好课题。这些课题还较好地体现了幼儿的主体性——以自己的视角看世界。

2. 活动目标应突出教学活动的重点。

中班幼儿的自我控制能力有了一定的提高，一节课的时间可以增加到20分钟左右，所以制定的教学目标也相应地比小班幼儿提高一些，但是为了保证教学活动的收效，教师还是应该认真推敲，把每一个教学活动的重点目标梳理清楚，这样才能符合幼儿学习和发展的需要，而不是随意增加过多的目标或太笼统的目标，使教学活动不能有质量地实施。如中班的"看谁先装满"活动，原先的目标有三条：

(1) 尝试运用量一量、比多少的方法初步感知物体的体积。

(2) 培养幼儿的估计能力和空间感知推理能力。

(3) 愿意参加探索活动，并在活动中体验自我验证成功的愉悦心情。

这三条活动目标对于中班上学期的孩子来说深了一些，对于"体积"这一概念中班的孩子们还难以理解，建议最早也要放在中班下学期进行这方面的认知活动。总体而言，这三条目标过于空洞，而且表述的视角不一致：第一条和第三条是从幼儿角度表述的，第二条则是从教师角度表述的。而本次教学活动的重点是引导幼儿在操作中发现用相同大小的杯子装物品，物品的大小不同装的物品数量多少不同。因此把目标作如下调整是必要的：

(1) 把大小相同的杯子装满，尝试发现小的东西放的数量多、大的东西放的数量少。

(2) 学习根据已有的条件尝试解决新的问题：谁先把瓶子装满。

3. 活动准备应全面、充分。

教学活动的准备是多方面的，教师在制订计划时要从教学目标出发，细微思考如何全面、充分地做好准备。

经验准备要考虑当今幼儿的认知、兴趣甚至习惯等，教师在备课时准备得越充分、细微，就越能使教学顺利、有效地进行。例如"蔬菜沙拉"综合教学活动，教师要从中班幼儿的认识特点出发，从不同蔬菜的不同形态、不同颜色，是否适合生吃，选哪几种口味的沙拉酱等多角度考虑，同时还应考虑：如何准备蔬菜、怎样清洗、怎样切，用什么东西装，分几个组摆放，幼儿用什么餐具，餐具怎样摆放，幼儿怎样选取，在哪里品尝等，这样才能既保证幼儿积极参与制作蔬菜沙拉，体验蔬菜的多种吃法，又能使活动井然有序地进行。

物质准备不仅要思考用什么材料、工具等，还需考虑教具如何出示、如何摆放、什么时间调换或收拾，学具怎么让幼儿使用时既方便又能达到运用的效果等。有的教学活动对场地、座位也有要求，可以通过附图使师幼一目了然。

在物质准备时常常要准备"人手一份"用的材料，为了让幼儿能有所选择，应多做些，多画些，才能满足不同水平、不同速度儿童的需要，相关的学习用具、操作材料等都应适当多准备一些，这样才能更好地支持儿童的主动学习和相互交流，才能最大限度地促进孩子们的发展，及时应对教学过程中临时出现的需要。同时也体现教师在教学过程中更加尊重每个孩子的想法、经验和创造。

4. 过程设计要环节清晰，步步深入。

中班的教学时间一般在20分钟左右，而中班幼儿的注意力集中时间通常在10分钟左右，因此设计教学过程时，必须思考以什么方式引起幼儿的学习兴趣，如何引出本次活动的新内容，如何让幼儿对新的学习内容有很好的理解，以及如何保持幼儿继续学习的积极性等。例如，同样是对中班幼儿的教学，在"修路"教学活动过程中是这样几个环节：

(1) 教师以故事形式导入，让幼儿身临其境，引出帮助小动物修路的话题，请2～3名幼儿尝试：用什么形状的"砖"铺"路"；

(2) 继续导入情节,让幼儿练习将小的图形拼成大的"正方形"、"长方形",完成铺路任务;接着让所有的孩子尝试铺路,并且相互介绍自己是如何拼图铺路的,给幼儿提供实践操作和相互学习的机会;

(3) 最后在故事情境中继续练习用"砖"铺路,并且把孩子们铺好的路连接成一条长长的路,体验帮助别人的成功感。

由于环节设计在故事情境中环环相扣,步步深入,因此在活动过程中幼儿始终保持学习的积极性,在自身一次次操作中感受图形之间的关系。

而教学活动"看谁先装满"则是由下面几个环节构成:

(1) 以收获的种子引出猜测:用相同的瓶子装不同大小的粮食,哪个装得多,哪个装得少?为什么?

(2) 自己试一试,并用记录表记录操作结果。

(3) 交流分享:感受用同样大小的瓶子,大的粮食装得少,小的粮食装得多。

(4) 进一步感受用同样大的瓶子装三种不同大小粮食的数量差距。

(5) 智力游戏:"超市购物"。计时一分钟,看谁能把筐装满。引导幼儿实际运用经验。

"看谁先装满"的教学过程,是由问题引出—主动尝试—交流分享—操作验证—解决新问题这样几个环节构成,以保证幼儿在多次不同难度的操作过程中实现目标、获得发展。

大班幼儿随着身体和心理的发育,基本的生活自理能力增强了,逐渐能调节和控制自己的情绪,有初步的规则意识;有意注意有了一定的稳定性和自觉性,抽象逻辑思维开始萌芽,求知欲和探索欲强,能有序、连贯、清楚地讲述一件事情,寻求问题的答案;同时,大班幼儿也有初步的合作意识和与同伴相处的能力。此时,幼儿园应该更好地帮助幼儿逐步养成积极主动、认真专注、不怕困难、敢于探究和尝试、乐于想象和创造等学习品质,为孩子的入学做准备。

设计针对大班幼儿的教学活动计划,应注意以下几点:

1. 选择教学活动的课题应丰富、多元。

掌握客观世界的基本知识是社会中的人所必须的,包括与健康、安全有关的知识,参与社会交往的行为规则,自然和社会环境中常见的人、事、物的名称,以及基本的数、量、行、列、时间、空间概念等,同时对于大班幼儿来说,还需要掌握生活、交往、学习等基本活动方式、方法的知识和经验,还应具有智力和多项能力的活动经验以及积极的情感、态度,为自己今后的一生奠定坚实的基础。因此,教师应着力扩展幼儿的兴趣,提高其理解能力,可选择教学的内容范围也必然大大拓展，从幼儿可以直接感知的人、事、物中，选择能通过视听等途径感知、理解的古今中外先进科技、民间传说等多元材料，作为教学的课题，如“祖国的标志”“植物趣闻”“神奇的迷彩”“广场花卉设计”和国外艺术作品《星空》等。

2. 目标应尽量体现幼儿的主动性、创造性。

目标对于教师的教和幼儿的学都十分关键。大班幼儿已基本能自觉遵守公共场所的活动规则，能主动用语言等多种方法和别人积极互动，能主动发起活动，能在活动中出主意，想办法，因此大班集体教学活动的目标，也应该注意让幼儿的主体性得以发挥，让他们真正成为活动的主人，在自主活动中积极探索、发现，不断建构自己的新经验，充分发挥自己的主动性、积极性、创造性。例如，大班社会领域的课题“一天里的活动”的目标确定为：

(1) 感受一天中时间与人们生活的关系。

(2) 了解24小时计时法的时间表示方式。

(3)知道自己在某一时间内应做的事情，有一定的时间概念。

从以上目标看出，幼儿是在自己的活动过程中了解“时间的不同表示方式”，“感受一天时间与人们生活的关系”，自己尝试安排一天时间内的活动的。在这样的活动中，孩子会逐步形成时间的概念，为进入小学学习打基础。

3. 让准备的过程成为幼儿自主探索研究的过程。

幼儿的学习、发展是一个连续的、渐进的、螺旋式上升的过程，一次集体教学活动往往仅仅是幼儿在学习某个问题时的一连串过程中的一个台阶，所以要特别重视幼儿在提出问题、收集相关信息和材料的过程中的逐步积累。在经验准备过程中幼儿某方面的兴趣会不断增长，知识经验逐步丰富，占有的材料不断增加，又会出现新的问题，这样的准备过程是幼儿经历成长的过程。例如，大班美术活动“种子贴画:秋天的故事”的主要目标是:大胆利用种子的形状、颜色、大小等特点进行贴画。因此活动准备内容包括:教师引导幼儿与家长共同收集不同种类的种子(如黄豆、红豆、花生、瓜子、芝麻、绿豆等)，在收集种子的过程中发现种子的多样性、趣味性:种子大小不同、颜色不同、样子不同……在此基础上再让幼儿用种子贴画，他们有了情感，有了对种子的认识，一定能编出各具特色的“秋天的故事”。

4. 活动过程为幼儿不断建构新经验提供机会。

幼儿的学习是一个不断积累、提升的过程，他们在日常生活中会积累多种多样的感性经验，也能产生许多的问题和困惑，对于大班幼儿来说，他们的抽象逻辑思维已开始萌芽，因此大班的教学过程设计应更突出帮助幼儿解惑、梳理和提升，通过学习、梳理、建构新经验，让幼儿主动在动手动脑的过程中探索、研究问题，与同伴讨论、交流，主动寻找解决问题的方式，得出结论，这样的经历与过程，才能更好地引发孩子学习的积极性，发展他们多方面的感知力、表现力、创造力、语言表达力等。

例如，大班的综合活动“快乐游戏我做主”，主要目标是让幼儿尝试、探索运用表格、绘画等形式，学习制定自己一周的角色游戏活动计划。在幼儿知道了一个星期有5天要到幼儿园、上下午都有游戏时间的基础上，为幼儿提供自己制定自己的游戏计划的机会，学习安排自己的时间。在教学过程中，教师首先提出问题，让幼儿回忆自己玩过的游戏：你们最喜欢在幼儿园玩什么游戏？每天玩了些什么？每天一样吗？上午和下午玩的一样吗？接着出示记录单，讨论记录方法：下一周是几月几日？想订上午的游戏计划还是下午的游戏计划？然后让幼儿自己思考怎样在记录单上制订出自己下个星期5天的游戏计划：用什么标记来表示周一到周五？怎样在对应的日期下画出自己想玩的游戏内容？幼儿操作时教师特别提示：绘画图表时要清楚，让别人可以一眼看出你想玩的游戏内容。最后，展示幼儿的记录单，让幼儿互相说说自己能看懂哪些游戏计划，鼓励幼儿学习同伴清楚的记录方式。

在这样的集体教学活动过程中，教师为幼儿的自主决定、独立做事等良好习惯的养成，提供了充分的机会：幼儿在回忆生活经验、自己思考、表现表达、与同伴交流的过程中练习着自己选择、安排游戏时间和内容，为今后的小学学习以及快乐人生奠定坚实的基础。

《幼儿园教师专业标准》指出：幼儿园教师是履行幼儿园教育工作职责的专业人员。作为幼儿教育行业的专业人员，应该认真学习、刻苦钻研，不断提高自己的专业水平，帮助幼儿为自己的健康成长、幸福一生走好最初的一步。

目 录

第二部分　实践与反思

大班教案设计与反思

第一部分　点评与提升

第二部分　实践与反思

小　班
教案设计与反思

第一部分
点评与提升

1. 水果宝宝排排队(数学:排序)

教案设计原型

一、活动目标

1. 尝试按从大到小或从小到大的顺序给3个物体排序。

2. 认识排序板,能自己在排序板上正确地排列水果。

3. 愿意尝试排序活动,体验活动的乐趣。

二、活动准备

1. 经验准备:幼儿感知并区别过物体的大小。

2. 物质准备:

(1) 教具:大中小实物橘子3个;大排序板两块;苹果图片两套(大、中、小各一个)。

(2) 学具:幼儿制作的水果涂色作品柿子、橘子、梨子(背后贴有双面胶);每人1个小纸盒、1个排序板、3个水果(大、中、小各1个)。

三、活动过程

1. 橘子宝宝来了——激发兴趣。

(1) 师(出示大小不同的3个橘子):今天来了3个橘子宝宝,看看它们一样吗? 怎么不一样?

(2) 师:我们来给橘子宝宝们排排队吧!(引导幼儿按照从小到大的顺序排排队)

2. 苹果宝宝出去玩——认识排序板,学习排序。

(1) 师(出示排序板和3个苹果):这儿有3个苹果宝宝,我们帮苹果宝宝排排队，比比看。（出示排序板）看看我带了什么？

（2）教师引导幼儿将3个苹果按从小到大的顺序排在排序板上，紧靠着小红旗。（引导幼儿观察苹果按从小到大的排序方法，一个比一个大）

（3）师（再次出示3个苹果）：如果是从大到小给苹果宝宝排队，怎么排呢？

（4）鼓励个别幼儿尝试在排序板上给苹果宝宝排队，并说一说排序的方法。引导幼儿了解，苹果宝宝是按从大到小的顺序排队的，一个比一个小。

3. 水果宝宝来排队——操作练习。

（1）教师介绍操作材料。（柿子宝宝、橘子宝宝、梨子宝宝）

（2）观察幼儿操作情况，鼓励幼儿尝试排序。

4. 展示幼儿操作结果，评价交流。

总结两种排序方法出现的问题。

专家点评

1. 选用幼儿常常接触的水果，用游戏的方法让小班幼儿在看看、练练、说说的过程中逐步积累数学经验，非常适合。

2. 材料准备比较充分，书写清楚，体现了教育的连续性：本次活动所用的水果是幼儿自己的涂色作品，不仅体现了节约的好习惯，而且可以增加幼儿操作时的亲切感。

3. 目标对于教师的教和幼儿的学都十分关键。本次活动的目标对于小班孩子来说有点难，内容也有点多了。应该把操作方法放在第一条。

4. “目标2”应该改为：初步学习在排序板上排序。因为这是幼儿第一次学习使用排序板。

5. 建议把排序板贴上压膜纸，这样便于孩子操作，排序时孩子只要把水果插进压膜纸里面就可以，原设计用背后贴有双面胶的图，如果操作时幼儿需要调整会不方便。

6. 能以“橘子宝宝来了”引发幼儿的积极情绪，但是不要马上出示全部橘子，应该让孩子有一个直观的比较橘子大小的过程。

7. 数学教学过程应该有数学的目标意识，教师的语言要明确：“我们来给橘子宝宝们排排队吧？”应改为“我们来给水果宝宝按照大小的顺序来排一排队”，这样要求明确，才能保证教学目标的实现。

8. 初步学习使用排序板也是本次教学的目标，但是在教学过程中教师的要求不明确。对于小班孩子而言，如果使用排序板就要发挥排序板的作用，并且在评价的过程中就应该重点评价小朋友排序时的操作情况。

9. 在评价的环节，教师要注重幼儿的操作过程。对于小班孩子来说更重要的是肯定性的语言，教师的评价应该是引导孩子巩固排序的正确方法，可以结合“目标 2”来进一步帮助幼儿明确操作规则，例如：“水果宝宝应该踩在线上。”

教案设计提升

一、活动目标

1. 认识排序板，能在排序板上给 3 个大小不同的水果进行排序。

2. 能按照从大到小或从小到大的顺序进行排序。

二、活动准备

1. 经验准备：幼儿感知并区别过两个物体之间的大小。

2. 物质准备：

(1) 教具：大中小实物橘子 3 个，大排序板两块；苹果图片两套（每套含大、中、小苹果各 1 个）。

(2) 学具：幼儿水果涂色作品柿子、橘子、梨子（背后贴有双面胶）每人 1 个小纸盒、1 个排序板（贴有压膜纸），每人 3 个大小不同的苹果及其他水果。

三、活动过程

1. 以“橘子宝宝来了”激发兴趣。

师（出示大小不同的 3 个橘子）：今天来了 3 个橘子宝宝，看看它们一样吗？怎么不一样？谁最大？谁最小？

2. 给“橘子宝宝”排队。

师：我们来给 3 个橘子宝宝排排队吧！怎么排呢？谁愿意来试一试？

按照幼儿操作的情况帮助幼儿明白：3 个橘子宝宝排队可以从大到小地排，也可以从小到大地排。

3. 认识排序板。

(1) 以“苹果宝宝”出去玩引出话题。

- 出示排序板，引导幼儿观察认识排序板。

师：排序板上有什么？（最前面有一面小红旗，下面有一条线）

- 向幼儿介绍排序（苹果宝宝排队）时从小红旗后面开始排。

(2) 讨论给苹果宝宝排序的方法。

● 师：这儿有3个苹果宝宝，它们一样大吗？这3个不一样大的苹果怎么排队呢？

● 师：我们帮3个苹果宝宝排排队，它们怎样才能排得整整齐齐？（从小红旗开始排，苹果宝宝的脚要踩在排序板下面的线上，把苹果插到压膜纸的后面）

4. 幼儿在排序板上操作。

（1）教师观察幼儿是如何操作的。

（2）引导幼儿相互交流操作情况。

师：你是怎样排序的？（选择按从大到小或从小到大的方法排序的幼儿，请他向大家介绍自己的排序方法）

（3）引导幼儿共同总结各自不同的排序方法。如：大（小）苹果宝宝站在第一个，不大不小的苹果宝宝站在第二个……它们一个比一个小（大）。

5. 游戏："水果宝宝来排队"。

（1）介绍游戏操作材料（有柿子宝宝、橘子宝宝、梨子宝宝）。幼儿自主选择给自己喜爱的水果宝宝排排队。

（2）观察幼儿的操作情况，鼓励幼儿自己尝试排序。

重点提醒幼儿从小红旗后面开始排序，把水果插到压膜纸的后面。

6. 展示幼儿操作结果。

（1）引导幼儿说说自己是按什么方法排序的。

（2）小结：今天我们给水果宝宝排了队，它们真开心。

四、活动延伸

在数学区提供不同水平层次的游戏操作材料，让幼儿尝试给更多的水果宝宝排队。

2. 我和圆形做朋友（语言：儿歌）

教案设计原型

一、活动目标

1. 能根据自己的经验替换儿歌中圆形的物体，并仿编出新的儿歌。

2. 尝试用语言"我在××地方找到了圆形的××"进行表述，巩固上、下、里的空间方位概念。

3. 体验创编儿歌带来的乐趣。

二、活动准备

物质准备：儿歌《圆、圆、圆》图标一套、圆形物体图片若干、“圆形宝宝的家”情景布置。

三、活动过程

1. 出示圆形图标，引发幼儿的兴趣。

师：这是什么形状？

2. 引导幼儿复述儿歌《圆、圆、圆》，教师逐一出示儿歌的图标。

师：我们学习了一首关于圆的儿歌，一起来说一说吧。

3. 鼓励幼儿大胆地根据自己的经验创编儿歌内容。

师：除了儿歌中说到的圆形，还有哪些东西是圆形的呢？

（幼儿说一种圆形的物体，教师立刻出示相应的图标，覆盖原有儿歌中的图标，创编出新的儿歌）

4. 教师对幼儿的大胆创编进行鼓励，并组织集体朗诵仿编的儿歌。

5. 游戏：“圆形宝宝的家”。

(1) 师：今天圆形宝宝想请你帮忙，请你到它家里把圆形的朋友找出来，要看一看：你在××地方找到了圆形的××。（幼儿回座位相互交流）

(2) 请幼儿讲述：我在××地方找到了圆形的××。

6. 将圆形的物体简单分类，幼儿再次集体创编。

(1) 采用“小火车”的传递方法，请幼儿讲述创编的儿歌内容。

师：看一看你手上圆圆的东西哪些是吃的呢？如果是吃的，请你站到前面来。

(2) 请另一部分幼儿讲述创编的儿歌。

师：请手上拿着不能吃的圆圆东西的小朋友站到前面来。

专家点评

1. 本活动的内容适合小班，并且有必要进行这样的仿编活动，不仅能帮助幼儿熟练地念儿歌，而且为幼儿提供了积极动脑筋、表达自己对图形的认识的机会。

2. 准备很充分。教师准备了大量圆形物体的图标，教学中仿编儿歌时，当孩子说出一个物体时教师便能够及时地出示图标，记录孩子的仿编内容。

3. 孩子们大胆讲述圆形的物体时，教师能够及时加以肯定，对于小班孩子来说有必要，可以提高孩子们的积极性。

4. 本节课属于什么领域没有交代，必须补充。因为不同领域的教学，有自身的不同特点和不同的组织过程。

5. 课题名称建议调整。如果是科学活动，教学任务是认识圆形、并且表现幼儿喜欢圆形，用现在的题目有情感特征。但是本次活动是选用现成的儿歌进行仿编，所以建议还是用原来的儿歌名字。

6. 活动的目标太多。小班一节课一般 15 分钟。目标多了，内容太复杂，势必不能突出这节课的主要目标。可将“目标 2”去掉，活动过程中的 4、5 环节也应删除。

7. 在活动准备中应该标明孩子的经验准备。因为是仿编活动，幼儿必须有知识经验的基础。

8. 教学过程中对于幼儿说出来的东西，可能没有现成图标对应的情况，教师可以用绘简笔画的方法来进行记录。

9. 在原文的基础上进行的活动不叫“创编”，而应是“仿编”，因为儿歌的格式并没有改变。

10. 活动结束后，可请家长在家中引导幼儿寻找圆形的物品，继续仿编儿歌并进行记录，便于与同伴交流，也为成长册提供素材。

教案设计提升

一、活动目标

1. 能根据自己的经验替换儿歌中圆形的物体，仿编出新的儿歌。

2. 能参加儿歌仿编，体验儿歌仿编的乐趣。

二、活动准备

1. 经验准备：在生活中寻找过圆形的物体、初步学习儿歌《圆、圆、圆》

2. 物质准备：儿歌《圆、圆、圆》图标一套、圆形物体图标若干。

三、活动过程

1. 出示圆形图标，引发幼儿的兴趣。

师：这是什么形状？（圆形）

2. 引导幼儿复述儿歌《圆、圆、圆》，教师逐一出示儿歌的图标。

师：我们学习了一首关于圆的儿歌，一起来念一念吧。（复习 2～3 遍，直至幼儿能熟练地念儿歌）

3. 尝试仿编儿歌。

(1) 尝试仿编。

师:除了儿歌中说到的圆形,还有哪些东西是圆形的呢?

幼儿说出一种圆形的物体,教师立刻出示相应的图标,编出新的儿歌。

(2) 集体朗诵仿编的儿歌。

教师带领幼儿一边看图标一边念儿歌。

3. 仿编更多的新儿歌。

师:小朋友真棒!想出了圆形的东西,把它们编成了新的儿歌!还有哪些圆圆的东西也可以编进儿歌里呢?

鼓励幼儿根据自己的经验大胆发言,仿编出新儿歌。

根据儿歌格式呈现图标,并组织幼儿朗诵。

4. 感受仿编儿歌的乐趣。

教师(指着一组一组的图标):看,今天我们真会动脑筋,新编了这么多《圆、圆、圆》的儿歌,我们一起来念一念吧!(集体朗诵、分组朗诵或个别朗诵)

5. 鼓励幼儿继续仿编儿歌。

师:除了这些圆圆的东西,生活中还有许许多多的圆形,回家和爸爸妈妈一起找一找,也把它们编到儿歌里来吧。

与家长联系,鼓励幼儿仿编,请家长进行记录,并且带到班上与同伴交流。

附儿歌

圆、圆、圆

皮球圆圆,
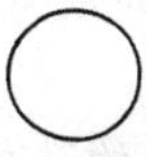

铃鼓圆圆,

挂钟圆圆,

盘子圆圆,
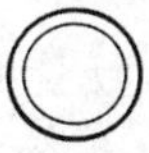

看看橘子,

还是圆、圆、圆。
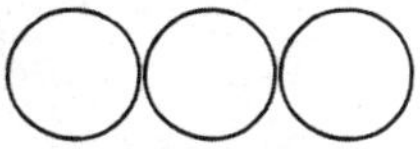

3. 感知5以内的数(数学)

教案设计原型

一、活动目标

1. 感知5以内的数,能按点卡匹配表示相应数量的图片。

2. 幼儿乐意参与活动,体验数学活动的乐趣。

3. 通过一些操作活动增强幼儿的数概念。

二、活动准备

物质准备:胸前有兜兜的绿色围裙,供幼儿系上扮"毛毛虫",与故事内容匹配的相应数量的食物小图片若干,根据故事制作的图书一本,1～5点卡,毛毛虫贴画、纱巾各若干,欢快的音乐伴奏带。

三、活动过程

1. 游戏导入,激发幼儿兴趣。

在欢快的音乐伴奏下,师生一起模仿毛毛虫快乐地在草地(绿地毯)上爬行、嬉戏,教师不时地用头轻轻触碰幼儿的头或用脸轻轻地贴近幼儿的脸,并大声地招呼。

2. 寻找食物,感知5以内的数量。

(1) 师:宝宝们肚子有点饿了吧? 我们去找些东西吃。

(2) 师:你找到了什么? 数数有几个? 谁和谁是一样多呢? 请一样多的在一起抱一抱!

3. 欣赏故事,拓展对数量的认知。

(1) 师:宝宝们坐下来休息一会儿吧! 有一只有趣的毛毛虫,它也出来找东西吃,它找到了哪些好吃的东西呢?

(2) 师生共同阅读图书,让幼儿在看看、说说、数数、猜猜中,巩固对数量的认知。

4. 点卡找朋友,匹配相应数量的食物图卡。

引导幼儿看看每张图上有几个物体,将数量相等的物体连在一起。

5. 毛毛虫变蝴蝶——感受快乐。

专家点评

1. 本课题可选择更贴近小班、生动有趣一些的题目，如《毛毛虫吃东西》。

2. 本节活动充分发掘并利用故事中的数学元素，让幼儿在故事的情境中学习和感知5以内的数量，避免了数学学习的单调和枯燥，增强了活动的愉悦性和趣味性，激发了幼儿对数学活动的兴趣。

3. 活动设计，让每一个幼儿都有表现的机会，努力建构有效的师生、生生互动。

4. 活动中使用的教具十分简单，但很实用。活动前给每个幼儿系上绿色围裙，不仅是毛毛虫角色的标志，围裙上的兜兜也成了毛毛虫的小肚肚，装下了毛毛虫"吃"的各种食物（图片）。操作环节中，给予幼儿贴画奖励，满足了小班幼儿的心理需求和特点，极大地调动了幼儿参与活动的积极性。

5. 目标表述不在一个面上，"目标1"是从儿童角度提的，而"目标2""目标3"又从教育角度提，需要修改。

6. 结尾结束有些突然，幼儿操作后老师应该及时检查和评价。

7. 要将故事附加在教案后。

教案设计提升

一、活动目标

1. 能感知5以内数量，按点卡数量匹配相应数量的食物图片。

2. 乐意参与活动，体验数学游戏的快乐。

二、活动准备

1. 经验准备：幼儿已经初步感知5以内的数量。

2. 物质准备：胸前有兜兜的绿色围裙，供幼儿系上扮毛毛虫，与故事内容匹配的相应数量的食物小图片若干，根据故事（附后）制作的大图书一本，1～5点卡、毛毛虫贴画、纱巾各若干，欢快音乐的伴奏带。

三、活动过程

1. 游戏导入，激发幼儿活动兴趣。

师：今天天气真好，毛毛虫们快到草地上来玩吧！

在欢快的音乐伴奏下，师幼一起模仿毛毛虫快乐地在"草地"（绿地毯）

上爬行、嬉戏，教师不时地用头轻轻触碰幼儿的头或用脸轻轻地贴近幼儿的脸，并大声地招呼："你好！""你真可爱！"在教师的感染下，幼儿也快乐地相互碰碰头、贴贴脸。

2. 第一次寻找"食物"，感知5以内的数量。

(1) 师：宝宝们肚子有点饿了吧？我们去找些东西吃吧！

师幼在"草地"上边爬边寻找食物，教师向场地撒小图片（一个苹果、两只梨）。根据幼儿在场地上聚集的情况，不断变换着方向向空处撒小图片，保证幼儿有足够的空间活动。

(2) 师：你找到了什么？数数有几个？

教师通过集体、个别提问的形式，引导幼儿观察并手口一致地点数图片中的食物数量。

(3) 引导幼儿会边"吃"边说："我吃一个苹果"或"我吃两只梨"。

师：赶快把这些好吃的食物吃掉吧，吃的时候要告诉大家"我吃了一个苹果"或"我吃了两只梨"。（提醒幼儿一边"吃"一边说，然后将图片放进胸前的兜兜里）

3. 第二次寻找"食物"。

(1) 教师分别撒三根香蕉、四颗葡萄、五片树叶的小图片，幼儿继续寻找食物。

师：毛毛虫们，你们又找到了什么？数数有几个？（教师要关注能力较弱的幼儿，让他们也能准确点数图片中的食物数量）

(2) 继续请"毛毛虫们"吃食物，边吃边说："我吃了三根香蕉。""我吃了四颗葡萄。"……

鼓励幼儿大胆表述。

4. 欣赏故事，拓展对数量的认知。

(1) 师：宝宝们坐下来休息一会儿吧！（围坐在老师身边）有一只有趣的毛毛虫，它也出来找东西吃，它找到了哪些好吃的东西呢？

(2) 师生共同阅读大图书，让幼儿在看看、说说、数数、猜猜中，巩固对数量的认知。

5. 操作活动："点卡找朋友"。

(1) 出示点卡（点子数代表第×天），回忆经验，尝试匹配相应数量的食物。

师：毛毛虫第一天吃了什么？第二天又吃了什么？……

(2) 幼儿进行操作。

给兜兜中的小图片取一张相应的点卡，按数量匹配到点卡下面的空格里。（图片的反面贴有双面胶，幼儿撕去面纸，即可将图片贴在卡纸上）

6. 游戏："毛毛虫变蝴蝶"。

(1) 毛毛虫变蝴蝶。

师:毛毛虫吃饱了,它找到了一片树叶,趴在上面睡着了。醒来的时候,毛毛虫的脚不见了,长出了一对美丽的翅膀,毛毛虫变成了一只美丽的蝴蝶。你们想变蝴蝶吗?让我们也趴在草地上睡一觉吧。(老师悄悄地在幼儿背后解开围裙,粘贴上纱巾翅膀)

(2) 听音乐模仿蝴蝶飞。

师:毛毛虫们醒来吧!看看你们长出翅膀了吗?变成了什么?(幼儿惊奇地发现自己真的长出了"翅膀")音乐声中,师幼一起挥舞着"翅膀"飞出活动室。

附故事

毛　毛　虫

一条绿色的毛毛虫,爬呀爬呀,它的肚子饿了,想找一些东西吃。

第一天,它看见了一个红苹果,"啊呜、啊呜"大口吃掉了。

第二天,它发现两只黄梨子,"啊呜、啊呜"大口吃掉了。

第三天,它找到三颗紫葡萄,"啊呜、啊呜"大口吃掉了。

第四天,它又发现了四块咖啡色的巧克力,"啊呜、啊呜"大口吃掉了。

第五天,它找到五片绿树叶,又"啊呜、啊呜"大口吃掉了。

毛毛虫的肚子不再咕噜咕噜叫了,它快乐地趴在叶子上说:"我要结一个茧,把自己包起来,好好睡一觉。"

过了几天,毛毛虫醒来了。它的脚不见了,长出了一对美丽的翅膀。它说:"我变成一只美丽的蝴蝶啦!"

4. 迎春花(美术:手工制作)

教案设计原型

一、活动目标

1. 大胆尝试用拧、卷、团捏皱纹纸的方法表现迎春花。
2. 结合自己的生活经验和观察活动,粘贴花朵。
3. 感受春天里迎春花开放给大自然带来的美。

二、活动准备

物质准备:糨糊,抹布,黄色皱纹纸,小筐若干;背景图,迎春花图片,音乐。

三、活动过程

1. 通过提问引出主题。

(1) 师:春天到了,有什么花开放了?你看过的迎春花是什么样子、什么颜色的呢?

(2) 出示图片,介绍迎春花是长在花茎上的。

2. 探索制作迎春花的方法。

(1) 出示材料。

师:想要把迎春花变出来,有什么能帮助我呢?

(2) 共同探索制作的多种方法。

幼儿示范,教师总结:可以用拧的方法、卷的方法,也可以放在手上捏一捏、团一团,就变出来了。

(3) 引导幼儿把迎春花贴在花茎上,学习抹糨糊的方法。

师:把做好的迎春花在糨糊里用力蘸一下,贴到花茎上就可以了。

3. 幼儿分组做"迎春花"。

请幼儿把面前的皱纹纸拧、卷、团捏成"迎春花",将完成的"迎春花"放入小筐内。

4. 粘贴"迎春花"。

(1) 请完成的幼儿拿着做好的"迎春花",站在有糨糊的位置(两人可共用一瓶糨糊),将花粘贴在花茎上。

(2) 教师在幼儿操作过程中,注意提醒幼儿将花朵粘牢在枝条上。

5. 教师与幼儿共同欣赏评价作品。

专家点评

1. 活动选材较好,迎春花是春天的报春花,到处可见。目标明确,能够让孩子在活动中感受到春天的美丽。材料准备较充分,图片层层递进,有精心的考虑。

2. 用团、拧、卷等不同方法制作迎春花,可以让不同发展水平的幼儿都能获得成功的体验。

3. 操作材料既满足幼儿自行选择的需要,又突出重点:一组材料供幼儿"团"迎春花,一组材料供幼儿"卷"迎春花,两组材料供幼儿"拧"迎春花。

4. 教学过程如何体现发挥幼儿的主动性?应该让幼儿探索,而不是示范;教师语言可以再精炼一些,应该说得少一些,让孩子再多说一些;教师的语言应减少口语化的词汇,如"挑"可以变成"选择"。

5. 幼儿可"跑组",尝试用多种方法制作迎春花。

6. 可在每个糨糊的旁边多准备一块抹布,让幼儿更好使用。

7. 活动准备应该分为物质准备和经验准备，特别是对于迎春花的观察和认识经验，对于幼儿的制作十分必要。

8. 根据撕贴花朵的情况和桌面干净的程度来进行活动评价。

教案设计提升

一、活动目标

1. 大胆尝试用拧、卷、团捏皱纹纸的方法表现迎春花。

2. 能将制作的花朵粘贴在花茎上。

3. 感受春天里迎春花开放的美。

二、活动准备

1. 经验准备：观察过迎春花；有初步团拧纸球的经验。

2. 物质准备：春天背景图，迎春花图片，相关音乐。皱纹纸制作的迎春花，黄色长条皱纹纸，糨糊，抹布，枝条等。

三、活动过程

1. 谈话引出主题。

(1) 师：春天到了，你们看到有哪些花开放了？春天最早开放的是什么花？（迎春花）

(2) 出示迎春花图片，引导幼儿仔细观察迎春花。

师：这是什么花？它是什么颜色的？你看到花朵是什么样子的？像什么？花朵长在哪里？（重点观察它的颜色、花开的一朵一朵的、花朵长在花茎上……）

2. 共同探索制作“迎春花”的方法。

(1) 出示用皱纹纸制作好的迎春花，观察并讨论制作方法。

师：这枝迎春花是用什么做的？是怎样做的呢？

(2) 师幼共同探索几种不同的制作方法。

● 请幼儿（3～4 名）上台，分别尝试用拧、卷、团等方法进行制作。

● 教师小结：××用拧的方法，××用卷的方法，××把皱纹纸放在手上捏一捏、团一团。他们都会动脑筋，用自己的方法变出迎春花。

● 引导幼儿学习粘贴的方法，把迎春花花朵固定在花茎上。

师：一朵一朵的迎春花怎么让它开在茎上呢？（先在迎春花花朵底部位置涂上少许糨糊，将它粘贴到花茎上，然后稍稍用力地按一按）

3. 幼儿制作“迎春花”。

(1) 分组进行制作。

幼儿自己选择材料制作“迎春花”,教师观察幼儿是如何用拧、卷、团的方法捏成“迎春花”的。提醒幼儿把做好的“迎春花”放入小筐内。

(2) 鼓励能力强的幼儿尝试用多种方法来制作“迎春花”。

(3) 共同粘贴“迎春花”。请完成的幼儿拿着装“迎春花”的小筐,站在有“迎春花”纸条和糨糊的位置进行粘贴。(注意提醒幼儿粘贴好后会用抹布把自己的小手擦干净)

4. 欣赏集体作品,感受“迎春花”开放的美。

(1) 将幼儿共同制作的“迎春花”插在花瓶中,幼儿近距离观看自己和同伴制作的“迎春花”,感受自己制作的“迎春花”带来的美感。

(2) 教师与幼儿共同欣赏评价,重点根据幼儿撕贴花朵的情况和粘贴“迎春花”的位置方面来进行评价。

5. 快乐的毛毛虫(体育)

教案设计原型

一、活动目标

1. 能手膝着地比较协调地爬,并尝试跨过障碍爬。

2. 体验和同伴一起爬行的乐趣。

二、活动准备

1. 经验准备:幼儿熟悉毛毛虫的生活习性。

2. 物质准备:15 片“树叶”,海绵垫、软垫若干,栅栏 6 个,3 个拱门,有纽扣的无纺布圆片若干。

三、活动过程

1. 开始部分:律动。

“毛毛虫”宝宝和妈妈一起跟着音乐跳舞。

2. 基本部分。

(1) 幼儿自由爬行。

(2) 幼儿练习手膝着地爬。

请个别幼儿示范手膝着地爬,强调:手、膝着地爬,眼睛向前看,快快地爬。

幼儿再次练习手膝着地爬。

(3) 幼儿探索越过障碍物爬行的方法。

● 幼儿自己尝试过栏杆。

● 与同伴分享自己过栏杆的方法。

请幼儿示范越过障碍物爬行，讲解动作要点：手先过，一只脚抬起，另一只脚再跨过去。

● 幼儿再次尝试越过障碍物爬。

(4) 增加障碍物（栅栏）的高度（不同高度），幼儿进行尝试练习。

师：草地上的栅栏变高了，你们有什么好办法能爬过去？试一试。

(5) 游戏："毛毛虫快快长"。

● 师：你们都长大了，真厉害，动作又快又好，对面的毛毛虫（无纺布圆片）还没有长大，我们一起去帮帮它们。

● 教师介绍游戏方法。如：跳垫子、过草地、钻山洞、扣毛毛虫等。

● 幼儿进行游戏，比比谁的毛毛虫长得又快又好。

3. 结束部分：幼儿听音乐做放松运动。

专家点评

1. 活动环节较紧凑，分层次递增进行，适合小班幼儿年龄段，既有充分的运动量，也能让幼儿沉浸在情境氛围之中。

2. 开始的律动很有必要，可以调动幼儿对整节课的积极性。

3. "目标 1"中只交代了幼儿要手膝协调地爬，没有交代用什么样的障碍；幼儿爬行时遇到的障碍的高度也没有交代。

4. 物质准备中只介绍了材料的准备，应该补充活动中用的开场音乐和整理运动时的音乐分别是什么。

5. 律动做了哪些动作，应该适当地补充在教案中。

6. 第二个环节教师布置场地应该补充放哪些材料，介绍高度。

7. 在第二环节第四点中提到增加障碍物高度，在小班没有爬过高度的目标，这一环节应删除。

8. 在介绍游戏"毛毛虫快快长"时，应详细说明这个游戏的每个部分是否能让孩子有上肢或全身的运动。

9. 结束部分应补充连接语，生动地点评一下幼儿今天的表现，再进入整理放松的环节。

10. 放松环节要说明主要做的是什么动作。

教案设计提升

一、活动目标

1. 能手膝着地爬，尝试爬过障碍（高 10 厘米的长木块）。

2. 体验和同伴一起爬行的乐趣。

二、活动准备

1. 经验准备：幼儿熟悉毛毛虫的生活习性。

2. 物质准备：15 片“树叶”，海绵垫、软垫若干，栅栏 6 个，3 个拱门，有纽扣的无纺布圆片若干，开场律动《化蝶飞》音乐，放松律动《安妮的仙境》音乐。

三、活动过程

1. 开始部分：幼儿扮“毛毛虫”，活动身体。

师：毛毛虫宝宝们，和妈妈一起跟着音乐跳个舞吧。（幼儿跟着老师做上举、扩胸、侧身、腹背、跳跃等动作，活动全身）

2. 练习在平地上爬行。

（1）幼儿自由爬行。

师：我们是一群快乐的毛毛虫，我们一起爬过草地去找树叶吃吧。（“草地”分三块：一块海绵垫宽的、两块海绵垫宽的、两块海绵垫累加起来的）

（2）幼儿练习手膝着地爬。

请个别幼儿示范手膝着地爬，强调手、膝着地爬，眼睛向前看，快快地爬，要爬得又快又好。

（3）幼儿再次练习手膝着地爬。

3. 幼儿练习爬过障碍物。

（1）自己尝试探索越过障碍物（栏杆）的爬行方法。

师：草地上出现了什么？（在三块垫子上放上高 10 厘米的长木块）我们怎么过去呢？

（2）与同伴分享自己过栏杆的方法。

请幼儿示范越过障碍物爬行。（要点：手先过，一只脚抬起，另一只脚再跨过去）

（3）全体幼儿再次尝试越过障碍物爬。

幼儿自己选择没爬过的“草地”继续进行练习。

4. 游戏：“毛毛虫快快长”。

（1）谈话导入，激发游戏的兴趣。

师：你们都长大了，动作又快又好，本领可真大。对面的毛毛虫（无纺布制作的圆片）还没有长大，我们一起去帮帮它们。

（2）介绍游戏方法：双脚跳过垫子，爬过草地，钻过山洞，最后扣“毛毛虫”（把圆片扣连在一起，逐渐加长）。

（3）幼儿进行游戏。

师：比比谁帮毛毛虫长得又快又好。

5. 结束部分：幼儿听音乐做放松运动（拍拍腿部，抖抖腿部，上肢的拍打放松）。

师：我们帮这么多毛毛虫长得又快又好了，小朋友们真能干！我们一起到草地上休息一会吧！

6. 送水果回家（数学）

教案设计原型

一、活动目标

1. 学习能按物体数量分类并匹配相应的点卡，感知 4 以内物体的数量。

2. 进一步练习 4 以内的点数，能正确说出总数。

3. 乐意参与活动，愿意向老师和同伴介绍操作结果。

二、活动准备

1. 经验准备：幼儿能点数数量为 4 以内的物体。

2. 物质准备：

（1）教具：人手一张水果图片，点卡。

（2）学具：一组“水果找家”；一组“夹子回家”；一组“种鲜花”。

三、活动过程

1. 找水果，激发幼儿兴趣。

（1）师：秋天到了，水果丰收了，你们喜欢吃水果吗？你吃过哪些水果？

（2）师：你的小椅子下就有水果，将它们拿出来。看看上面有什么水果？数数看，有几个水果？（幼儿自由说一说）

（3）请个别幼儿说一说：拿的是什么水果？有几个？

（4）出示果盘，果盘上有 1～4 的点卡。

师：看，这是什么？（果盘）还有什么？（点卡）它是几的点卡？是几个水果的家？请小朋友帮忙把水果送回家！

（5）集体检验。

师：水果都回到自己的家了吗？你们真能干，把水果宝宝都送回到自己的家了。

2. 分组操作游戏。

(1) 介绍每组游戏内容与玩法。

- “水果找家”:请幼儿把数量相同的水果送回家。
- “夹子回家”:把数量一样多的夹子送回家。
- “种鲜花”:把数量一样多的鲜花种在相应的花盆里。

(2) 明确操作要求。

- 引导幼儿先数一数,再送物品回家。
- 幼儿玩过一组游戏后就戴上一个手环,再换组游戏。

3. 评价交流。

(1) 带领幼儿到物品前去观赏作品。

(2) 鼓励幼儿讲述操作过程。

专家点评

1. 幼儿参与活动的积极性还是挺高的,难易程度适合本班幼儿,活动环节较清楚。

2. 活动材料准备充分,具有情境。小班幼儿的操作有几组还是恰当的。

3. 幼儿点数的机会少了,应该再练习几遍集体点数。

4. “夹子回家”可以换成其他形式,如“看点卡贴小花”。

5. 果篮上面需要再贴几层膜,让水果更加明显些,便于检验每一个水果。

6. 教师需思考准备的教具既要好操作又要能达到好的效果。

教案设计提升

一、活动目标

1. 能点数 1～4 的数,学习按物体数量匹配相应的点卡。
2. 学习用“我拿的是几个什么水果”的句子进行表述。
3. 乐意参与活动,愿意向老师和同伴介绍操作过程。

二、活动准备

1. 经验准备:幼儿能点数 4 以内的物体数量。
2. 物质准备:

(1) 教具:人手一张水果图片,点卡。

(2) 学具:一组水果找家;一组分彩珠;一组整理玩具。

三、活动过程

1. 点数水果卡片,激发幼儿活动兴趣。

(1) 师:秋天到了,水果丰收了,你们喜欢吃水果吗?你吃过哪些水果?

(2) 师:你的小椅子下放有水果卡片,把它们拿出来,看看上面有什么水果?数数看,水果一共有几个?(幼儿自由说一说)

(3) 请个别幼儿说一说自己拿的是几个什么水果,并请全体幼儿一起帮助数一数,共同进行数量验证。

(4) 出示4个果盘(分别贴有1~4的点卡),集体点数点卡。

师:这是什么?(果盘)果盘上还有什么?(点卡)分别是几的点卡?

(5) 操作活动:"水果卡片送回家"。

师:这些果盘是水果的家,请小朋友帮忙,把你的水果卡片送回家。要看清楚水果卡片上是几个水果,然后把它送进和它一样多的果盘里。

(6) 集体检验,将水果与点卡匹配。

师:水果都回到自己的家了吗?大家一起数一数。

2. 教师介绍每组游戏内容,并分别明确操作要求。

(1) 游戏内容:

- "水果找家":请幼儿把水果送回和它数量一样多的家中。
- "分彩珠":把数量一样多的彩珠放在分类盒里,再插上点卡标记。
- "整理玩具":把数量一样多的玩具放在一个小篮子里,再放上点卡标记。

(2) 操作要求:

- 先数一数,把数量一样多的放在一起,插上点卡。
- 幼儿参与过一组活动后即戴上一个手环,再换组操作。

3. 分组操作练习。

4. 评价交流。

(1) 组织幼儿到陈列架前去观赏作品。

(2) 鼓励幼儿用语言讲述操作主要过程。

(3) 体验帮助他人的快乐。

师:水果、彩珠、玩具在你们的帮助下都回到自己的家了,它们很高兴,说"谢谢你们!"

7. 小手的一天(综合)

教案设计原型

一、活动目标

1. 知道每个人的掌纹、指纹是不一样的,并学说各手指的名称。

2. 了解手在一天内要做的事情,知道手的功能及用途。

3. 爱护自己的小手,知道抠手、吃手是坏习惯,了解保护小手的一些方法。

二、活动准备

物质准备:手的拼图、油泥、手指魔术游戏、小手做事情的图片、儿歌《我有小手》,装有清水、洗手液、护手霜、手套、创口贴的盆。

三、活动过程

1. 认识自己的手。

(1) 做游戏“拼拼图”,导入主题。

(2) 师:用手在油泥上按一按,你发现了什么?每个人油泥上的掌纹一样吗?

师:请你伸出两只小手,看看上面的掌纹一样吗?(幼儿相互比较自己和别人的掌纹)指纹一样吗?再和别的小朋友比一比。

小结:每个人的掌纹、指纹都是不一样的。

(3) 师:看看别的小朋友的手,和他握握手。

师:摸一摸手指、手指甲在哪里?有几根手指?(幼儿相互观察,请幼儿摸一摸、指一指、数一数)

2. 幼儿尝试为手指起名字。

(1) 师:小朋友,你们知道手指的名字吗?

师:我们可以叫它什么呢?(出示大拇指,引导幼儿认识手指,说出手指名)

师:在数数、要食物的时候经常用到它,你觉得他叫什么名字?(出示食指)

师:它在正中间,谁能帮它起个名字?(出示中指)

师:这个手指经常被人们戴上戒指,你猜猜它叫什么?(出示无名指,并引导:它没有名字,我们就叫它无名指,无名指戴戒指表示和别人相爱了)

师:最小的手指叫什么名字呢?(出示小指)

(2) 手指游戏变魔术,感受手指的灵活。

游戏:“手指魔术”。

一根手指头,变啊变啊,变成毛毛虫;

二根手指头,变啊变啊,变成小白兔;

三根手指头,变啊变啊,变成小花猫;

四根手指头,变啊变啊,变成小螃蟹;

五根手指头,变啊变啊,变成大老虎。

3. 幼儿讨论小手一天中要做的事情,了解小手的本领。

(1) 幼儿相互自由讨论:我的小手会做什么?(引导幼儿按照一天从早到晚的时间顺序说)

(根据幼儿的回答,出示相应的图片)

(2) 教师讲述儿歌《我有小手》。

师:你听到小手有哪些本领?你来试一试,我们跟你学一学。(请幼儿示范小手的动作)

4. 讨论保护小手的方法。

(1) 引导幼儿知道吃手、抠手都是坏习惯,经常吃手、抠手的话,小手不仅会变难看,对身体也不好。

(2) 师:小手对我们很重要,那我们怎样去保护它们呢?(幼儿自由讨论回答)

饭前便后勤洗手。(请幼儿示范正确的洗手方法,用洗手液)

天气干燥的时候,给小手擦上护手霜。(幼儿自己擦护手霜,感受小手变得滋润)

天冷的时候,为小手戴上手套取暖。(幼儿尝试戴手套)

附儿歌

我有小手

我有小手我拍拍拍,我用小手拍;
我有小手我摸摸摸,我用小手摸;
我有小手我搓搓搓,我用小手搓;
我有小手我摇摇摇,我用小手摇。

专家点评

1. 小班有必要多开展这样的认知活动,为幼儿提供认识自己的手、学习保护手的机会。

2. “目标 1”提出让小班的幼儿了解掌纹、指纹有困难,可把该目标删去，不符合小班幼儿的社会认知能力。

3. “目标 2”中，“知道手的功能及用途”对于小班的幼儿来说，目标不够清晰，建议直接去除。

4. “目标 3”中“爱护自己的小手，知道抠手、吃手是坏习惯”，语言不够简练，可直接去除。“了解”一词，不够准确，改为“掌握一些简单的保护小手的方法。”

5. 活动准备应该按照经验准备和物质准备分开，删除“手的拼图”、“油泥”。

6. 课堂活动内容太多，在一节课的时间内无法完成，如：把活动环节“一、认识自己的手”直接删除，以后面的手指魔术游戏导入活动。

7. 小班一次集体活动时间不能太长，因此内容不适宜太多，对于儿歌《我有小手》的学习可以放到下一次活动或者平时。

教案设计提升

一、活动目标

1. 认识、学说手的五根手指的名称。

2. 了解自己的手在一天内要做许多的事情，感受手的用途大。

3. 初步学习一些简单的保护手的方法。

二、活动准备

1. 经验准备：幼儿会“手指变魔术”儿歌表演、儿歌《我有小手》。

2. 物质准备：小手做事情的图片，装有清水的盆，洗手液、护手霜，手套、创口贴。

三、活动过程

1. 认识自己的手。

教师与幼儿一起边念儿歌边表演“手指变魔术”，感受自己手指的灵活。

2. 认识手指的名字。

(1) 说说手指的名字

- 师：小朋友，用手指变魔术真有趣，你们知道手指的名字吗？
- 教师出示大拇指，提问：我们叫它什么呢？（引导幼儿认识大拇指，练习说“大拇指”）
- 教师出示食指，提问：你们知道它叫什么名字？（引导幼儿练习说“食指”）

● 教师出示中指，提问：它在手的正中间，谁知道它叫名字？（引导幼儿练习说“中指”）

● 教师出示无名指，提问：你们猜猜它叫什么名字？（告诉幼儿：第四个手指没有名字，大家就叫它“无名指”。引导幼儿练习说“无名指”）

● 教师出示小指，提问：最小的手指叫什么名字呢？（引导幼儿练习说“小指”）

（2）游戏：“说一说、伸一伸”。

● 教师说手指的名字，幼儿一边跟着说一边伸出相应的手指。

● 教师伸出手指，幼儿说出相应的名字。

3. 了解小手的本领大。

（1）幼儿相互自由讨论：我的小手会做什么？

（2）引导幼儿按照一天的时间顺序，说说小手的本领。

例如：早晨，天亮了，我们要做什么？

根据幼儿的回答，教师出示相应的图片，例如：穿衣服、刷牙、吃饭、拿书看、画图、跳舞、玩游戏、送东西给爸爸妈妈等。

小结：我们一天中做很多事情都需要手。

4. 共同讨论保护小手的方法。

（1）幼儿自由讨论、交流手的保护方法。

师：小手对我们很重要，那我们怎样去保护它们呢？

（2）共同小结多种保护手的方法，并请个别幼儿示范、分组或集体练习保护自己小手的好方法。

● 饭前便后勤洗手。

请幼儿示范正确的用洗手液洗手的方法。

● 天气干燥时可以给小手擦上护手霜。

幼儿自己擦护手霜，感受小手的滋润。

● 天冷的时候，为小手戴上手套取暖。

幼儿尝试戴手套。

● 小手受伤的时候，为小手贴上创可贴。

组织幼儿相互帮助学习贴创可贴。

● 知道吮手指、抠手都是坏习惯，那样小手会变难看，身体容易生病，等等。

四、活动延伸

在日常生活中让幼儿感受手的用途大，并且学习保护自己的手。

附儿歌

手指魔术

一根手指头，变啊变啊，变成毛毛虫；
二根手指头，变啊变啊，变成小白兔；
三根手指头，变啊变啊，变成小花猫；
四根手指头，变啊变啊，变成小螃蟹；
五根手指头，变啊变啊，变成大老虎。

8. 小袋鼠摘苹果(体育)

教案设计原型

一、活动目标

1. 在初步掌握双脚并拢向前跳的基础上学习向上跳、向下跳等不同的动作，锻炼腿部肌肉力量。

2. 通过一定的游戏情境体验跳跃活动的乐趣。

二、活动准备

物质准备：小树桩、苹果树、袋鼠妈妈头饰、录音带。

三、活动过程

1. 以袋鼠妈妈的身份引题，激起幼儿活动兴趣。

师：宝宝们，你们看我是谁啊？（袋鼠妈妈）那你们是袋鼠妈妈的什么啊？（宝宝）

2. 初步学习双脚并拢向前跳的动作。

(1) 放音乐，师幼共同跳进活动场地。

(2) 幼儿自由尝试袋鼠跳的动作。

师：来！跟着妈妈锻炼锻炼身体。

(3) 讲解示范双脚并拢向前跳的动作要领。

师：刚才妈妈看见有一只袋鼠宝宝跳得特别棒，我们来看看他是怎么跳的。

(4) 幼儿集体练习双脚并拢跳，教师指导。

3. 创设情境游戏巩固练习双脚并拢跳。

(1) 师幼共同出发前往“果园”。

师：我们的果园里有一棵很大的苹果树，上面长了许多的苹果，妈妈带你们去看看。

(2) 跳过小水沟。

师：一条小水沟拦住了我们的去路，宝宝们，要小心踩着沟里的小石头跳，千万不要踩到水里去了。

(3) 游戏："摘苹果"。

● 练习向上跳。

师：这儿有棵好大的苹果树，上面长了许多苹果，咱们试试把它们摘下来。

● 练习向下跳。

师：苹果树太高了，摘不到，想个办法吧。(幼儿自由讲述)你们的办法真多，妈妈发现这儿有好多小树墩，我们站上去试试。

● 增加高度，做向下跳的练习。

师：妈妈发现那边有棵更大的苹果树，上面的苹果好大啊，树下的小树墩也有高有低，你们可以站在高的小树墩上去摘，也可以站在低的小树墩上去摘。摘的时候要小心，一个一个来，不推也不挤。

4. 结束活动。

师：看，大树上的苹果都给我们摘完了，袋鼠宝宝们可真棒！我们一起回教室休息休息吧。

专家点评

1. 本活动的设计很适合小班幼儿活泼可爱和喜欢蹦蹦跳跳的个性特点。

2. 在整个活动过程中，教师为幼儿创设了游戏情景，幼儿在当"袋鼠宝宝"的氛围中自然地跟着"袋鼠妈妈"一起活动，让幼儿在亲切的、有趣的、玩的过程中获得动作练习、身体的锻炼。

3. 在活动中幼儿练习了双脚并拢向前跳，还练习了向上跳、向下跳的动作。

4. 建议目标进行调整：一次活动中应该突出一种主要动作练习，同时提出太多不同的跳的目标，幼儿腿部肌肉会比较疲劳。建议取消向上跳、向下跳，改为上肢动作或全身动作。

5. 教师在设计活动时一定要把握目标，"踩着沟里的小石头跳"实际上里面又有一个距离的问题，不是本次活动的目标。

6. 做哪几种预备动作应该根据本次活动的动作要求事先考虑好，写出来。

7. 在讲解过程中，太多地注重了"轻轻地跳"，对"并脚跳"的要点讲得不够。应强调：双脚并拢同时跳起，脚尖轻轻落地。

8. 结束部分感觉很仓促，应该加一些放松活动。

教案设计提升

一、活动目标

1. 初步学习双脚并拢向前跳的动作，锻炼腿部肌肉力量。

2. 喜欢和老师及同伴一起进行体育活动。

二、活动准备

物质准备：结了许多"苹果"的"苹果树"一棵、袋鼠妈妈头饰、录音带、布置好一块有三条小"水沟"的场地（每一条"水沟"宽15厘米）。

三、活动过程

1. 以袋鼠妈妈的身份引题，激起幼儿活动兴趣。

(1) 教师戴袋鼠妈妈的头饰：宝宝们，你们看我是谁啊？（袋鼠妈妈）

(2) 师：我的袋鼠宝宝在哪里呀？

袋鼠宝宝们，你们是怎么走路的啊？（教师和幼儿自主地蹦蹦跳跳）

2. 运用多种方法，引导幼儿重点练习双脚并拢向前跳的动作。

(1) 在音乐伴奏下，师幼共同跳进活动场地。

师：今天的天气可真好，妈妈带你们到草地上去玩吧！

(2) 在做准备活动时，初步练习双脚并拢向前跳的动作。

师：来！宝宝们跟着妈妈锻炼锻炼身体。（四肢运动→扭扭屁股→转圈→下蹲→跳跳）

(3) 全体幼儿共同练习双脚并拢向前跳的动作。

- 请幼儿站在大圆圈上，教师讲解、示范双脚并拢向前跳。
- 幼儿集体练习双脚并拢跳，教师观察幼儿的动作。（3～4遍）
- 请个别幼儿示范。

师：刚才妈妈看见有一只袋鼠宝宝跳得特别棒，我们来看看他是怎么跳的。

幼儿一边跳，教师一边讲解动作要领：双脚并拢、双腿有一点弯、用力蹬地，轻轻落地……

(4) 幼儿再次自由尝试动作。

幼儿进行练习时，教师注意观察幼儿动作的情况（双脚并拢、跳起、脚尖轻轻落地……）。

3. 游戏："小袋鼠摘苹果"。

(1) 创设游戏情境，巩固练习双脚并拢跳。

师：我们的果园里有一棵很大的苹果树，上面结了许多苹果，妈妈带你们去看看。但是这一条路上有许多小水沟拦住了我们(教师一边说一边指着布置好的场地)，宝宝们，你们能跳过去吗？

(2) 带领"小袋鼠"们跳过"小水沟"。

师幼共同出发，提醒幼儿努力双脚并拢向前用力跳，跳过"小水沟"(不掉进"沟"里)。

(3) "小袋鼠"们摘苹果。

● 师：这儿有一棵什么树？上面结满了什么？(苹果)

我们一起试试，看看能不能把它们摘下来。

● 放《摘苹果》音乐，袋鼠宝宝和妈妈一起摘苹果。(做摘苹果动作)

● 教师用语言提醒宝宝们做多种摘苹果的动作。

师：妈妈发现这边的苹果好大呀，我们一起摘下来……那边的苹果好多呢……上面的苹果红红的啊……

● 提醒幼儿在摘的时候要一个一个分开站，不推也不挤。

5. 结束活动。

(1) 共同感受游戏中跳过水沟、摘到苹果带来的快乐。

师：今天我们跳过了小水沟，摘到了许多大大的苹果，心里感觉怎么样？

(2) 放松活动。

师：我们来放松一下吧！(跟着音乐做拍腿、拍膀臂的放松活动)

第二部分
实践与反思

1. 我来装栅栏(综合)

一、活动目标

1. 尝试用粉笔在户外空地上画直线。

2. 愿意与同伴一起为小兔家画栅栏。

二、活动准备

1. 经验准备:玩过猫捉老鼠的游戏。

2. 物质准备:粉笔人手一支;空地;小兔子的家;地上画好马蹄形的白线;兔子和大灰狼出场的音乐。

三、活动过程

1. 情境导入。

(1) 师(戴头饰):我是兔妈妈,你们是谁?

(2) 师:今天妈妈带你们到草地上去拔萝卜,小兔子们随妈妈跟着音乐跳舞吧。

2. 引导幼儿绘画。

(1) 播放"大灰狼"出场的音乐,学一学小朋友想出的"狼来了"时的各种动作。

师:听,这是什么声音?我好像听到狼叫的声音了,狼怎么走路的?学一学。

(2) 播放音乐(先播放兔子出场的音乐,紧接着播放大灰狼出场的音乐),制造出游戏的紧张感。

师:哎呀,大灰狼真的来了,小兔子们快跟着妈妈跑回家躲起来呀!

（“大灰狼”第一次袭击，“大灰狼”随着音乐，走向“小兔”家，嘴里不停地说：“我的肚子饿极了，小兔的肉好香啊！”走到“小兔”家，边摇房子边说：“快出来，我要吃掉你们！”摇了一会就走了）

(3) 鼓励幼儿想出装栅栏的办法来挡住“大灰狼”。

师：大灰狼肯定还会来，那我们怎么办呀？（幼儿自由讨论）我们幼儿园门口装了什么呀？（栅栏）大灰狼下次还会来，我们赶快行动起来吧。

3. 介绍材料，幼儿在游戏中绘画。

(1) 师：我这里准备了很多支粉笔，赶快在我们的路口装些栅栏，大灰狼来时我们乖乖待在家里，它就进不来了。

(2) 教师示范画“栅栏”，幼儿学习用粉笔画密密、长长的直线条，一边画一边说：长长的栅栏，直直的栅栏。

(3) “大灰狼”第二次袭击，幼儿补插“篱笆”（画栅栏）。

（恶狠狠的“大灰狼”又出现了，边走边说：“哇，装上了这么多栅栏，看看有没有地方可以钻进去。”当“大灰狼”发现装稀疏或插歪的地方，刚想钻进来的时候，突然肚子疼，上厕所去了）

老师引导幼儿在空的地方继续添画栅栏，栅栏要画得直直的，长长的。

(4) 随着音乐声响起，“大灰狼”第三次出现，围着“小兔”的家走来走去，不时地用肩膀挤挤“篱笆”，还气呼呼地说：“这里的篱笆太多了，怎么都进不去！”然后灰溜溜地走掉了。老师和幼儿一起庆祝胜利。

4. 评价与鼓励。

师：看我们的栅栏装得真多呀，大灰狼都进不来了！我们棒不棒？

四、活动延伸

提供粉笔，鼓励幼儿在户外场地上进行自由涂鸦。

教学反思

一、课程来源

绘画教学是幼儿园教育领域中的一项重要内容。小班幼儿正处于培养绘画兴趣的关键时期，幼儿粉笔画有利于初学绘画的孩子正确地掌握绘画的技能技巧，还能够较好地训练幼儿手眼的协调能力，从而使幼儿把自己的思想、想象、创造通过自己掌握的美术符号表现出来。粉笔画是一种比较特别的绘画形式，幼儿很感兴趣，而且在地上随意涂鸦，幼儿更大胆地绘画了。本活动在让幼儿认识粉笔的同时，也为活动增加了游戏情境，试教时孩子们还是挺喜欢玩的。

二、研讨要点

1. 活动适合小班,又选择在室外场地上进行,让幼儿用粉笔作画利于幼儿动作的发展,又易于看到绘画效果。

2. 用游戏的情境引导幼儿学习绘画直线,孩子们绘画的积极性高,完全是在快乐的玩游戏中掌握绘画技能,教育目标达成很轻松。

3. 幼儿有认识栅栏的经验,易于表现。

4. 如果在“小兔”家门口的栅栏形状上做些修改,将“小兔”的家改成马蹄型,那就更像个“家”了。这样孩子们绘画的空间会更宽敞些,练习次数更多,更利于提高画直线的技能。

2. 喜羊羊和灰太狼(综合)

一、活动目标

1. 能根据音乐的旋律做动作,听到“灰太狼”的声音时能控制自己躲好。

2. 与同伴共同盖房子,并能区分蓝色、绿色。

3. 喜欢参加音乐游戏活动。

二、活动准备

1. 经验准备:玩过“猫捉老鼠”的游戏。

2. 物质准备:

(1) 灰太狼、喜羊羊头饰;音乐;蓝、绿及其他颜色垫子;拱门;独木桥;草地。

(2) 场地布置:将拱门、独木桥、草地依次排好,场地的终点处放一块三角形的 KT 板做的屋顶。

三、活动过程

1. 听“喜羊羊”音乐做律动进场。

师(戴喜羊羊头饰):我是谁?小朋友也一起做喜羊羊好吗?

师:喜羊羊们跟我一起到草地上去跳舞吧!

幼儿入座位后提问:刚才是什么音乐呀?你们做了什么动作?

2. 师生共同讨论游戏规则。

(1) 播放“灰太狼”的音乐,启发幼儿想出躲避的办法。

师：听，这是谁的声音啊？灰太狼来了羊羊们该怎么办？（羊羊们出去玩的时候，听到灰太狼的声音就要快快地躲在草里或房子里）

（2）听音乐玩游戏1～2遍。

3. 引导幼儿“盖房子”、玩游戏。

（1）带领“小羊们”进行钻山洞、走独木桥的练习。

师：这一次我们要走得更远了，我们要钻过山洞，走过独木桥。小羊们要跟紧哦，灰太狼来时要快快地躲在草里。现在我们出去玩吧！

（2）启发幼儿一起（在老师的帮助下）用绿色垫子盖间“绿房子”。

师：灰太狼总想吃我们，让我们来盖个房子吧。这里有好多颜色的砖，我们可以盖什么颜色的房子？请你们去拿绿色的砖，我们来盖个绿房子。（指导幼儿将垫子拼在一起，放在三角形的屋顶下，拼成房子）

（3）鼓励幼儿再用蓝色垫子两两相接（老师适当协助），合作盖间“蓝房子”。

师：有了房子就安全了，可是一幢房子太小，不够躲，我们再盖个蓝房子吧！请小羊们拿蓝色的垫子两两相接，就可以盖间蓝房子了。

（4）游戏：“喜羊羊和灰太狼”，进行2～3遍。

师：这次当灰太狼来时，我们可以躲在蓝房子里，也可以躲在绿房子里。

4. 结束活动。

师：哈哈，灰太狼又没抓到羊，只好饿肚子了。小羊们，我们回家吧！（随着音乐做放松动作离场）

教学反思

一、课题来源

本周是《我喜欢的动物》主题教学的第一周。我们从幼儿身边常见的小动物开始，围绕小猫、小狗、小鸟展开三周活动，通过动物的图片、科普视频丰富孩子们对动物的认知。针对幼儿喜欢动物以及喜欢《喜羊羊与灰太狼》这部动画片的兴趣点，我们设计了一节融入数学、游戏的综合活动，通过幼儿对颜色的辨认、自己拼装地垫，在游戏中感受快乐，区分两种较相近的颜色。

二、研讨要点

1. 能结合幼儿的能力和动画片《喜羊羊和灰太狼》选题，有创意。

2. 游戏内容贴近幼儿的生活，孩子喜欢，玩得也很轻松开心，老师教学组织轻松。

3. 拼垫子环节让孩子们互相先拼接，然后由老师组合，体现了孩子的主动性。

4. “草地”的设置可以是多块的，让孩子们选择躲的地方，不一定就是“草”，也可以是“石头房子”，这样就更能发挥孩子在活动中的主动性。

5. 躲在“草丛”里次数太多了，躲藏的地方可变化，让幼儿有更多的自主空间。

3. 请小动物吃水果(美术:泥工)

一、活动目标

1. 尝试用团圆、压坑的技法制作自己喜欢的水果。

2. 大胆选用不同颜色的油泥捏制相应的水果，制作过程中能轻拿轻放物品。

3. 进一步增进关心小动物的情感。

二、活动准备

1. 经验准备:熟悉儿歌《秋的水果》。

2. 物质准备:塑料筐若干;插着小树叶的泡沫板;黄、红、紫、橘黄颜色油泥若干，泥工板若干;幼儿熟悉的小动物图标 3～4 个;苹果、梨子、柿子等水果实物或模型。

三、活动过程

1. 激发幼儿泥塑的愿望。

(1) 出示小动物图标，通过提问引出话题。

师:今天来了几位小客人，看看是谁？我们怎样向小动物问好呢？我们请客人吃什么呢？小朋友喜欢吃香香的水果，小动物也很喜欢吃香香的水果，你们想请小动物吃什么水果？

(2) 幼儿说出水果的名称，教师出示相应的水果(橘子、柿子、苹果等)。

2. 讨论多种水果的制作方法。

(1) 怎样用这些泥做出小动物们想吃的水果呢？

师:苹果是什么形状的？(圆形)那怎样把泥团成圆形呢？(请一幼儿示范，众幼儿再次复习团圆技能)

师:柿子是什么形状的？(扁圆形)那该怎么做呢？(师幼共同重点示范

团圆后压扁的方法）

（2）讨论使用辅助物（将叶子插在水果上）完成制作的方法。

3. 幼儿制作自己喜爱的水果。

（1）教师观察幼儿对团圆、压坑技能的掌握情况。

提醒幼儿将油泥放在手心中团、压，注意不把两种油泥混在一起。

（2）鼓励幼儿把做好的“水果”送给“小动物”吃，并用语言表达。

提醒幼儿能完整说出给谁送的是什么颜色的水果，如：“小熊，我请你吃红红的苹果。”

4. 评价与鼓励。

师：你们真棒，学会关心小动物了，请它们吃这么多水果，我们回去也要关心我们的爸爸妈妈，请他们吃香香的水果。

四、活动延伸

在角色游戏中开设“水果屋”，鼓励开展泥工制作活动。

教学反思

一、课题来源

本周小班幼儿进入《香香的水果》主题，幼儿之前填过一张关于水果的调查表，内容有“见过的水果”“喜欢的水果”“水果都有哪些形状”等，幼儿事先都有了一定的生活经验；接着又学习了《秋天的水果》这首儿歌，颜色与水果也会相对应了。此外幼儿对泥工很感兴趣，喜欢玩泥……于是我们设计该活动，让幼儿结合秋天水果的颜色、形状，将团圆后的泥压扁一些或压一个凹槽，将自己喜爱的“水果”制作出来，让“水果”更立体、形象，提升技能。

二、研讨要点

1. 活动目标达成较好，每位幼儿都积极地去制作水果，而且都能制作出好几样。

2. “喂小动物吃水果”环节，孩子们很开心。在进行评价时应该先抓住有特色的作品评价，鼓励幼儿大胆创作。

3. 因为幼儿是上过托班的孩子，所以目标定位可以有所提升，在第一条目标中添加团圆、压坑、分泥这些技法，让幼儿自己去尝试。

4. 一串葡萄(美术:手工制作)

一、活动目标

1. 能用简单的语言表达葡萄的主要外形特征,如:什么形状、什么色彩。

2. 尝试用圆片拼成葡萄的造型,会用糨糊进行粘贴。

二、活动准备

1. 经验准备:认识葡萄,尝过葡萄。

2. 物质准备:紫色葡萄一串、葡萄图片;每组2盘剪好的、深浅不同的紫色小圆片;2碟糨糊,2块湿抹布。

三、活动过程

1. 教师出示一串紫葡萄,引发幼儿观察的兴趣。

(1) 师:这是什么?葡萄是什么颜色的?什么形状的?一串葡萄长得什么样?

(2) 总结:葡萄有紫色的,有绿色的,一颗一颗圆圆的,紧紧地靠在一起,长在藤上。

2. 教师出示范例,讨论葡萄制作方法。

(1) 共同讨论方法,鼓励幼儿大胆想象制作方法。

师:看,这是什么?这串葡萄是怎么做出来的?

(2) 介绍制作材料:糨糊、圆片、葡萄藤。

(3) 请个别幼儿尝试粘贴葡萄,教师引导幼儿集体讨论。

师:怎样用糨糊把葡萄粘贴到葡萄藤上?一颗颗葡萄应该怎样贴?

(4) 边示范边讲解制作方法。

小结:一颗颗葡萄要粘贴在一起,就像是好朋友那样紧紧地拥抱在一起。

3. 幼儿操作,教师指导。

教师巡回指导,提醒幼儿要细心地将每颗“葡萄”颗粒后面抹匀糨糊后,紧靠在一起粘贴成一串“葡萄”。

4. 评价、欣赏幼儿作品。

(1) 将制作好的“葡萄”挂在“葡萄架”上。

师:我们今天真开心,每个小朋友都贴了一串葡萄。你觉得哪串葡萄最漂亮呢?

(2) 在葡萄架下唱《紫葡萄》、跳舞，结束活动。

教学反思

一、课题来源

近期进入了《香香的水果》这个主题，在日常活动中带领幼儿从水果名称、外形、颜色等方面去认识水果，并在区域活动中添加了串水果、皱纹纸粘贴水果等游戏，发现幼儿对这类游戏很感兴趣，游戏效果也很好，幼儿能按照水果的形状、颜色去串、粘贴。粘贴水果的游戏发展了幼儿使用糨糊的技能，所以设计出用粘贴的方法制作“葡萄”的教学活动。

二、研讨要点

1. 从开场的“葡萄园”情境导入到欣赏 PPT 图片，幼儿很专注，能发现葡萄是一个个紧紧地靠在一起的，从上到下的葡萄是由多变少的，从而使幼儿粘贴葡萄时注意将一颗颗“葡萄”靠在一起；上面贴得多，下面贴得越来越少。

2. 在操作中加入音乐，幼儿制作中显得很轻松，愿意参与活动，粘贴的画面较丰富。

3. 建议教师示范时，重点引导幼儿观察葡萄是长在叶子下面的，贴葡萄的时候要靠近叶子贴；示范要用大一些的葡萄，以便让幼儿看得更清楚，这样效果会更好。

5. 美丽的果园(综合)

一、活动目标

1. 学习使用排刷涂色的技能进行墙面装饰，享受共同作画的乐趣。
2. 能将秋季 4 种常见水果分类。

二、活动准备

1. 经验准备：幼儿已认识排刷及颜料；幼儿已认识秋季常见水果。
2. 物质准备：排刷若干；用白色油画棒画好的果树背景图；颜料；幼儿已涂好的苹果、梨子、柿子、橘子图片。

三、活动过程

1. 游戏：“小小粉刷匠”。

(1) 师幼人手一把排刷,听音乐律动(律动中融入使用排刷的操作技能)进场。

(2) 师:小粉刷匠们,我们一起来把这面白色的墙(已事先用白色油画棒画好的果树背景图)刷上美丽的颜色吧!

2. 幼儿练习使用排刷的正确方法,教师巡视指导。

3. 呈现果园图,激发幼儿送"水果"的愿望。

(1) 师:这是一面神奇的墙,我们用小刷子刷出了什么?(许多果树)

(2) 师:秋天是个丰收的季节,我们的果园这么美,可是果树上少了什么?

4. 出示幼儿已涂好的4种水果,引导幼儿给"果树"送"水果"。

(1) 请个别幼儿示范送水果的方法(直接将水果图片粘在颜料未干的"果树"上)

(2) 引导幼儿边送边说:"这是一棵××树。"

5. 集体粘贴"水果",并进行水果分类。

幼儿在篮子里自由选取水果图片,并贴到相应的果(苹果、梨子、柿子、桔子)树上,边送边说果实名称。

6. 歌表演:"摘果子"。

引导幼儿随着音乐的伴奏,在"果园"前边唱边表演。

教学反思

一、课题来源

进入《香香的水果》主题已第三周了,相关水果的各类活动有很多,特别以美术活动居多,如:水果图形涂色、彩条撕贴、油泥搓水果等。丰富多样的水果以可爱的形状、鲜亮的色彩、香甜的气味吸引着幼儿不断地探索学习。然而对于水果的来源,以幼儿的经验积累看,多为在水果店及超市卖场,最多则在幼儿园的农趣园观看过老师摘柿子,因此他们对故事中"嘟嘟熊的果园"是那么的好奇。利用幼儿对颜料色彩的喜爱,引导他们用白色油画棒将果树绘画在大纸上,刷上彩色颜料后果树迅速大幅面地呈现,并在无意中合作刷出"果树林"。幼儿在掌握使用刷子的技能的同时,感受水油分离的神奇,体验变出"果树"的快乐。最后将练习涂好色的"水果"送给"果树",再进行分类,展现出秋天果园丰收的美好景象。

二、研讨要点

1. 活动能创新设计，让幼儿在贴在墙面的大纸上大胆涂色，呈现出果园的景象。

2. 活动过程富有情境，环节衔接较为连贯。

3. 综合意识比较强，有舞蹈表演、美术、语言、社会认知等方面，自然融合。

4. 结合主题活动的开展，巧妙地利用幼儿涂色作品创设果园背景，并引导幼儿将自己涂色的水果分类贴到果树上。注意了活动之间的衔接，又使“果园”里“水果”多多，给幼儿美的享受。

6. 吃水果(综合)

一、活动目标

1. 知道常见水果的几种不同吃法(削皮、剥皮、切开等)。
2. 学会说短句“苹果是削皮吃的”等。
3. 尝试自己动手剥开水果皮吃水果。

二、活动准备

1. 经验准备：幼儿已认识了几种水果。
2. 物质准备：木偶表演“熊宝宝去果园”；橘子、苹果、梨子、西瓜、香蕉若干。

三、活动过程

1. 木偶表演“熊宝宝去果园”。

师：熊妈妈带熊宝宝去果园玩，主人请熊宝宝吃水果。一只小熊将未削皮的苹果往嘴里塞；一只小熊将未剥皮的橘子往嘴里塞；一只小熊将未切开的西瓜往嘴里塞。

2. 共同讨论：吃水果的方法。

(1) 通过提问引出话题。

师：熊宝宝这样吃水果对吗？应该怎样吃？(苹果是削皮吃，橘子是剥皮吃，西瓜是切开吃的)

(2) 请幼儿练习讲述水果的吃法。

师：你们真能干，快把你们的好办法告诉小熊。（请三位幼儿分别上来帮助三只“小熊”，对“小熊”说：“苹果是削皮吃的；橘子是剥皮吃的；西瓜是切开吃的。”）

3. 帮助幼儿扩展吃各种水果的生活经验。

师：哪些水果是剥皮吃的？哪些水果是切开吃的？还有哪些水果是削皮吃的？

4. 请幼儿自己动手吃各种水果。

（1）提醒幼儿在吃水果前用纸巾将手擦干净，以养成讲卫生习惯。

师：桌子上有许多水果是请你们吃的。吃水果前小手应该怎么做？你们发现桌上有什么？

（2）幼儿自由选择水果，学习正确的吃水果的多种方法。

教师提醒幼儿一边剥一边练习说：“苹果是削皮吃的”“橘子是剥皮吃的”“西瓜是切开吃的”等。

（3）幼儿相互交流自己的经验。

师：说一说，你吃的是什么水果？它是什么味道的？

5. 欣赏儿歌《吃水果》。

通过儿歌欣赏小结吃水果的方法。

教学反思

一、课题来源

这节课来源于《香香的水果》主题，水果是幼儿熟悉及喜欢的，每个人对水果都有自己的喜好。水果的色彩、外形、气味、营养……蕴含着丰富的教育资源。在生活中幼儿已认识了几种水果(红红的苹果、黄黄的梨子、酸酸的葡萄)，这节课将让幼儿去动手削水果、剥水果、尝水果，养成喜欢吃多种水果的良好生活习惯。

二、研讨要点

1. 教师与幼儿的互动非常亲切，在活动中发展了幼儿的语言。与“小熊”的交流活动设计也发展了幼儿的社会性。

2. 在吃水果前让幼儿使用了湿纸巾，也为后面秋游活动作了铺垫，体现了讲卫生的习惯养成教育意识。

3. 由于小班幼儿的年龄较小，不适合用真刀，可用塑料刀具代替。

附儿歌

吃　水　果

苹果梨子削皮吃，
橘子香蕉剥皮吃，
西瓜香瓜切开吃，
水果水果真好吃。

7. 请小动物吃饼干(综合)

一、活动目标

1. 学会区分圆形、三角形、正方形，并尝试按标记进行图形分类。

2. 能将相同的图形进行匹配，制作“夹心饼干”。

3. 能用语言讲述：“请××吃××的饼干。”

二、活动准备

1. 经验准备：认识或吃过夹心饼干。

2. 物质准备：小碗20个；圆形、三角形、正方形的标记及卡片若干；粘有小狗、小猫、小羊、小熊、小猪图片的大画板5个；糨糊加色素制作的“果酱”6瓶；抹布若干。

三、活动过程

1. 以主题“饼干”谈话导入。

(1) 师：(出示真的饼干)这是什么？你吃过什么形状的饼干？

(2) 玩游戏：“找饼干”。

师：找出小碗中圆形(三角形、正方形)的饼干，把它们举起来，看看谁找得又快又对。

2. 按标记送“饼干”。

(1) 师：今天还来了几位小客人呢，我们来看看他们是谁？

(2) 师：请小朋友根据图形标记，给小动物送“饼干”。

● 教师提醒幼儿在送“饼干”时看清图形，如：给小狗送圆形的“饼干”；给小猫、小羊送正方形的“饼干”；给小熊、小猪送三角形的“饼干”。

● 鼓励幼儿将碗中的“饼干”送完。

● 鼓励幼儿积极练习语言，如：“小猫，请你吃正方形的饼干”等。

(3) 集体验证操作结果。

师：我们大家一起检查，看看饼干有没有送对？

3. 学习制作“夹心饼干”。

（1）介绍制作材料及方法。

师：小动物们还想吃夹心饼干呢。我这里准备了一些小动物喜欢的饼干，找到两片一样的，中间抹点酱，对整齐就做出夹心饼干啦！

（2）幼儿制作“夹心饼干”。重点提醒幼儿取两片相同形状的饼干来制作“夹心饼干”。

（3）把做好的“夹心饼干”送给小客人。

- 提醒幼儿将“饼干”送给小动物时说：“小猫，我给你吃××形饼干。”
- 提醒幼儿根据图形送“饼干”：圆形的“饼干”送给小猫；正方形的“饼干”送给小羊；给小熊、小猪送三角形的“饼干”。

（4）集体验证。

师：看看小朋友送得对不对？小动物们说谢谢我们小朋友们呢！

四、活动延伸

在美工区提供更丰富的材料，供幼儿继续制作各形各色的“夹心饼干”。

教学反思

一、课题来源

本周是我们进入《踏踏响》主题的第一周，这个主题主要是立足于幼儿好动、好玩的天性，幼儿喜欢这里蹦一蹦、那里跳一跳，拿到什么物品都要敲一敲、拍一拍。“踏踏踏”的响声令幼儿着迷：穿着大鞋行走“踏踏踏”，在飘落的树叶上走“踏踏踏”，运动身体“踏踏踏”，“踏踏”声给幼儿带来无限快乐、无限惊喜。在《踏踏响》的主题活动中，引导幼儿主动去探索，去发现，主动建构知识经验，同时感知“踏踏”声有时可以给大家带去快乐，有时则会给大家带来麻烦，需要放轻声音，轻悄悄的……设计这节活动也是因为在家园联谊时的水果分享活动中，发现孩子们在与人分享的情感意识上是愿意的，他们很乐意拿着自己的水果去请别人品尝，但是在语言表达方面有欠缺，有的孩子在分享时能说出请谁吃什么，有的则只会用动作表达。设计本次活动既巩固对圆形、正方形和三角形等基本图形的认识，又为幼儿提供短句练习的机会。

二、研讨要点

1. 整个活动中幼儿参与积极性高，表现出了与“小动物客人”交往的童真、童趣。

2. 设计5块图形板，其中圆形只放1块是正确的，幼儿最先认识的就是圆形，教师能注意有层次地投放图形。

3. 在第一环节小朋友送“饼干”时，幼儿手部的控制能力不同，浅的盘子幼儿端不平，图形片会掉出来，最好更换成有一定深度的盘子。

4. 操作中可引导幼儿将多余的“草莓酱”抹回盒子中，不要浪费。

8. 树叶和妈妈(综合)

一、活动目标

1. 能够理解“1”和“许多”。

2. 会将捡来的树叶粘贴成“大树”，感受秋天树叶的美。

3. 能积极参与活动。

二、活动准备

1. 经验准备：幼儿有撕贴的技能。

2. 物质准备：“树干”背景图，黄、绿树叶若干；垃圾篓；《大树妈妈》的音乐；在户外选择一块有大树的场地。

三、活动过程

1. 引发对秋天季节特征的回忆。

师：现在是什么季节？你是怎么发现的？

2. 理解“1”和“许多”。

(1) 师(演示树叶飘的场景)：树上的叶子是什么颜色的？秋风来了，树叶会怎么样？

(2) 师：你们看！(出示背景图)这两棵大树的叶子宝宝要和妈妈捉迷藏呢！小树叶在哪里呢？让我们把小树叶找回来吧。

教师请每个小朋友找一片小树叶，并要求幼儿会用语言描述：“我找到了一片小树叶。”

(3) 师：请小朋友把找到的树叶宝宝送到大树妈妈的身边。

同伴间相互交流：你找到了几片树叶？

(4) 总结：刚才每个小朋友都找到了一片树叶宝宝，放在一起，大树妈妈就有了许多树叶宝宝。

3. 装扮“大树妈妈”。

（1）谈话引起活动兴趣。

师：让我们把树叶宝宝送回家，让大树妈妈更漂亮吧！

（2）向幼儿介绍不同水平层次的操作材料。

三种层次：一种贴好双面胶、又把双面胶的保护膜撕好的树叶，一种贴好双面胶但没撕好保护膜的树叶，一种无双面胶的树叶。

（3）教师示范撕、贴树叶的方法。

引导幼儿学会撕开双面胶后，将树叶贴在“大树枝”上（或“大树妈妈”的身边）。

（4）幼儿操作。

教师指导幼儿将叶柄贴在树枝上；提醒将撕下的双面胶保护膜放在垃圾篓子里。

4. 共同欣赏作品。

小结：一片片的树叶回到大树妈妈身上，大树妈妈又有了许多树叶。有的是黄色，有的是绿色，真漂亮呀！

5. 在《大树妈妈》的音乐伴奏下跳舞，游戏结束。

师：你们真能干！帮大树妈妈找回了宝宝，大树妈妈要谢谢你们呢！我们一起围着大树妈妈跳支舞吧！

四、活动延伸

在数学区提供其他形式的操作材料，进一步让幼儿感知“一个一个合起来是许多”。

教学反思

一、课题来源

秋天到了，树上的叶子一片片地往下落，就像蝴蝶一样翩翩起舞，这充满动感的画面，吸引着孩子的注意，激发着孩子的兴趣。我们也经常带孩子去观察秋天的景象，去捡一捡地上的落叶……数学活动来源于幼儿的生活，让幼儿在生活中自然地接触数学知识、积累数学经验、建构数概念，有利于幼儿的学习和发展。本次活动主要是让幼儿直接感知“一片”树叶和“许多”树叶的关系，不仅可以帮助孩子逐渐理解“一”和“许多”的数学概念，而且可以引导幼儿从小关心自己周围生活中的事物和现象，培养对大自然的热爱之情。本次活动定位在“综合活动”，主要涉及数学和美术领域：“目标 1”主要是数学方面的，要求幼儿能够理解“1”和“许多”；“目标 2”主要是美术方面的，要求幼儿会将捡来的树叶粘贴成大树，感受秋天树叶的美；“目标 3”主要指向情感态度，要求幼儿能积极参与本次活动。

二、研讨要点

1. 活动一开始教师通过问题引发幼儿对秋季特征的回忆——“现在是秋天了，我们在幼儿园院子里发现了什么？”——因为小班幼儿主要是直觉形象思维，引起他们对已经感知过的树叶的回忆，可以调动幼儿很快进入学习状态的积极情绪。

2. 第二个环节是理解“1”和“许多”，这是本次教学活动的重点。教师通过设置情景，调动幼儿的积极性；幼儿捡树叶时教师注意提示幼儿用语言描述“我找到了一片小树叶”，帮助幼儿加深认识；又运用“请小朋友把找到的树叶宝宝送到大树妈妈的身边”的亲切提示，引导幼儿积极参与活动；接着通过总结（“刚才每一个小朋友都找到了一片树叶宝宝，放在一起，大树妈妈就有了许多树叶宝宝”）有意提升认识；最后再给幼儿提供捡树叶、送树叶（2～3 遍）的机会，让每一位幼儿多次、反复巩固对“1”和“许多”的认识。

3. 通过第三个环节“装扮大树妈妈”来完成“目标 2”。从情感角度引发幼儿打扮“大树妈妈”的愿望，同时提供三种不同的材料，让每一个幼儿都能顺利进行操作；此外还注意幼儿良好操作习惯的培养，如：把撕下的双面胶放在垃圾篓子里。

4. 活动选在户外进行，充分体现了陈鹤琴先生的“大自然、大社会是最好的课堂”的教育理念，而且蕴涵节约经费、绿色环保的意识，同时幼儿在活动中也表现出学习的积极性。

5. 此活动可以延伸到数学区，继续提供操作材料让幼儿进一步感知“一个一个合起来是许多”、“许多可以分成一个一个”……还可以让幼儿用树叶进行美术区域活动等。

6. 需要研究的问题。

（1）虽然是综合活动，但是这节课的重点应该是学习“1”和“许多”，而粘贴树叶需要的时间比较长，需要进行调整。

（2）虽然教师对幼儿粘贴的叶子颜色有了改进，但是还是以绿色居多，没有更好地体现秋天黄色、红色的美。

9. 鞋子大旅行(综合)

一、活动目标

1. 感知鞋子的多样性,初步了解不同鞋子的不同用途。

2. 感受不同鞋子在行走时发出的声音,体验穿不同鞋子的乐趣。

3. 愿意用语言表达自己的认识,正确说出鞋子的名称、用途等。

二、活动准备

1. 经验准备:认识过幼儿从家里带来的各种鞋子。

2. 物质准备:教师与幼儿共同收集多种大鞋子(高跟鞋、皮鞋、雨鞋、运动鞋、拖鞋等),幼儿从中选择一双放在椅子下面;故事《鞋子大游行》的课件及图片。

三、活动过程

1. 欣赏故事《鞋子大旅行》。

(1) 师:小朋友,你们知道吗? 今天有一大群鞋子要到大街上去欢乐旅行了,让我们来听一听是怎么回事吧!

(2) 幼儿边欣赏课件,边听故事。

提问:小精灵吹响喇叭后,哪些鞋子都排队走出来了?(幼儿边说教师边出示相应的图片)

2. 讨论了解不同鞋子的不同用途。

(1) 提问:娃娃鞋为什么会往儿童乐园走? 运动鞋为什么会往体育场走? 为什么大皮鞋和高跟鞋会往公园走?

(2) 总结:每种鞋适合不同的人、不同的场合穿。如:高跟鞋是妈妈穿的,爸爸穿大皮鞋,跳舞穿舞鞋,下雨天穿雨鞋,运动时穿运动鞋……

3. 认识、交流其他种类的鞋子。

(1) 师:除了故事中的鞋子,家里还有哪些鞋子会走出来呢? 它们现在就躲在我们的小椅子下面哦,快拿出来看看吧。

(2) 与同伴交流自己所拿来的鞋子的名称和用途。

(3) 鼓励幼儿大胆在集体中表述鞋子的名称和用途。

4. 幼儿穿大鞋“旅行”。

(1) 幼儿穿大鞋在活动室中走一走、跑一跑、跳一跳。

(2) 提问:你们觉得穿大鞋和自己的鞋子哪个更舒服、方便呢? 穿大鞋会发出什么声音？穿大鞋有什么感觉？

(3) 听轻松的音乐，一起穿大鞋去“旅行”(在教室里走)。

总结：穿大鞋会发出踢踢踏踏的声音，虽然穿大鞋很有趣，但平时游戏、活动时还是穿自己的鞋子方便哦！

附故事

鞋子大游行

夜里，人们都睡了，小人精跑出来。他要干吗？嗨，他要举行一次鞋子大游行！

小人精坐在大树上，手握长喇叭，朝着一幢高楼“嘀嘀哒哒”吹起来。睡在床上的人听不见这喇叭声，可他们的鞋子却听见了。鞋柜的门“哗”地开了，大皮鞋、高跟鞋、绣花鞋、长筒靴、运动鞋，还有小孩子穿的叫叫鞋、兔兔鞋都跳到地上，排起队伍走出家门，就连床下的拖鞋也都跟着出了门。

小人精从树上跳下来，大声问：“亲爱的鞋子，你们想不想跟我上街去游行？”“想！想！”鞋子们跳起来，叫叫鞋、兔兔鞋跳得最高。

“嘀嘀哒，嘀嘀哒”，游行队伍出发啦。跨——跨——跨，跨——跨——跨，鞋子们迈着整齐的步伐，走过大街穿小巷。

走到市中心，队伍开始乱起来：大皮鞋和高跟鞋向街心花园走去，运动鞋向体育场跑去，叫叫鞋、兔兔鞋向儿童乐园奔去……

“快回来！快回来！”小人精连忙去追那些走散的鞋子，可是鞋子们却和小人精玩起了捉迷藏的游戏。

天快亮的时候，小人精才好不容易把鞋子们集合起来带回大楼里。

后来，大楼里的人都起床了，他们把鞋子穿在脚上，一点儿都不知道夜里发生的事情。

教学反思

一、课题来源

从本周开始进入了《踏踏响》主题的教学。在进入这个主题前，我们请小朋友收集了自己的小鞋子，在班上开了“自助购鞋小超市”，小朋友在角色游戏中可以去看一看、玩一玩、买一买；在益智活动中，我们投放了鞋子排序，让孩子能一边玩一边认识各类鞋子；在晨间锻炼中，我们安排了“穿大鞋”的游戏，让孩子在开心中感受穿大鞋的乐趣。在这个主题里，我们还会和孩子一起来学穿小鞋子，正确地把鞋子穿在左右脚上，一起来画一画、印一印、涂一涂、贴一贴、说一说，以多种方式和小鞋子玩游戏，提升和丰富幼儿对多种鞋子的经验，促进幼儿多方面能力的增长。

二、研讨要点

1. 教学开头较好，先看看自己穿的是什么鞋子，再出示一双凉鞋，比较什么季节该穿什么鞋子，引出鞋子的多样性。

2. 在欣赏故事后，引出不同的人要穿不同的鞋子，并且让孩子穿着大鞋走，可以满足幼儿喜欢穿大鞋的欲望。

3. 可以适当修改故事，把“大鞋和高跟鞋往公园跑”这一段忽略掉。

10. 做鬼脸(美术:泥贴画)

一、活动目标

1. 通过欣赏“做鬼脸”的PPT，激发幼儿做鬼脸的欲望。

2. 引导幼儿用捏、拉、按、挤等多种方法“做鬼脸”。

3. 体验成功做出各种“鬼脸”的创作快乐。

二、活动准备

1. 经验准备：观看过哥哥姐姐表演斗牛舞时的表情。

2. 物质准备：各色油泥；关于“做鬼脸”的PPT；相机。

三、活动过程

1. 欣赏“做鬼脸”的PPT。

(1) 师：看看他们是谁啊？他们在干什么呀？让我们来一起学一学用不同表情逗乐吧。

(2) 同伴间做各种“鬼脸”，相互逗乐、相互欣赏。

师：我们一起转身玩做鬼脸的游戏给其他小朋友看看吧。(鼓励幼儿做不同表情的“鬼脸”)

2. 请个别幼儿演示做“鬼脸”，重点观察脸部五官的较大变化。

(1) 让我们看看××做出了什么样的鬼脸？他是怎么做的？

强调用拉、捏、挤等方法做出“鬼脸”，如：向下拉——脸变得长了；向上推——脸变胖了；用手捏——眼睛变小了；拉嘴角——嘴巴变大了……

3. 讲解制做“鬼脸”方法。

(1) 出示油泥做好的平面脸型，请个别幼儿尝试用手拉、压等将面部变形。

师：看，这是一张小脸，谁能帮它做做鬼脸呢？

(2) 幼儿讲述、老师示范，师幼共同探索用团、搓、拉的方法制作五官的方法。

师：小脸型变好了，那脸上还少了什么？（眼睛、鼻子、嘴巴等）你们说怎么做，我就按你们说的方法试试看！

4. 幼儿制作不同表情的“鬼脸”。

幼儿进行制作，教师鼓励幼儿大胆地制作出比较怪异的“鬼脸”。

5. 欣赏评价。

教师为每位幼儿的作品拍照，用投影的方法展示幼儿作品。

师：你最喜欢哪张鬼脸，为什么？

小结：我们可以多关注生活中的人们，在遇到不同的事情时会有哪些不同的表情，如果喜欢的话就可以模仿模仿，在参加表演游戏时表情就可以非常丰富而有趣了。

教学反思

一、课题来源

小班的幼儿天真、童趣，不论是在活动中还是在休息时间，总有一些幼儿对着同伴和老师做一些“鬼脸”逗笑，于是我说：“我们可以用自己的手拉、推脸部，就可以来玩‘做鬼脸’游戏了。”老师刚说完，教室里马上乱了起来，有的大喊大叫，有的连声叫好。老师让大家低下头，慢慢地说“一、二、三！”孩子们都把“鬼脸”变出来，一张张“鬼脸”真是千奇百怪，有的像狐狸，有的像松鼠。老师选出一位幼儿，让他做刚才做的“鬼脸”，他用小拇指拉住嘴巴，无名指拉眼睛，眼睛拉成了一条线，露出一根根血丝，像一个妖怪。这一下子，教室里一片热闹声，便由此生成了孩子们感兴趣的“做鬼脸”活动。

二、研讨要点

1. 幼儿能积极参与模仿和大胆做出与他人不一样的“鬼脸”。

2. 给小脸添加五官时，幼儿都能用团、搓、拉、捏的方法做出五官。

3. 幼儿在用拉、挤的方法让小脸变形时，有的还不够大胆，此时需老师在旁边引导，在鼓励下方可使小脸做出“鬼脸”形状。

4. 活动得以顺利进行的关键点之一在于油泥的软硬度较好控制，便于幼儿制作、塑形。

5. 最后可加入模仿自己制作的泥塑鬼脸来“做鬼脸”的游戏，轻松结束活动。

11. 我帮羊村修房子(综合)

一、活动目标

1. 能从许多图形中找出自己需要的图形。

2. 学会选用大小和颜色一致的图形砖修补“羊村”的“房子”。

3. 体验帮助小动物的快乐。

二、活动准备

1. 经验准备:幼儿对圆形、三角形、长方形、正方形有初步认识;对动画片《喜羊羊和灰太狼》的角色、故事情节及主题曲较熟悉。

2. 物质准备:各色KT板制成的有不同图形破洞的房屋;各形(圆形、三角形、正方形、半圆形)、各色、大小不一的KT板砖块若干;音乐。

三、活动过程

1. 以故事引出“羊村”的需求。

(1) 观察场景(寒风中,羊村里,墙上有破洞的房子,冻得瑟瑟发抖的小羊),观察发现墙上还缺一些“砖头”,引出修补房屋的话题。

师:冬天到了,天气变得越来越寒冷,为什么小羊住在房子里还冻得直发抖呢?

(2) 认识不同形状的砖头。

师:村长已经准备好了许多砖头,看看有些什么形状呀?(有圆形、三角形、正方形、长方形的“砖头”)

2. 幼儿操作活动:“为羊村修补房子”。

(1) 请一名幼儿示范修补房子的方法:先选一块砖头,与墙上洞的形状、大小进行匹配。

(2) 请全体幼儿选择相同形状及大小的“砖头”帮助小羊修房子。

3. 师生共同欣赏“羊村”修好的“房屋”。

(1) 引导幼儿观察修补好的“房子”哪里补得好,重点从颜色、形状两方面进行评析。

(2) 请个别幼儿拆掉不合适的“砖头”,重新选择形状、大小及颜色相同的砖头,再次进行修补。

4. 音乐游戏:“喜羊羊和灰太狼”。

师:小羊说太谢谢大家的帮助了,他们请小朋友现在到羊村去做客呢!

教学反思

一、课题来源

在《图形碰碰乐》主题中，幼儿对圆形、三角形、长方形、正方形基本已能辨识。在寒冷的冬季到来之际，引入幼儿熟悉且感兴趣的动画片《喜羊羊和灰太狼》的角色及生动的故事情节，以游戏的形式展开教学活动，创设“羊村”场景，借助多媒体放映小羊们的合照，发出寒风的声音；以游玩“羊村”为主线进行，从观察房屋，发现图形洞，讨论办法，到实施帮助，层层递进；由单纯地选择对应的图形（大小合适），到进一步让颜色一致，始终令幼儿投入到较真实的情境中——破洞的房屋。幼儿通过选用图形砖反复操作，巩固对图形的学习，在游戏中体验帮助小动物的快乐。在材料的选择上，选用了KT板制作色彩及屋顶形状不一的房屋，刻出各种形状的洞，以及图形砖，比使用卡纸来补图形更方便，更真实；在洞口的后面用透明胶带挡住四角和中间，隐性地协助幼儿更好地完成操作。而在活动最后的游戏中通过房顶让幼儿初步感知半圆、梯形，延伸了知识。

二、研讨要点

1. 活动设计新颖，充满童趣，层次递进，大大提高了幼儿参与学习和操作的积极性。

2. 教师思考细致入微，考虑到幼儿操作时会出现的种种问题，并巧妙地避免或帮助解决。

3. 活动过程中教师能灵活机动地应对幼儿的表现，并适时进行调整，让活动过渡得较为顺畅。

4. 建议活动设计可更贴近幼儿生活的实际经验，可利用废旧材料进行操作。

12. 小鱼吹泡泡（美术：泥工）

一、活动目标

1. 尝试用搓长、连接的方法制作小鱼吹的“泡泡”。
2. 体验泥工制作以及和“小鱼游戏”的快乐。

二、活动准备

1. 经验准备：玩过“小鱼游”的游戏。

2. 物质准备：小鱼游泳动画和小鱼游动的水流音乐；幼儿事先涂好颜色的小鱼及水草油泥若干；泥工板。

三、活动过程

1. 播放水流音乐引入话题。

（1）师：听，这是什么声音？我们和小鱼一起游一游吧！

（2）欣赏小鱼吹泡泡的视频。

师：小鱼儿们一边游泳一边在做什么？

2. 出示范图，引导观察，激发幼儿动手做“泡泡”的兴趣。

师：你觉得画中缺少了什么？（泡泡不见了）

3. 师幼共同讨论制作“泡泡”的方法。

（1）幼儿初步自由讨论“泡泡”的做法。

师：小鱼吐的泡泡是什么形状的？小鱼吐的泡泡是圆形的。怎么做呢？

（2）教师边示范边讲解。

师：取一点油泥，放在手心把它搓长。中间搓过了，两边也可以搓一搓哦，要搓得一样粗。再让油泥两头“亲一亲”（将油泥首尾相接），注意不能将油泥折断。

（3）请个别幼儿再次示范泡泡的制作方法。

师：谁想先来试一试？

4. 幼儿操作，教师进行适当的指导。

（1）幼儿操作时播放《小鱼游》音乐，使幼儿自然投入到给“小鱼”制作“泡泡”的情境中去。

（2）重点指导幼儿把搓成的“泡泡”按大小排列，从“小鱼”的嘴边从小到大依次固定摆放。

5. 师幼共同欣赏幼儿作品。

师：你们为小鱼做的泡泡真漂亮啊，小鱼们非常高兴地说：“谢谢小朋友们！”

四、活动延伸

1. 在区域活动中提供小宝宝玩泡泡的场景，让幼儿继续制作泡泡，并积极启发幼儿制作不同类型、不同材料的“泡泡”，激发想象力、创造力。

2. 还可在美工区域中提供油泥，启发幼儿制作水草和其他海洋生物。

教学反思

一、课题来源

小班幼儿对玩油泥很感兴趣，晨间桌面游戏中就提供了此类材料，锻炼幼儿搓圆、压扁等技能。进入《图形碰碰乐》主题后，幼儿对各种图形都有了一些了解。该主题中有使用各种圆形印章印“鱼泡泡”的活动，幼儿已通过此活动认识到泡泡是圆形的。通过与老师的交流发现，泡泡除了用印的方法表现以外，还有其他不同的制作方法：如可以用油泥来变泡泡，那么在团圆、压扁的基础上幼儿还能学习些什么呢？我们想到可以引导幼儿用搓长油泥再围圆的方法制作“泡泡”，可进一步提升幼儿的操作技能，以增加游戏的多样性、趣味性。

二、研讨要点

1. 幼儿对教师提供的绘画“小鱼在水里游”背景图表现得十分好奇、喜欢，在操作过程中都能沉浸在制作中，十分享受制作的过程。

2. 活动过程中教师示范的“泡泡”偏大了些，不太符合表现“泡泡”由小变大过程的要求。活动中还应指导幼儿注意鱼嘴巴吐出的泡泡慢慢变大。

3. 活动视频提供不理想，可选用鱼儿游动的、吐泡泡的动画视频，引导幼儿细致观察小鱼吐的泡泡是圆形，大小不一样。

13. 我们自己做饼干(综合)

一、活动目标

1. 尝试用不同形状的模具制作出形状各异的饼干。
2. 能大胆地用彩色面泥装饰饼干。
3. 体验自己动手制作饼干、与同伴共同分享食品的快乐。

二、活动准备

1. 经验准备：品尝过各种饼干。

2. 物质准备：制作饼干的视频，成品饼干图片，各种不同形状的模具，面团，篓子，塑料小刀模具，干净的小毛巾，幼儿洗净双手等。

三、活动过程

1. 播放饼干制作视频，引起幼儿对制作饼干的兴趣。

(1) 师:你们喜欢吃饼干吗? 饼干是从哪儿来的呢? 我们一起来看看。(播放制作饼干视频)

(2) 小结:厨师先做出漂亮的模型,放进烤箱烘烤一段时间,就做成了漂亮又好吃的饼干啦。

2. 探索制作饼干的方法及步骤。

(1) 再次欣赏视频,观察厨师制作成品的过程(和面、分面、制作成品、烘烤)。

师:你们想自己来做饼干吗? 饼干是怎么做出来的呢? 我们再仔细地看一看。

(2) 请个别幼儿尝试用模具压出饼干模型。

师:今天我们也来做小厨师,自己来制作饼干。可以选用不同的模具,将面放进模具中,用手压一压,取下模具,饼干的外形就压出来了。

(3) 欣赏成品饼干图片,共同讨论装饰方法。

师:我们的饼干还缺少了什么? 看看这里的饼干漂亮吗? 你准备怎样让自己做的饼干变得更漂亮、更可爱呢?

3. 幼儿自己动手制作饼干。

(1) 鼓励幼儿用不同的模具制作不同的饼干,并大胆进行装饰。

(2) 提供塑料小刀模具,方便手部力量小的幼儿在面团上利用模具印饼干。

4. 烘烤饼干。

5. 教师与幼儿共同欣赏、品尝自己做的饼干。

四、活动延伸

1. 指导幼儿在美术区中发挥想象力,用油泥继续制作各种形状、图案的"饼干"。

2. 晨间点心环节中投放一些幼儿自己做出的饼干,让幼儿继续体验制作的快乐,进一步激发参与制作活动的兴趣。

教学反思

一、课题来源

日常吃早点的时候,我们经常会通过饼干上的图案和形状来吸引幼儿注意,鼓励幼儿进食,帮助幼儿开心地开始一天的生活。而本次活动的产生,也是因为发现幼儿对每次的点心活动感兴趣,甚至有幼儿在没吃之前就会来问，今天吃什么样子的饼干。通过这次活动既满足幼儿动手的需要，也能让幼儿了解饼干制作的基本过程。

二、研讨要点

1. 活动很受幼儿的欢迎，幼儿在前期经验中就有了对饼干的认识，此活动在给予幼儿动手练习机会的同时，又有意识地扩展了幼儿的生活知识。

2. 活动形式很新颖。通过在活动中使用模具做饼干，使得幼儿对多种图形有了更深一层的了解，真正让幼儿在玩中学、学中玩。

3. 对于小班幼儿来说，应强调以玩为主，在做中玩会很开心。但此活动中幼儿需要掌握的技能过多，提供的面团过大，幼儿操作起来难度会较大，因此像面团此类材料的提供上，应选用小的。

4. 活动“环节 2”中，教师提出探索制作方法，但幼儿真正自主探索较少，以教师说为主。应积极引导幼儿发挥想象力，让幼儿自由地思考，并提出自己的想法，这样利于激发幼儿的探索欲望。

14. 圣诞袜(美术:装饰)

一、活动目标

1. 尝试在“圣诞袜”模板的范围内，用印章或海绵棒将画面印满。
2. 感受圣诞袜的美和节日带来的快乐。

二、活动准备

1. 经验准备:知道一些关于圣诞节的小故事。
2. 物质准备:颜料、海绵棒，各种印章，圣诞袜的模型，涤纶棉，抹布。

三、活动过程

1. 游戏导入，出示并欣赏圣诞袜。

(1) 师:我来变个魔术，看！变出了什么？(圣诞袜)圣诞袜是用来干什么的？(过圣诞节时用来装圣诞礼物的)

(2) 出示 PPT，观察圣诞袜的形状与图案。

师:圣诞袜是什么样子的？我们再看看上面还有什么图案？(小星星、爱心等)图案都是印得满满的，很漂亮。

(3) 继续引导幼儿仔细观察图案的排列方式。

师:这些圣诞袜上的图案是怎样排队的?(横着排队、沿边排队等)

2. 介绍材料,探索圣诞袜的装饰方法。

(1) 出示纸板袜子,自由讨论装饰的办法。

师:看看这个圣诞袜上少了什么?(引导幼儿说出自己的装饰想法)

(2) 幼儿示范印画过程,教师用简短语句解说印画方法。

- 师:谁来将这双袜子上印上好看的花纹?
- 师:拿起棉棒在颜料盘里蘸一蘸,在圣诞袜上印一下……换个空的地方印一下、再印一下……
- 师:想换一种颜色怎么办?将这种颜色的印章放回家,再拿另外一个颜色的印章。

在幼儿示范过程中注意引导:印印满,排队印,沿边印。

(3) 讨论、介绍圣诞袜边的装饰方法。

师:圣诞袜边除了好看的图案还有什么?(小雪花)撕去袜筒口上的双面胶,粘上棉花(小块粘),小雪花就做好了。

3. 幼儿作画,教师巡回指导、提醒幼儿。

(1) 大胆进行装饰,要求将不同颜色的印章放回相应颜色的家。

(2) 保持画面、桌面的干净,把做好的圣诞袜挂在圣诞树上。

4. 欣赏和评价。

师:我们的圣诞袜是用什么方法做成的?你最喜欢哪个圣诞袜?将我们的圣诞袜带回家去,圣诞节的晚上就可以得到圣诞老爷爷的礼物咯!

四、活动延伸

将两只袜子拼在一起,悬挂在教室里,放上礼物,让幼儿感受浓浓的节日气氛。利用此形式进行花围巾等其他物品的印画。

教学反思

一、课题来源

随着节日的来临,孩子们充满了期待,圣诞树、圣诞帽对他们来说已是熟悉的事物,他们已有了一些生活经验。我班幼儿对水粉活动很感兴趣,因此设计了本次活动,让幼儿尝试用水粉印画的方法装扮圣诞袜,这样既能体现作品的效果,也满足了孩子的兴趣,并运用不同的材料进行表现,在提高幼儿的动手能力的同时也满足不同能力孩子的需要,让幼儿在活动中感受圣诞节的快乐气氛。

二、研讨要点

1. 这是幼儿第一次使用印画的形式进行装饰画活动，所以将重点放在了印画上，孩子们都能积极地尝试印画，印得满满的，目标达成较好。

2. 在选择材料上，之前尝试过各种不同的材料。瓶盖吸水性不够，印出来的圆圈是断断续续的，不够完整；报纸团的美观性不够。最后才选择了漂亮的印章和小号的海绵棒，效果不错。

3. 在情感上激励孩子感受圣诞节到来的快乐，感受圣诞袜的美和节日的快乐，孩子们很开心。

4. 孩子在作画时总是不能将画面画满，对装饰画图案的排列规律，孩子掌握得较弱，原因是图案排列日常接触得较少，课前经验不够。另外，在使用水粉时会混色，所以在常规方面作了一个"将不同颜色的印章放回相应颜色的家"的要求，而且作为重点指导。

5. 建议操作材料的提供可再丰富一些，如：玩具印画、各种废旧材料等，让幼儿有更多的创作空间。

15. 烟花飞上天(美术)

一、活动目标

1. 尝试用手指点提的方法画烟花，大胆表现多彩的烟花。

2. 能感受烟花的色彩美丽。

二、活动准备

1. 经验准备：用手指点画过小花；看过漂亮的烟花。

2. 物质准备：相关的PPT，音乐，手工做的"小烟花"，展板，颜料、黑色画纸、包装纸、抹布等，照相机。

三、活动过程

1. 师生随音乐一起进场。

师：新年快到了，我们一起去放烟花吧！

2. 观看课件，共同欣赏美丽的烟花。

(1) 师：烟花有哪些颜色？烟花是从哪里喷出来的？

(2) 用儿歌小结：小烟花，嘭嘭嘭，飞上天，真好看。红的红，黄的黄，又多又高真漂亮。

3. 师幼共同讨论把美丽的烟花“留下来”的方法。

(1) 师:美丽的烟花放完了,我们来想个办法把它们留下来吧!

(2) 幼儿示范画,教师讲解画法。

师:烟花是从下往上放出去的,烟花喷出去是多多的、高高的、长长的,还有各种各样颜色的。

(3) 集体空手练习。

师:大家也把小手指伸出来一起放烟花(边画嘴里边发出放烟花的声响)。

师:小烟花放得真多! 这儿有,那儿也有,真美呀!

4. 介绍材料,练习作画。

(1) 师:这里有许多的小烟花、颜料,我们可以轻轻地走过去放烟花了。

(2) 请幼儿大胆作画,教师给予指导,鼓励边说儿歌边画。

教师选择拍摄几幅较美的作品。

5. 看看说说,师幼共同赏析教师拍摄的作品。

师:你喜欢哪一处烟花? 为什么?

6. 游戏:“放烟花”。

师:我们在画纸上放了许多小烟花,真漂亮呀! 我们再一起来放“烟花”吧!(播放节日音乐,将手工制作的“烟花”向空中抛丢,比比谁抛得最高)

教学反思

一、课题来源

新年快到了,大家会在新年来到时放烟花庆贺。孩子们都非常喜欢色彩鲜艳又丰富的东西,花花绿绿的色彩能强烈引发孩子们观察的兴趣。为了给孩子们美的体验,感受世界的五彩缤纷,为幼儿提供表现的机会,我们设计了这节活动。手指点画更方便小班幼儿的操作,用点、提的方法则能更加生动地表现烟花喷出来的样子。

二、研讨要点

1. 整节活动设计得很好,用动作来表现放烟花的情景,非常符合小班幼儿的年龄特点。

2. 教师自己设计儿歌,用儿歌的形式较好地帮助幼儿概括了烟花的外形。提供了三种形态的烟火,使用多媒体展现等形式,均较好。

3. 在作画之前大家集体空手练习,为幼儿后面的顺利作画做好了准备;将幼儿的作品及时用相机拍下来进行点评的方法较合适。

16. 下雪啦(美术)

一、活动目标

1. 大胆尝试用排刷一下一下平着刷。

2. 掌握将纸撕成小片的技能，并能撒在画纸上。

3. 体验表现下雪情景的快乐。

二、活动准备

1. 经验准备：会唱歌曲《小雪花》。

2. 物质准备：《小雪花》音乐，铅画纸、颜料、排刷、白纸等。

三、活动过程

1. 幼儿手执排刷，随《小雪花》音乐，边唱边像雪一样飞舞着进场。

师：下雪啦，小雪花飘呀飘，落在房子上，落在大树上。我们一起来扫雪吧！怎么扫呢？（将排刷当成扫把尝试一下一下地扫）

2. 幼儿尝试用排刷扫雪，练习平刷的动作。

（1）师：看，这里有一大片雪地，我们一起来扫扫看，看看雪地里都藏了些什么？

（2）提醒幼儿用“神奇的”排刷蘸一蘸，扫一扫，刷一刷。

3. 观察从“雪地”里扫出的东西，引出“下雪”游戏。

（1）师：现在来看一看雪地里藏了什么？（雪人、屋子、大树等）

（2）师：你们好棒啊！扫好雪后我们坐下来休息一下吧！你们喜不喜欢下雪？我们一起来玩“下雪”的游戏吧！

4. 师生讨论雪花的做法。

小结：用撕的方法来变出小雪花，用两只手的大拇指和食指捏住纸，撕一撕，撕出一片小雪花，并从高处飘下来。

5. 游戏：“下雪啦”。

（1）师：风婆婆来了，呼——雪变大了。（幼儿撒出碗中的雪花）

（2）师：下大雪了，孩子们，我们一起去雪地里堆雪人吧！

四、活动延伸

下雪时带幼儿到户外真正感受下雪天扫雪的乐趣。

教学反思

一、课题来源

进入《天冷我不怕》主题后，幼儿积累了一定的关于冬季主要特征的经验。前段时间下过一场雪，可以看出，孩子们非常喜欢下雪天，不仅景色美，而且他们向往并喜欢在雪地里玩耍。孩子们也喜欢扫雪，本节活动是以游戏及积累下雪时的情境与活动经验为目的而进行的。

二、研讨要点

1. 重点引导幼儿观察雪花是一片一片从高空中飘下来的，所以最后为了感受下大雪，增加了一个环节，每人提供一小碗准备好的纸片雪花，让幼儿感受下大雪的情境，幼儿兴趣很高。

2. 第一次拿笔空手练习“扫雪”，让幼儿有一个学习的过程，降低了操作难度。撕纸是已有经验，但撕出一片片雪花，还是要指导的，所以设计了老师与幼儿讨论雪花的做法的环节，使幼儿在玩中学，在玩中探索。

3. 活动中幼儿的情绪高涨，控制幼儿的情绪很重要，教师要注重把控，做到张弛适度。

17. 雪绒花(音乐欣赏)

一、活动目标

1. 能跟着音乐用动作表现节奏柔美舒缓的性质。
2. 会较安静地倾听音乐，喜欢参加音乐欣赏活动。

二、活动准备

1. 经验准备：幼儿观看过下雪的场景。
2. 物质准备：课件、乐器等。

三、活动过程

1. 播放《雪绒花》轻音乐，师幼模仿小雪花飘的动作进场。
2. 复习歌曲《北风爷爷别神气》。

(1) 跟琴声唱一遍。

(2) 再唱一遍，强调拍手的节奏部分。

3. 欣赏歌曲《雪绒花》。

(1) 教师有感情地轻唱歌曲。

师：听了这首歌曲之后你有什么感觉呢?

(2) 再次欣赏歌曲《雪绒花》。

● 边欣赏图片边听音乐。

● 师：冬天到了，下起了雪，雪花随着风吹，轻轻地飘落。雪从空中飘落下来就像什么？这首歌曲的名字叫《雪绒花》。

(3) 边听音乐边欣赏美丽的动画，请幼儿尝试用动作表现雪花飘。

师：你听了这首歌曲，感觉雪花是怎么飘的呀？我们也来做雪花，会怎样飘呢?

4. 再次欣赏音乐，边播放边教师画谱。

(1) 师：《雪绒花》这首歌曲真美，我想把音乐画下来呢！（幼儿边听音乐，边看教师画图谱）

(2) 师：让我们看着图谱边听音乐边做动作。

5. 配乐器伴奏。

师：请你们拿出椅子下面的乐器，一只手拿一个小沙锤，我们边听音乐边来给这首歌曲伴奏，做小雪花飘的动作。

6. 倾听音乐进行舞蹈。注意提醒幼儿能用动作表现出雪花飘舞的柔美与舒缓。

师：我们都变成小雪花跟着音乐跳一跳舞吧！

教学反思

一、课题来源

下雪的时候我们带孩子们一起堆雪人、扔雪球，孩子们非常感兴趣，对雪花充满了好奇心，在孩子的眼中，雪从空中飘落下来就像一朵朵小花一样美丽。在小班阶段音乐欣赏活动比较少，而《雪绒花》的音乐节奏是6/8拍的，比较舒缓，旋律也很柔和，从音乐的特点来看，能否适合小班幼儿欣赏本次活动是一次尝试。选择《雪绒花》音乐欣赏活动可以进一步激发幼儿喜爱大自然的情感，以及初步感受音乐柔美舒缓的性质。

二、研讨要点

1. 这首歌曲放在小班欣赏有一定难度，在做动作时和拿乐器伴奏时，孩子更喜欢，这样边听边动的欣赏形式适合小班。

2. 小班孩子对音乐还是很敏感的，但是他们表达的能力有限，因此在问孩子有什么感受时，孩子并不了解问句的意思，也就说不出来。活动中孩子很被动，都是老师一个人在说，而孩子不理解，没能很好地配合和互动。

3. 这节活动的重点是欣赏，在欣赏的部分还不够，应该多让孩子去听音乐，感受音乐，用最简单的语言表达自己对音乐的理解和感受。

18. 我给妈妈做面条(综合)

一、活动目标

1. 能用拇指食指捏着纸撕较长的“面条”。

2. 学习用语言表述：“妈妈，请你吃面条。”

3. 喜欢参与撕纸游戏。

二、活动准备

1. 经验准备：会玩“娃娃家”的游戏。

2. 物质准备：娃娃家布景(碗、勺子、煤气灶、篓子6套)；长10厘米、宽5厘米的纸条；贴有妈妈图片的盒子。

三、活动过程

1. 以歌曲《我的好妈妈》导入。

(1) 师：3月8日是什么节日啊？是谁过节呀？那我们该怎样谢谢妈妈呢？唱首歌《我的好妈妈》给妈妈听吧。

(2) 师：妈妈上了一天班非常辛苦，我们来做点好吃的送给妈妈吧。那你想做什么好吃的送给妈妈吃呢？

2. 学习撕“面条”的方法。

(1) 自由讨论撕纸的方法。

小结撕纸方法：拇指和食指伸出来，捏住纸一点一点往下撕，撕出长长的面条。

(2) 组织幼儿空手练习撕纸动作。

师：两手的拇指与食指捏住纸，一点一点往下撕。做好的面条要放在碗里哦，等会儿送给妈妈吃。

3. 幼儿操作，并练习语言表述。

(1) 幼儿进入“娃娃家”，制作“面条”。

指导幼儿用拇指食指捏住往下撕，鼓励他们撕纸时能撕得长一点。

(2) 语言练习：“妈妈，请你吃面条。”

鼓励幼儿将撕好的面条送给妈妈吃，并能用短句“妈妈，请你吃面条”进行表述。

4. 观察送给妈妈吃的“面条”，欣赏撕得粗细均匀、较长的“面条”。

四、活动延伸

在美工区继续投放废广告纸和画报，供幼儿任意撕纸，可以撕长长的彩带等，也可以撕成不同的“点心”。通过各种撕纸游戏，进一步提升手指配合活动的协调性与灵活性。

教学反思

一、课题来源

这是进入《我喜欢的家》主题中围绕家庭进行的活动，通过了解自己家中的家庭成员、居住的小区名称、围绕“三八”妇女节进行节日教育、自己动手制作饼干作为送给妈妈的节日礼物等，了解妈妈的辛苦，学会感恩。

在小班年龄阶段，结合幼儿对妈妈的情感为妈妈做“面条”，能将枯燥的撕纸练习自然地融合进游戏中，培养了幼儿细心、专心、耐心的良好品质和行为习惯，使幼儿学会各种撕纸的技能技巧，发展幼儿手指肌肉的灵活性和协调性，使幼儿的小肌肉群得以发展。

二、研讨要点

1. 活动设计的情境性、游戏性符合小班幼儿的年龄特点。

2. 活动能很好地延续爱妈妈的主题。

3. 整个活动氛围较轻松，孩子们在娃娃家的环境中边玩边学，孩子们很开心，很具情境性。

4. 在将做好的“面条”送给妈妈的环节中，可以增加贴有妈妈图片的盒子数量，避免幼儿的拥挤。

19. 蜜蜂做工(音乐)

一、活动目标

1. 初步学会歌曲,唱出曲调和歌词。

2. 感受蜜蜂在花丛中飞来飞去辛勤劳动的快乐。

二、活动准备

1. 经验准备:看过蜜蜂采蜜的视频。

2. 物质准备:蜜蜂图片,图谱。

三、活动过程

1. 回忆、感知蜜蜂采蜜的经验。

师:春天到了,是谁在花园里辛勤地采花蜜呢?(出示蜜蜂采蜜的图片供幼儿欣赏)

师:蜜蜂是怎样采花蜜的呢?蜜蜂飞的时候会发出什么声音?(嗡嗡嗡)

师:蜜蜂在花园里是怎么采蜜的?(让孩子学习词语,说一说:“来匆匆”“去匆匆”)

2. 学习歌曲。

(1) 欣赏歌曲,了解歌词内容。

● 教师有感情地清唱歌曲1～2遍。

师:有一首歌曲唱的就是小蜜蜂采蜜的事,我们一起来听一听。

● 通过提问及动作提示,启发幼儿说出歌曲中歌词的内容。

师:你听到歌曲里唱到什么了?蜜蜂怎么劳动的呢?蜜蜂怎么飞的呀?(来匆匆,去匆匆)

(2) 听音乐伴奏念歌词。

带领幼儿跟着节奏念歌词2～3遍,注意倾听音乐并按节奏念歌词。

(3) 学唱歌曲。

● 幼儿看图谱轻声地唱歌曲。

师:我们还可以把儿歌变成歌曲一起来唱一唱呢。

● 提出演唱中的不足,并以提问的形式来帮助幼儿学习,解决掌握有困难的乐句。

3. 鼓励幼儿有表情地演唱歌曲《蜜蜂做工》。

师：蜜蜂天天在春天的花儿中飞来飞去，它们高兴吗？我们唱歌时也要像小蜜蜂一样的快乐。

4. 自由表演《蜜蜂做工》。

边演唱歌曲边扮演蜜蜂飞到院子里、花丛中去玩耍、采蜜。

附歌曲

蜜 蜂 做 工

1＝D 2/4

教学反思

一、课题来源

进入《春天》主题后，我们经常会带孩子去户外寻找春天，观察树叶的变化、春天的花朵，寻找春天的小动物，让孩子去感受大自然。孩子们经常会在花丛中看到一个个勤劳的小家伙——蜜蜂。在小班的音乐活动中，《蜜蜂做工》是一首节奏欢快的音乐，2/4 拍的节奏型，比较适合小班孩子学唱，歌词朗朗上口，是一首经典的儿童歌曲，因此选择了这首歌曲，进一步激发幼儿喜爱小蜜蜂的情感。

二、研讨要点

1. 通过让幼儿观察蜜蜂采蜜的视频，使幼儿加深对蜜蜂的认识，为学习歌曲作铺垫。

2. 增加了第一部分较好，图谱和图标能帮助幼儿解决学习难点。

3. 孩子对歌曲的欣赏次数还不够就让孩子去唱，结果唱得不是太好。

应该多给孩子欣赏几遍，欣赏过程对于幼儿的学习很重要。

4. 环节过渡太快，有些语言讲得太快，最终孩子唱得不是太熟练。教师可以采用以动作来表现歌词的方法，这样小班的孩子会更加能够理解歌词的意思，便于后面学唱歌曲。

20. 谁咬了我的大饼(语言:绘本阅读)

一、活动目标

1. 理解故事内容，会用对比的方法了解不同动物的牙印是不一样的。

2. 尝试用完整的语句表述："是你咬了我的大饼吗?""不是我，你看……""嗯，果然不一样。"

3. 在学学、说说的过程中感受阅读的乐趣。

二、活动准备

1. 经验准备：幼儿吃过饼干，观察过自己牙印的形状。

2. 物质准备：KT板制作的"大饼"、多媒体课件、动物手偶；绘本书人手一本。

三、活动过程

1. 幼儿自由阅读绘本，引出课题。

(1) 幼儿每人一本绘本，自主阅读。

师：书里有哪些小动物？发生了什么有趣的事情？

(2) 设置悬念，猜想是谁咬了小猪的大饼。

师(出示幻灯片)：这是什么？这块大饼是小猪做的，它做了一块好大的饼，累得睡着了，等它醒来一看，咦！是谁咬了我的大饼呢？

师(出示大饼)：看看大饼上的缺口是什么形状的？(半圆形的)你们猜猜是谁咬了它的大饼？(幼儿猜测是谁咬了小猪的大饼)

2. 理解故事内容，学说故事中的对话。

(1) 教师和幼儿一起看PPT，区分动物牙印的不同，学说对话。

师：小猪决定去问问它的朋友。他遇到谁啦？小猪会怎样问它呢？"是你咬了我的大饼吗?"小鸟说："不是我，你看!"小鸟在大饼上咬了一口，啊呜！(取走一小块饼)

师：小鸟咬的牙印是什么样的？为什么小鸟咬的是三角形的？(因为它

的嘴巴是尖尖的、小小的三角形，所以咬出来的牙印是三角形的）和原来的那个牙印一样吗？那是不是小鸟咬的呢？小猪说："嗯，果然不一样。"

依次出示幻灯片，分析兔子、狐狸、鳄鱼和河马的牙印是什么样的，并引导幼儿学说对话。

（2）小结、区分动物不同的牙印。

师：小鸟的嘴巴咬出来的一口是小小的三角形，小兔的是三瓣嘴，狐狸咬了一个大三角形，鳄鱼咬出了一个大锯齿，河马咬掉了半个大饼，它们咬出的牙印和这个半圆形的牙印都不一样，所以都不是它们咬的。那到底会是谁咬的呢？真奇怪！

（3）教师继续讲述故事的结尾。

师：小猪的肚子也有点饿了，它也咬了一口——啊呜！（吧唧吧唧）真好吃！他一边嚼着大饼一边想：是谁咬了我的大饼呢？原来是小猪自己咬的！真是一只糊涂的小猪呀！

3. 完整地欣赏故事，感受故事的趣味。

完整播放PPT，教师讲述故事。

4. 结束。

师：小猪谢谢你们帮助了它，它也想请宝宝们吃大饼，我们回去看看宝宝们咬出来的牙印是什么样子的。

教学反思

一、课题来源

这本绘本形象夸张，色彩鲜明，整本书充满了悬念，每个片段都很精彩，看到最后，结局令人意外。一开始一只小猪躺在一块看起来就很美味的大饼上，此时的大饼是完整的。小朋友继续看下去就会发现，在大饼上出现了半圆形状的缺口，"是谁咬了小猪的大饼呢?"故事就这样展开了。小猪开始寻觅那个咬大饼"小偷"，他遇到了小鸟、兔子、狐狸、鳄鱼、河马，它们留下的牙印与那个偷吃大饼的"小偷"留下的都不一样……平时小朋友们在吃饼干的时候会不由自主地观察自己的牙印，发现每个人咬出来的牙印都不一样，觉得很有趣。通过这本绘本也让幼儿了解到不同动物的牙印是不一样的，牙印的大小和样子跟嘴巴的大小和形状有关，从而对动物的特征有进一步的了解。

二、研讨要点

1.《纲要》明确要求要为幼儿创造一个自由宽松的语言交往环境，支持、鼓励、吸引幼儿与教师、同伴或其他人交谈,体验语言交流的乐趣。在绘本分析的过程中老师给了幼儿充分学说对话的机会,创造了帮助小猪询问的情境,让幼儿多次练习。

2. 课件的使用让幼儿的绘本阅读过程更直观;教具大饼和 PPT 相结合,这样让幼儿可以更加真切地看到小动物的牙印是什么样的。

3. 在小动物咬大饼的时候用上手偶,更加具有真实性、趣味性,符合小班孩子具体形象思维的特点。

4. 幼儿在自由阅读的时候还是以看图片为主,以翻阅图书为乐趣,在一节活动中很难让所有的孩子都掌握绘本的内容,可以在班级的语言区中继续让孩子阅读,好的阅读习惯也是逐渐培养起来的。

21. 小兔捉迷藏(综合)

一、活动目标

1. 初步熟悉音乐的旋律和两段音乐不同的结构,能合着音乐节奏做“小兔跳”的动作。

2. 能用完整的语言讲述春天的花,并用动作表现不同花的特点。

3. 体验小兔和兔妈妈捉迷藏时的愉快情绪并懂得遵守游戏规则。

二、活动准备

1. 经验准备:观察过多种形态的花并尝试模仿。

2. 物质准备:兔妈妈头饰;录音磁带。

三、活动过程

1. 组织幼儿说一说春天的主要特征。

师:美丽的春天来了,小兔来到草地上,它想知道春天是什么样子的,我们快来帮帮它,告诉它春天是什么样子的。

2. 欣赏音乐。

(1) 通过讲故事,导入音乐欣赏。

师:春天真美,小兔很高兴,它决定到花园去玩一玩,小兔玩呀玩,玩了很久,兔妈妈很着急,就去找它。小兔是个小淘气,就和妈妈玩起了捉迷藏的游戏,躲到花园里变成了一朵花。

（2）完整欣赏音乐。

师：这儿有一首音乐说的就是这个故事，我们一起来听听吧。

（3）运用多种形式进行节奏练习。

● 师：小兔到花园里去玩，我们看看小兔是怎么跳的？（A段音乐节奏，老师用手指在腿上做"小兔跳"的动作）

● 幼儿和教师一起随着音乐节奏，用手指在腿上练习"小兔跳"。

● 幼儿站立，用手指竖起来保持耳朵造型，学习兔跳动作。（练习两遍）

教师注意提示：一下一下轻轻地跳。

（4）倾听音乐结尾部分，讨论"小兔变花"的各种方法。

● 师：后来音乐说的是什么事？（小兔在外面玩了很久，妈妈来找它，小兔和妈妈玩起了捉迷藏，躲到花园里变成了一朵花）

● 唱谱变花。

教师寻找幼儿范例，请个别幼儿示范后组织全体幼儿集体练习。

师：小兔们，你们变成什么样的花不被妈妈发现呢？我们一起来变变看。

师：你变的是什么花？刚才小兔表演得真不错，我看见有朵花变得很好看，请他给大家表演一下。

3. 听音乐做游戏。

（1）幼儿随音乐做小兔跳动作。老师注意观察并提醒"小兔"们一下一下轻轻跳。

师：小兔宝宝们，跟妈妈一起到草地上去玩吧。

（2）到音乐的最后，提示幼儿：兔妈妈来了，要赶快变成"花"躲起来（玩两遍）。

4. 以问题引发对捉迷藏游戏情节的思考。

师：小兔看到花园里开了许多美丽的花，就变成了花和妈妈捉迷藏……春天的花园里还有很多美丽的东西呢，你们还喜欢变成什么与妈妈爸爸捉迷藏呢？

教学反思

一、课题来源

结合《春天来了》的主题开展本活动。春天里，幼儿身边充满了绿茵茵的草地、枝头的嫩芽、含苞待放的花朵、飞舞的彩蝶、毛绒绒的小鸟、蹦蹦跳跳的小兔、暖暖的阳光，这些都是春的信息。这节活动正是满足幼儿亲近小白兔的感情需求而设计的。散步时小朋友们在小区里观察了春天的植物,认识了垂丝海棠、紫衣甘蓝、迎春花、山茶花、蝴蝶花等,还比较了这些花的不同,如:紫玉兰花长在高高的树上、迎春花挂在下垂的枝条上等,通过这节活动可以引导幼儿用身体动作表现对花卉的感知,表现各种花卉的不同姿态。本节活动的一个重点就是练习蹦跳步,让幼儿能按节拍一拍一拍地跳。在以前的日常活动中,我们发现一些幼儿还不能够按节拍合拍地拍手;在一些音乐游戏中,也有幼儿脚的动作很不协调,不会按节拍做动作。因此这节活动刚好满足了锻炼幼儿这两方面能力的要求:一是幼儿好的方面的再现,即用身体动作对已知的花卉进行创造性的表现,另一方面是对幼儿尚欠缺能力的提高,即引导幼儿学习按节拍合拍地做蹦跳步动作。

二、研讨要点

1. 选择的音乐很好,两段结构特征明显,易于幼儿欣赏和做律动,还可改成小兔与蝴蝶捉迷藏。

2. 从幼儿表现花的姿态可以看出日常活动中老师有意识地引导幼儿去观察各种品种的花,幼儿对花的经验很丰富。

3. 在幼儿第一遍欣赏音乐时,会自发地拍手,老师不必强行制止,第二遍欣赏时应再次提示幼儿认真听音乐。

4. 在幼儿完整欣赏音乐后,不应急于让幼儿分段倾听,可让幼儿说一说后再分段欣赏。

22. 爸爸的领带(美术:装饰)

一、活动目标

1. 喜欢选择多种作画工具装饰领带。

2. 知道领带是爸爸的生活用品,懂得关心爸爸。

二、活动准备

1. 经验准备:有一一间隔排列的经验,便于幼儿选择有规律装饰的方法进行领带装饰。

2. 物质准备:音乐《我的好爸爸》;领带底图若干,红、黄、蓝三种颜料,抹布,护衣;报纸团;贴画;可印画的玩具。

三、活动过程

1. 欣赏“爸爸的领带”展览，激发幼儿爱家人的情感。

(1) 师：这是你们从家里带来的领带。你们家谁戴领带呢？

(2) 师：这么多的领带你最喜欢哪一条？为什么？

(3) 师：领带都有什么颜色呢？图案是怎么排列的呢？

2. 激发幼儿给爸爸制作礼物的愿望。

(1) 师：昨天“三八”妇女节，我们为谁过节的呀？你们送什么礼物给妈妈的呢？除了爱妈妈，你还爱谁？那送什么礼物给爸爸呢？

(2) 师：看！这里为你们准备了什么？这领带漂亮吗？那怎样把它变得更漂亮呢？

3. 自由讨论制作方法并尝试操作。

(1) 介绍工具(纸团印画、贴画、玩具印画的工具)和材料。

(2) 重点示范报纸团印画的方法与注意事项。

请能力强的幼儿示范操作，教师同时用语言指导，如：用手拿着报纸团的把子，蘸上一点颜料后，在“领带”上空白的地方按一按，用完了再送回相应颜色的“家”(颜料盘)里。

4. 幼儿操作(轻放背景音乐)。

(1) 注意提醒个别动作慢的幼儿加快操作速度。

(2) 帮助已经完成制作的幼儿将领带别在护衣上。

5. 共同欣赏作品，体验亲手制作礼物的快乐。

(1) 相互欣赏：“各种各样的领带”。

师：我们一起到大镜子面前来照一照，说一说：你做的领带是什么样的？爸爸会喜欢你做的领带吗？

(2) 演唱歌曲：《我的好爸爸》

师：我们给爸爸送领带的时候还可以唱一首歌，我们一起来唱一唱《我的好爸爸》(根据歌曲《我的好妈妈》改编)。

四、活动延伸

在美工区提供玩具、印章、蔬菜头等材料，鼓励幼儿自由选择材料，继续进行领带装饰活动。

教学反思

一、课题来源

“我要做爸爸，你做宝宝！”“娃娃家”里两个小朋友争执着……老师一细问才知道，原来两个人都是想戴“娃娃家”里“爸爸”的领带，争着要当“爸爸”。“明天是父亲节啦!”当上“爸爸”的孩子高兴地对大家说着这个好消息。“我妈妈给爸爸买了一件西装，我爸爸穿上可帅了!”“那你知道西装是什么样子吗？穿西装要打什么?”“我知道，要打领带！我爸爸就有领带。”“我爸爸也有领带，而且很漂亮!”孩子们热烈地议论开啦……是呀，细想一下，现在的社会给孩子们提供了很好的物质条件，孩子们懂得了很多知识，但孩子们对亲手做东西送给别人的意义理解得并不深刻。因此可以抓住过“父亲节”的节日契机，让孩子们体验一下亲手制作“领带”作为礼物送给爸爸的快乐。

二、研讨要点

1. 活动刚开始就请孩子们欣赏自己带来的领带，一下子吸引了孩子的注意力。在引导孩子们欣赏时教师着重引导幼儿对花纹的排列规律进行观察，孩子们发现了领带上的花纹有横、竖、斜着对齐的；有一一间隔的规律，还有一二、二二等规律的间隔等。教师让孩子上前来指一指、说一说，从而让孩子巩固一一间隔的排列，也认识更多的排列规律。

2. 教师考虑到孩子们没有接触印染活动的经验，所以将重点放在请孩子们欣赏完领带后让他们自己上前进行印染的尝试，能将制作要求融入到操作中，边探索边指导幼儿操作的方法。

3. 为了让孩子们能在差不多的时间内同时完成，在较难的制作活动中都能体验到成功，教师提供了大、小两种规格的领带底板，并提供了印染、贴画这两种不同的制作方法，分层次提供了操作材料。

4. 制作完成后让孩子们都戴上自己做的领带，照照镜子，这一环节的设计非常符合孩子的年龄特点，也让孩子们有了更真实的情感体验。

5. 教师已考虑到了用较小的贴画去贴小领带，但提供的贴画还是过小了，幼儿在撕时浪费的时间比较多，而且贴的时间也不够，有几名幼儿没有将领带制作完。建议选用大一些的贴画，从而方便幼儿操作。

23. 春风(语言:儿歌)

一、活动目标

1. 能有感情地朗诵儿歌，并用合适的动作表现。

2. 能根据自己的经验替换儿歌中的某些景物，仿编儿歌。

二、活动准备

1. 经验准备：观察过春天的动植物变化，已学会念儿歌《春风》。

2. 物质准备：背景音乐；柳树、桃花、蝴蝶、青蛙、小雨的图标，幼儿有可能仿编的相关内容的图标及少量空白图标。

三、活动过程

1. 复习歌曲《春天》，引出课题。

师：春天里有哪些美丽的景色？让我们用好听的声音唱出春天吧！

2. 复习儿歌《春风》。

(1) 师：春风还吹来了好听的儿歌——《春风》，大声地朗诵出来吧。（幼儿朗诵儿歌一遍）

(2) 师：儿歌中说春天来了，春风是怎样吹的？儿歌里还说了什么？（根据幼儿的发言，教师出示相应的图标）

(3) 引导幼儿理解儿歌中的语句。

幼儿跟着老师指图进行朗诵，进一步感受句子的韵律和节奏。

3. 鼓励幼儿大胆地进行儿歌表演。

(1) 再次朗诵儿歌，提示幼儿按节奏朗诵，并自然表演。

(2) 分男、女孩练习，边念边表演儿歌。

4. 引导幼儿仿编儿歌。

(1) 师：春风真能干，轻轻一吹，就吹绿了柳树，你还发现它吹绿了什么？（根据幼儿发言，老师补充新图标覆盖原图标。按照上方式继续仿编，继续提问：吹红了什么？吹来了什么？吹醒了什么？）

(2) 集体将仿编部分与原来的儿歌连起来朗诵。

幼儿念儿歌时教师进行录音，然后播放给幼儿欣赏，对大胆仿编的幼儿进行鼓励。

5. 结束活动。

师：春风的本领可大了，为春天吹来了这么多美丽的景色，让我们到外面去看看吧！

四、活动延伸

1. 在小菜地种菜时学习浇水、拔草，观察植物的生长变化。

2. 语言区投放儿歌图标，帮助幼儿巩固记忆儿歌内容，并鼓励幼儿创编新的内容。

附儿歌

春　风

春天来了，春风轻轻地吹。
吹绿了柳树，吹红了桃花，
吹来了蝴蝶，吹醒了青蛙，
吹得小雨沙沙下，
我们一起去种花。

春风(幼儿仿编儿歌例举)

春天来了，春风轻轻地吹。
吹绿了梧桐树，吹红了山茶花，
吹来了蜜蜂，吹醒了小熊，
吹得小雨沙沙下，
我们一起去种花。

教学反思

一、课题来源

春天是万物复苏的季节，春天花儿开了，草儿发芽了，风柔和了，大自然悄悄地发生着变化。在这春暖花开的时节，去种植园地里、操场上、小区里……让孩子们通过观察、触摸，与大自然进行亲密的接触，让他们在大自然的怀抱中感受春天的气息。为了让孩子们进一步了解春天的特征，感受美丽的春景，我们选择了《春风》这节活动。结合幼儿在散步、外出等环节中观察到的春天景象，用仿编的形式巩固记忆春天的季节特征。

二、研讨要点

1. 教学目标明确，适合这个班级孩子的认知经验和能力。

2. 在这节语言教学活动中，老师的教学策略比较多，尤其是将幼儿的朗诵录下来放给他们听，幼儿感兴趣又专注地听。

3. 老师在朗诵时表情再夸张些，可让幼儿更好地模仿；可鼓励幼儿单独朗诵时声音再响亮些，再富有表情些，注意提高幼儿的表现水平。

4. 分角色朗诵时，为了让幼儿能更有感情地朗诵，建议请5～6名表情好的幼儿上来示范朗诵。

24. 小鸡叽叽叽(美术:手工制作)

一、活动目标

1. 尝试用圆形纸片拼贴小鸡,大胆想象表现出小鸡的不同动态。

2. 能用手指点画方法装饰画面,使画面生动丰满。

3. 乐于参加活动,体验制作小鸡的快乐。

二、活动准备

1. 经验准备:有画小鸡和手指点画的经验。

2. 物质准备:大、小圆形的卡纸若干张,糨糊,桔红色、黑色的油画棒;颜料,抹布;有色背景的小块铅画纸若干张(背面粘有双面胶);小鸡图片;背景音乐。

三、活动过程

1. 出示大、小圆形纸片,以变魔术形式引出课题。

(1) 师:这是什么形状?它们像什么?(圆皮球)

(2) 师:它们可神奇啦,会变出什么呢?变变变!——两个圆皮球,拉手做朋友,碰在一起变变变,变出个什么?(葫芦)

(3) 师(添画出尖尖的嘴及两只小脚):变变变!又变出了什么啦?(小鸡)

2. 观看图片,引导观察小鸡的不同动态。

师:这只小鸡在干吗?这儿还有好多小鸡,它们又在干什么?(有的头朝上嘴对着天上,有的头朝前嘴巴对着前面,有的是站着,有的在跑……)

3. 请个别幼儿示范拼贴、添画出各种动态的小鸡,以及添画画面的方法。

(1) 请1～2名幼儿上来尝试操作,拼贴出小鸡的头部与身体,并在合适的位置添画出嘴巴、眼睛与腿。

(2) 教师示范1～2种与幼儿示范不同的小鸡动态。

师:小鸡真可爱,到处在看,到处在找食物,头和嘴巴也在不停地转动,嘴巴可以朝上,可以向下,还可以朝两边呢。

(3) 小鸡喜欢在哪里找食物呢?(草地上)边讲边点画"草地",将画面画满。

4. 幼儿操作,鼓励大胆表现出小鸡的各种动态。

师:你变出的可爱的小鸡,它会去草地上干什么?(小鸡的头朝哪?嘴巴朝哪?)

5. 将幼儿作品拼贴在大背景板上进行欣赏与评价。

请幼儿相互介绍自己变出的“小鸡”正在草地上做什么,或请全体幼儿观察某一只小鸡,猜猜看它在干什么,重点欣赏各种小鸡动态。

6. 游戏:“小鸡和妈妈”。

幼儿变成了“小鸡”,与老师变成的“鸡妈妈”一起去户外的草地上玩耍。

四、活动延伸

在美工区提供圆形纸张,引导幼儿粘贴不同的小动物,布置“动物乐园”。

教学反思

一、课题来源

上一个主题是《春天来了》,幼儿感兴趣的小动物除了小蝌蚪、小金鱼外,最多的就是小鸡,有一些幼儿家里还养了小鸡。在区域活动中有一个活动是请幼儿用皱纹纸搓成纸球粘在小鸡身上,幼儿经常会边动手边谈论自己的小鸡养得怎么样了。本次活动主要是在幼儿已具备一定拼贴经验的基础上,通过不同的拼贴位置来大胆表现小鸡的不同动态,并通过添画、手指点画等多种美术形式的综合运用,使画面变得生动而丰满。

二、研讨要点

1. 小鸡是孩子们极其喜欢的小动物,选择这节以小鸡为主线的制作活动,孩子们非常感兴趣,所以参与制作的积极性很高,充分调动了他们学习的主动性。

2. 活动中使用的圆形纸片都让幼儿在区域活动中提前剪好、准备的,教师能注意到让幼儿参与到活动材料的准备环节,让幼儿充分参与创作,给了幼儿更多动手练习的机会。幼儿自己剪出的圆形有少许棱角,使得拼贴出的小鸡作品更加充满了稚拙可爱之感。

3. 在教学活动导入时,有幼儿说出“两个圆片像雪人”时,老师应该顺着引出话题,充分发挥幼儿的想象,不应一味照着设定的计划说,应注意教育的随机性与灵活性。

25. 帮助小动物盖围墙(数学:按规律排序)

一、活动目标

1. 尝试根据半范例,运用ABB模式帮助小动物盖围墙。

2. 能在老师的引导下观察、发现围墙的ABB排列模式。

3. 乐意参加操作活动,体验帮助别人的快乐。

二、活动准备

1. 经验准备:幼儿已有按一一间隔规律排列的经验。

2. 物质准备:小黑板;小老虎家围墙半范例一个;蓝、绿色正方垫子若干;小老虎图片1张;红、黄、蓝、绿、紫、橘色方块积木若干;泡沫垫若干;小动物图片大的、小的各16个。

三、活动过程

1. 情景导入——引起幼儿参与活动的兴趣。

师:小动物们遇到了困难,打电话给我想请大家去帮忙。小朋友们,你们愿意帮助小动物吗?看,这是去小动物家的路,被大雨冲坏了,只剩下一小段路,我们来帮助小动物铺路吧!

2. 观察正方形垫子的排列规律,并按ABAB的规律帮助小动物铺路。

(1) 观察一一间隔排列的路,引导幼儿说出路的排列规律:红绿红绿……

师:小兔家的路是怎么铺的?接下来应该怎么铺?

(2) 幼儿用一一间隔的方法铺路。

师:这里有许多小动物,请你找一个小动物朋友,用一一间隔的方法帮助它把路铺完。

小结:刚才我们用一一间隔的方法帮助小动物们铺好了路,你们的小手真灵巧!为自己拍手。

3. 观察小动物家的围墙,发现ABB的规律,并尝试操作。

(1) 集体观察"小老虎"家围墙的排列形式。

师:小动物们搬新家了,这两天正忙着装修呢!家里的围墙还没来得及盖好,我们来帮它们接着盖!

师(出示"小老虎家"围墙的半范例):这是谁家?(小老虎家)小老虎家

的围墙是怎么盖的？

(2) 鼓励个别幼儿按照 ABB 规律“盖围墙”。

师：谁来试试，下面应该用什么颜色的砖？遇到拐弯怎么办？(继续按照前面的顺序往下盖，砖和砖之间要靠紧)

(3) 集体检查个别幼儿的操作情况。

师：他盖的围墙对吗？我们一起来看看。

4. 盖围墙——操作练习。

(1) 幼儿操作，教师重点指导幼儿拐弯处围墙的盖法。

师：有许多小动物都需要我们帮忙盖围墙，请你找一个小动物，用帮助小老虎的方法帮助其他小动物把围墙盖完，围墙要盖得不留缝隙。

(2) 集体检查围墙是否按 ABB 规律排列。

教学反思

一、课题来源

按一定规律排序是幼儿园数学活动的一项基本内容，在小班幼儿需掌握的一一间隔排序的教学活动中，我们结合晨间桌面游戏和下午的区域游戏，提供了吸管、串珠、雪花片等，供幼儿进行操作练习，让他们初步感知、体验间隔排列的规律。为了提高幼儿参与活动的兴趣，增强活动的延续性，根据小班幼儿的年龄特点，我设计了情境性的数学活动“帮助小动物盖围墙”，在情境中让孩子们边游戏边操作，多次感知一一间隔和一二间隔的排列规律，提升幼儿对按规律排序的经验。

二、研讨要点

1. 游戏是小班幼儿最喜欢的活动形式之一，在这节活动中运用了情景游戏，以帮助小动物铺路和盖围墙为情节，充分激发了幼儿参与活动的兴趣。

2. 本教学活动的难点是探索 ABB 排列规律，教学活动中先用 AB 排序规律来引入，提供两种颜色的泡沫垫让幼儿用一一间隔的方法帮助小动物铺路，这一情节调动了幼儿以往的经验，回忆、巩固了 AB 排列规律。在此基础上再集体探索 ABB 排序规律，通过设置另一个情景(帮助小动物盖围墙)，就能有效地引导幼儿进一步积极地参与到操作活动中去。

3. 活动中选用的操作材料色彩鲜艳，方便易得。其中，蓝色、绿色的正方形垫子颜色鲜艳且外形较大，便于幼儿操作及操作后的集体检查；正方体积木颜色鲜艳、立体直观，且操作性强，很容易让幼儿从视觉上发现围墙排列的规律。

4. 幼儿操作材料数量建议:正方体积木的数量以能够排 6~7 组 ABB 规律排列的“围墙”为宜;正方形垫子的数量以 8 至 10 块左右为宜。

26. 可爱的蜜蜂(美术:手工制作)

一、活动目标

1. 能大胆想象,表现出蜜蜂飞行时的不同姿态。

2. 学会自己撕双面胶,尝试将卡纸卷成圆柱体,把卷纸筒包起来。

二、活动准备

1. 经验准备:认识和观察过小蜜蜂。

2. 物质准备:《小蜜蜂》音乐;卡纸、卷纸筒等;幼儿制作好的“郁金香”。

三、活动过程

1.《小蜜蜂》律动进场。

师:春天来了,花园里的花都开放了,小蜜蜂们,我们一起去采蜜吧!

2. 共同探索制作“小蜜蜂”的材料与方法。

(1) 师:这里有许多材料,哪种适合拿来做小蜜蜂的身体呢?

(2) 师:怎样将这张卡纸卷在纸筒上?(先撕下双面胶,贴在卷纸上,两只手往前推,绕着卷纸筒绕一圈,再把另一端的双面胶撕下,贴住)

(3) 师:黑色的即时贴贴在蜜蜂的身体上,再给蜜蜂贴上翅膀,以及想好的表情,最后再贴上身体尾部的刺(与头贴在不同的方向)。

3. 幼儿进行制作,教师及时给予适时指导。

鼓励幼儿大胆表现“小蜜蜂”的各种动态,指导并帮助能力弱的幼儿粘贴出“小蜜蜂”的身体与翅膀。

4. 在教室内悬挂好幼儿制作好的作品,欣赏各种姿态的“小蜜蜂”。

师:一群群小蜜蜂都来到了花丛中采蜜,我们看一看这些小蜜蜂是怎样飞的?

四、活动延伸

在美工区提供各种彩纸和罐子,引导幼儿进行“包糖果”游戏,进一步巩固粘贴技能。

教学反思

一、课题来源

在庆“三八”节活动中幼儿制作了“郁金香”送给妈妈，非常开心，对制作活动也表现出了较强的兴趣。活动结束之后班上还留有不少“郁金香”，我们充分利用幼儿的作品布置成了花园，孩子们纷纷谈起了花园里的小蝴蝶、小蜜蜂了，并且还想自己动手去做……我们就考虑到利用孩子们已收集来的废旧卷纸筒来制作小蜜蜂。现在进入了《我有六个宝》主题活动，幼儿对人的五官有了一些认识，对五官的绘画练习亦可结合到此活动中。

二、研讨要点

1. 在区域活动中提前让幼儿制作好了“蜜蜂”的头，并画上了五官。将制作活动中的一些内容进行了适当的分解，有效避免了因活动内容过多、幼儿负担过重而无法完成的情况发生。

2. 在准备双面胶时，每一处双面胶的一端都先撕开一个小口子，幼儿撕起来会容易一些。

3. 在操作活动中，由于对蜜蜂的姿态分析引导有点不够，致使幼儿制作中表现蜜蜂的动态不够丰富。这方面需要重点进行指导，多引导幼儿观察蜜蜂的动态。

27. 乒乓球滚画(美术)

一、活动目标

1. 初步尝试用乒乓球进行桌面滚画的作画方法。
2. 欣赏乒乓球滚印所组成的画面，并能大胆地想象添画。
3. 体验与同伴一起玩游戏、作画的快乐。

二、活动准备

1. 经验准备：有与同伴玩滚皮球及搓团报纸球的经验。
2. 物质准备：装有颜料的乒乓球(开小孔)若干，自制空白画轴(两人一幅)，各色颜料，报纸。

三、活动过程

1. 谈话引发乒乓球滚画的兴趣。

师(出示乒乓球):瞧,今天我们用什么材料来绘画?

2. 幼儿尝试用乒乓球进行桌面滚画的作画方法。

(1) 师:请两名小朋友尝试滚球,边滚边仔细看,纸下留下了什么。

(2) 帮助幼儿明确滚画的要求。

找到自己的一位好朋友面对面站好,让球向对方滚去,在一定时间内看哪组滚动球的次数多。

3. 全体幼儿进行桌面乒乓球滚画游戏,教师引导幼儿一边滚球一边观察。

师:看一看,乒乓球和报纸滚出的印子像什么?可以变成了什么?

4. 引导幼儿用报纸团成纸团,合理进行想象添画。

师:我们再给它添画上什么就可以更像、更美了呢?我们可以用什么来添画呢?(将报纸团成纸团后蘸颜料印画出添画的内容)

5. 将画轴悬挂展览,共同欣赏滚画作品。

(1) 师:这一幅幅画上画的是什么?美在哪里?

(2) 师:除了乒乓球可以用来画画外,我们还可以用很多的废旧材料来画画呢,让我们多去找一找、试一试吧!

四、活动延伸

提供不同材质(大小玻璃球、瓦楞纸等),供幼儿自由探索,滚画出不同的绘画作品。

教学反思

一、课题来源

在美术活动中我们曾经尝试给幼儿提供不同的材料进行绘画,如报纸团印画、水果印章画、手掌画、手指画等,以有效提高幼儿对美术活动参与的积极性与主动性。小班孩子们对圆形的物体本身就非常感兴趣,因此我们收集了许多能够用来滚画的球形物品,如:玻璃弹子、小圆木珠等,再配上颜料让他们滚一滚、玩一玩,孩子们的兴趣特别高涨,不仅能玩,还能有丰富多彩的作品产生。本节绘画活动请幼儿两两合作,在有趣的游戏中轻松地完成绘画,在添画环节又能给幼儿自由想象、创作的空间,可以集趣味性、能力提升的有效性于一体。

二、研讨要点

1. 这是一节非常有趣的美术活动,将乒乓球打洞灌入墨汁,幼儿在玩乒乓球的活动中进行作画，创作手法很新颖，孩子参与的兴趣高。

2. 乒乓球滚动后留下不规则墨汁的痕迹，引导幼儿加以想象，并进行添画，画出自己想象的作品，使作品形象更丰满。

3. 幼儿在活动中不但尝试了用新的事物进行绘画，而且所作出的画很美，幼儿很有成就感与自豪感。

4. 不足之处是乒乓球滚动时，一开始墨汁有点多，使有的画幅的画面有点脏。所以特别要注意打在乒乓球上的洞不能太大，灌进球内的墨汁也不能过多。

28. 汽车嘟嘟嘟(综合)

一、活动目标

1. 认识几种汽车(如客车、货车、轿车、警车等)，知道汽车的主要特征及用途。

2. 能够自己选择合适的材料尝试为半成品汽车添加缺少的部分，注意车轮颜色匹配、大小匹配等。

二、活动准备

1. 经验准备：幼儿欣赏过多种玩具汽车，玩过小汽车。

2. 物质准备：布置汽车展；各种纸盒、圆形塑料盖；马路场景。

三、活动过程

1. 自由参观班级“汽车展”。

(1) 幼儿开“汽车”进入“汽车展区”，引导其他幼儿观察。

师：有些什么车？每辆汽车都有几个车轮呢？你发现在同一辆车上，四个车轮颜色是怎样的？汽车的车轮都装在车身的什么位置？所有汽车的轮子都一样大吗？什么车轮子大？什么车轮子小？

(2) 师总结：大的车子车轮就大，小的车子车轮就小；每辆车上的四个车轮颜色相同；大小也相同，车轮在车身的下面。

2. 逐一介绍材料，引发幼儿自己动手制作“汽车”的兴趣。

师：这个盒子像汽车的什么？这个盖子又像什么？你们想不想自己动手来制作一辆汽车？

3. 教师与幼儿共同示范制作“汽车”。

重点引导幼儿在安装车轮时注意车轮的选择、颜色的统一以及粘贴的位置。

4. 幼儿制作“汽车”。

教师重点指导幼儿选择合适的材料进行制作。

5. 制作完成后，请幼儿相互进行自由交流。

师：你可以向你的好朋友介绍，如：做的是什么车？车子的用途是什么？是用哪些废旧材料做成的……

6. 游戏：“我的汽车最能干”。

出示马路场景，请幼儿拿着自己制作的汽车，看准“红绿信号灯”进行游戏。

四、活动延伸

将自己做好的汽车添加到“汽车展”中，等家长来接时，让幼儿向家长介绍自己制作的汽车。

教学反思

一、课题来源

在《滚滚乐》这一主题中，孩子们接触最多的就是交通工具了，有大卡车、小轿车、摩托车、自行车、救护车、救火车、大客车、火车等。小班的孩子们对这些车辆可谓是极其感兴趣，尤其是男孩子。在认识各种汽车的时候，孩子们拿着汽车玩具开来开去，还会经常自发地聚在一起谈论各类汽车的各部分结构、颜色形状等。通过这样的美工活动，可以引导幼儿初步懂得可以自己动手做玩具，以及有意识地选用废旧材料来进行制作活动，初步建立环保、节约的思想意识与行为习惯。

二、研讨要点

1. 活动主题极其贴近幼儿兴趣，他们在制作过程中表现出的投入度很高，自始至终都很认真、积极。

2. 教师在教学最后环节中请幼儿拿着自己制作成功的小车玩开汽车游戏，充分抓住了小班幼儿的年龄特点，孩子非常开心，对于制作活动有了更浓的兴趣与更强的自信。

3. 给汽车加轮子时，有个别能力弱的幼儿在选择四个车轮颜色或大小上，没能坚持选择得一模一样；还有的孩子在粘贴车轮时粘贴的位置不对,没有能考虑到对称、距离等问题,教师需要仔细观察每一位幼儿操作进程中的情况,及时给予适当的指导与帮助。

29. 车轮滚画(美术)

一、活动目标

1. 尝试用车轮进行滚画,体验滚画带来的乐趣。

2. 能根据已有的生活经验进行想象,用棉签进行添画。

二、活动准备

1. 经验准备:观察过汽车的车轮。

2. 物质准备:教师和幼儿共同收集的玩具小汽车;大幅马路场景图(平铺在地面上);装有各色颜料的盘子(较大的)若干。

三、活动过程

1. 出示汽车,引导观察。

(1) 师:这是什么?车轮是什么形状的?有几个车轮?车轮上有什么?

(2) 师:汽车的轮子上有各种各样的花纹。怎样能把美丽的花纹留下来呢?

2. 幼儿示范滚画。

(1) 请1~2名幼儿手拿小汽车,让车轮在颜料盘中滚一滚,然后在“马路”上开一开。

(2) 引导观察:看看“马路”上留下了什么?

3. 幼儿操作。

(1) 全体幼儿进行滚画。

教师请幼儿带着自己的小汽车站在“马路”边,然后把车轮在颜料盘中蘸一蘸,蘸好后在“马路”上开一开。

(2) 鼓励幼儿用棉签进行添画,继续丰富画面。

师:小司机们,你们开出去的小汽车的车轮在马路上留下了美丽的花纹,像什么呢?那再添上什么就更像了呢?请小朋友把这些漂亮的东西、漂亮的地方用棉签都画出来吧。

4. 共同欣赏集体作品:“美丽的大马路”。

重点引导观察滚画后留下的车轮印的美以及添画的景物。

教学反思

一、课题来源

在《滚滚乐》这个主题中，幼儿认识了各种各样的车子，在玩车游戏中，他们特别喜欢拿着小汽车在地上滚来滚去，有些幼儿在把玩的过程中还发现了每辆汽车车轮的花纹还各不相同……为了让孩子们感受到美在生活中无处不在，并且充分利用孩子们对汽车的喜爱之情来提升动手能力，于是设计了本节活动。

二、研讨要点

1. 能充分利用幼儿喜欢的动作（将小汽车在地上滚动）来设计活动，孩子在玩的过程中进行美术创作活动，既满足幼儿玩的兴趣，同时又能看到自己的作品，孩子们开心极了，积极情感得到充分体验，情感目标得以顺利实现。

2. 能突破以前的美术创作形式，让幼儿在铺在地面上的大幅纸面上进行滚画，为幼儿提供了较大、较自由的创作空间，充分体验到了滚画带来的乐趣。

3. 在操作刚开始阶段幼儿用车轮蘸颜料时，颜料没有蘸全就急着去滚画，所以只将车轮滚了半圈就滚不出轮印了。此时教师并没有立即去把方法教给幼儿，而是采取了等待的教学策略，让幼儿自己去尝试，去摸索，给他们提供了自我探索的空间。在后来的操作中，很多幼儿都能从只能滚半圈车轮印，发展到将颜料滚满车轮一圈。

4. 使用完汽车之后，有个别幼儿没按要求将车子送回相应的位置。建议设计一个“停车场”，用图标引导幼儿将用完的汽车停到相应地方，从而养成良好的操作习惯。

30. 客人到我家（综合）

一、活动目标

1. 学习招待客人的方法，如：会用礼貌用语，大方地给客人表演节目。
2. 能正确地做 5 以内点与物的匹配。

3. 体验招待客人的快乐。

二、活动准备

1. 经验准备：会唱熟悉的歌曲《我的好妈妈》《春天》等；会念儿歌《新年到》《我又长大一岁了》等。

2. 物质准备：水果及图标若干；布置成的“娃娃家”场景和“超市货架”；“客人”若干名。

三、活动过程

1. 讨论如何招待客人。

师：今天我们家里要来很多的客人，我们应该怎样招待客人呢？

2. 出示购物清单，与幼儿共同讨论如何购买食物（香蕉、苹果、橘子等水果）。

师：客人要来了，妈妈要请你们帮助购买食物。看看我们需要购买什么东西？

3. 幼儿根据物品清单，自主到“超市”购物。

(1) 幼儿相互交流自己购买的是什么，买了多少。

教师注意指导幼儿点子与实物数量的匹配。

(2) 请幼儿将自己购买的水果进行分类摆放。

4. 情境练习：“我来招待客人啦”。

(1) 师：（敲门声）客人来了！我们要跟客人说什么呀？（欢迎客人，请坐）

(2) 师：我们每人选一种水果送给客人吧！

鼓励幼儿送水果时要有礼貌地告诉客人请他吃的是什么水果。

5. 请幼儿大方地给客人表演节目。

师：现在我们来给客人们表演节目吧！

(1) 请幼儿分组表演。

(2) 请幼儿自己找一位“客人”，面对面地表演自己熟悉的儿歌或歌曲。

6. 练习有礼貌地送客人离开。

师：客人要回家了，我们怎么办？小朋友和客人说再见！

教学反思

一、课题来源

这节教学活动是结合《欢迎光临》主题的一节生成活动。班级幼儿在主题活动实施中主动交往能力明显进步，但方法上还有欠缺；通过综合分析，本主题活动中关于数学的教学内容较少，应想办法更有效地提高与巩固幼儿的社会交往能力和语言表达能力。我们结合小班孩子的年龄特点，以角色游戏的形式设计了本次活动，通过水果分类摆放巩固幼儿的数学概念，通过情境创设扮演，让幼儿在情境中自然学习与客人交往。

二、研讨要点

1. 能考虑到孩子的年龄特点，活动设计为用情景表演来贯穿整个教学过程。社会活动对小班幼儿来说比较枯燥，用游戏的形式幼儿更容易接受，一开始幼儿就以“小主人”角色进入情境，到最后招待客人，在招待客人中有自我展示的机会，也有锻炼语言和客人近距离的交流机会。

2. 在情景练习环节中，孩子的主动参与性比前面的教学环节明显提高了。在语言表达上，大部分幼儿通过反复的情境练习，得到了充分的锻炼。

3. 建议集体讲述后再进行个别讲述练习，这对小班的孩子来说更能满足他们不同能力的需求。

4. 游戏情节有点简单，可在已有的经验上再丰富情节，满足幼儿不同能力层次的提高。

31. 石头小屋(综合)

一、活动目标

1. 能正确辨认三角形、正方形、圆形、长方形等图形的特征。

2. 尝试用肢体动作表现图形特征。

3. 在玩游戏中体验图形匹配的快乐。

二、活动准备

1. 经验准备：幼儿已认识三角形、正方形、圆形、长方形。

2. 物质准备：《小老鼠打喷嚏》录音磁带；分别画有各种三角形、正方形、圆形、长方形的卡纸若干；收集的各类石头、筐四个；各种形状的图形实物若干；动物图片若干；大猫头饰一个。

三、活动过程

1. 分别出示各种图形卡（三角形、正方形、圆形、长方形），请幼儿说出图形名字，巩固对图形的认识。

师：今天有一些图形宝宝来跟我们做朋友了！看，它们是谁呀？

2. 游戏："身体变图形"。

（1）教师示范用身体变图形。

师：变变变，这是尖尖的三角形。你们想变吗？好，我说"变变变"，你们也变出尖尖的三角形。

（2）请一名幼儿变其他图形，其余幼儿模仿。

师：你们用身体还能变出什么图形？

（3）请全体幼儿自主变出图形，相互欣赏。

3. 引起造房子的愿望。

师：有一些小动物还没有家呢，我们一起用石头帮小动物造个家吧！

4. 讨论用石头造图形小屋的方法。（用石头沿着图形的线围起来，变成几种图形的石头小屋）

师：用石头怎么造出图形房子呢？

5. 请幼儿帮小动物造房子。

（1）教师重点提醒幼儿用石头沿着图形的线围起来。

（2）"房子"完成后，引导幼儿邀请小动物住进去，并说："我请××（小动物）住进了××（形状）的石头小屋。"（如：我请小兔住进了圆形的石头小屋。）

6. 游戏："快快躲起来"。

（1）介绍游戏场景（场地上分别放置各种图形大卡片，当做"小老鼠"的各个"家"）。

（2）了解游戏玩法与规则。

游戏玩法：一位老师扮演大猫，配班老师扮演鼠妈妈，其他幼儿扮演老鼠。当大猫来抓小老鼠时（大猫出场说："我是一只大猫，我的肚子有点饿，抓只小老鼠当点心，哈哈哈哈……"），小老鼠要根据指令躲到相应图形的家中（鼠妈妈发出指令："快快躲进三角形的家。"小老鼠便找到三角形大纸踩上去，否则就被大猫捉住）

（3）幼儿游戏3～4遍。

- 教师可不断改变指令，如："快快躲进××（形状）的家。"让幼儿快速找到相应的"家"。
- 注意提醒幼儿听清指令，看清图形后再跑。

7. 离开活动室到操场游戏。

师：我们一起到外面找找还有什么形状的家。

教学反思

一、课题来源

孩子们在小区散步时，路经一段鹅卵石路，有不少孩子立即发现并研究起了石头，表现出了对石头的好奇与喜爱。现在城市中的孩子对石头还是比较陌生的，就是有意识地去寻找石头，在小区里也不容易找到。因此我们师生、家长共同收集石头，让幼儿玩石头、认石头、画石头，如：区域活动中让幼儿敲击石头；将石头分类（光滑的、粗糙的；鹅卵石、岩石等）；给石头排序（大小）；涂染石头；课间休息时拼叠石头（垒高）……让这些毫不起眼的石头成为孩子们玩耍、学习的好宝贝。

为了更充分挖掘石头的利用价值，我们设计了“石头小屋”这节以数学为主要领域的综合活动。用石头拼摆、肢体动作表现图形的特征，巩固幼儿对图形的认识；通过介绍房子、让幼儿两两合作，商量后为小动物“盖房子”等，引导幼儿进行语言方面的练习，提升其社会交往能力。

二、研讨要点

1. 活动利用了自然资源石头生成了课题，把教学和周围环境的事物紧密联系起来，满足幼儿的好奇心和探究欲望，而且石头是能反复使用的材料。

2. 活动设计符合幼儿的年龄特点，整节活动用相应的游戏贯穿，使幼儿在玩中学习，小朋友很积极，老师也很亲切。

3. 教学以数学领域为主，渗透社会性合作还是比较好的。用石头摆图形的方法也较好，让幼儿用石头自己进行练习，在摆的过程中感受到图形的特征，并能用自己的身体动作表达对图形特征的认识。

4. 建议游戏环节中肢体动作的幅度可再大些，鼓励幼儿充分地活动起来。

32. 猴子爬树（音乐：律动）

一、活动目标

1. 熟悉音乐的旋律，初步学习分辨音乐的上行与下行。
2. 尝试用不同的动作模仿猴子的顽皮和灵巧，表现音乐的旋律。

二、活动准备

1. 经验准备：看过猴子，会模仿猴子的特征性动作。

2. 物质准备：猴子手偶；音乐；大树图片。

三、活动过程

1. 复习音乐游戏："爬呀爬"。

引导幼儿跟着音乐的节奏合拍地做动作。

2. 欣赏音乐、理解音乐内容。

(1) 欣赏猴子爬树的故事。

(2) 欣赏猴子爬树的音乐。

(3) 配乐欣赏猴子爬树的故事。

3. 倾听音乐，分辨音乐的上行和下行。

引导幼儿分辨音乐的上行和下行，并做出猴子向上爬树和向下滑行的动作。

4. 创编猴子游戏时的动作(乐曲的9～16小节)。

(1) 引导幼儿模仿猴子抓痒痒、吃桃子、玩耍等的动作。

师：猴子爬到树上很高兴，会做什么动作呢？

(2) 幼儿随音乐合拍地做猴子顽皮的动作。

5. 完整表演律动："猴子爬树"。

(1) 集体表演。

(2) 个别幼儿分角色表演，引导幼儿边听音乐边观看。

(3) 全班幼儿分角色表演，要求幼儿能根据音乐的上行与下行做相应的动作。

教学反思

一、课题来源

猴子是孩子们喜欢和熟悉的小动物，孩子们经常去动物园观察猴子活动，能够模仿猴子简单的游戏动作。律动选择的音乐欢快有趣，节奏鲜明，有上行和下行的区别，让孩子能很快地分辨音乐，并根据音乐学习表现猴子灵巧、顽皮的动作，增加对音乐的理解。

二、研讨要点

1. 活动贴近孩子的生活，孩子喜爱猴子，乐于表现猴子的动作特征。

2. 活动过程中教师的教态、语言与幼儿的应答都很好。

3. 在欣赏环节可让幼儿多次欣赏音乐，学习自主感受音乐的变化。

4. 活动可分为两个课时，使音乐感受和表现更加充分，如：第一课时重点欣赏音乐，第二课时再创编律动。

附乐曲

猴子爬树

1＝C　2/4

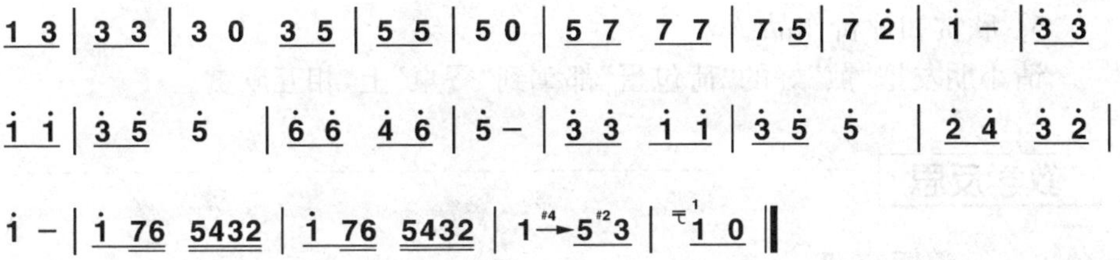

33. 煎鸡蛋（美术：棉签画）

一、活动目标

1. 初步尝试使用棉签画水粉画，用转涂的方法画出荷包蛋。

2. 了解荷包蛋的特征，用黄、白两种颜色进行作画。

3. 享受“煎鸡蛋”的愉悦，感受棉签创作的乐趣。

二、活动准备

1. 经验准备：观察和吃过煎鸡蛋。

2. 物质准备：煎鸡蛋视频，熟荷包蛋，棉签、黑色卡纸、水粉颜料。

三、活动过程

1. 出示鸡蛋和煎好的荷包蛋，引出活动。

师：这是什么？你们吃过荷包蛋吗？今天妈妈也煎了一个荷包蛋，闻一闻，香不香？

2. 欣赏煎鸡蛋视频，观察鸡蛋变化。

(1) 师：荷包蛋是怎么做出来的？一起来看看妈妈是怎么煎荷包蛋的。

(2) 观察荷包蛋图片，认识荷包蛋、蛋黄、蛋白的形状。

师：荷包蛋是什么形状的？荷包蛋的里面、外面是什么样的？（蛋黄是一个小小的圆，蛋白是一个大大的圆）我们伸出手来一起画一画。蛋黄和蛋白分别是什么颜色的？

3. 介绍材料，讨论绘画方法。

（1）出示棉签、颜料，讨论制作方法。

师：荷包蛋中间是黄色的蛋黄，外面是白色的蛋白，棉签可以一边涂一边转。

4. 幼儿绘画，教师巡回观察。

重点指导幼儿注意蛋黄和蛋白中间不能有空隙，要轻轻地融在一起。

5. 欣赏和评价作品。

请小朋友把“煎”好的“荷包蛋”都拿到“餐桌”上，相互欣赏。

教学反思

一、课题来源

在《花花绿绿》主题中，通过各类活动让幼儿认识、运用各种颜色，通过各种形式的美术活动来满足幼儿玩色的兴趣，通过设计与生活相结合的活动课，让孩子学会观察生活，寻找生活中美的事物。让幼儿用水粉与棉签进行“煎鸡蛋”，体验与生活相结合的制作活动的乐趣。

二、研讨要点

1. 活动本身与生活相结合，幼儿在观看煎鸡蛋视频、自己制作荷包蛋时都是聚精会神的。

2. 介绍绘画方法时能注意到将教学难点有效处理。如：重点强调用转涂的画蛋黄方法，并请幼儿伸出手来一起画一画，符合小班幼儿的学习特点。

3. 有几名幼儿没能控制好画面布局，把蛋黄画得很大，导致蛋白没地方画。而这个问题的出现源于教师在欣赏图片时，没有注意引导幼儿仔细观察荷包蛋蛋白与蛋黄的特点，如：除形状外，还有位置、颜色等。

34. 夏季的服装（综合）

一、活动目标

1. 了解夏天衣服的式样、材料等主要特点，知道夏季人们喜欢穿轻、薄、透气的面料制成的短衣、短裤、裙子。

2. 能积极参与活动，会用较清楚、恰当的词句进行表达。

3. 会选用材料，大胆想象制作夏季服饰并进行展示，体验成功的喜悦。

二、活动准备

1. 经验准备：带孩子观察过夏季服装的特点。

2. 物质准备：不同款式的夏装；用报纸剪好的可以让幼儿穿在身上的衣服纸样；颜料，即时贴，小印章；道具（太阳镜、太阳帽、小伞、扇子等）。

三、活动过程

1. 引发观察夏季服装的兴趣。

师：现在是什么季节？夏天气温怎样？夏天天气很热，小朋友喜欢穿什么样的衣服？

2. 引导幼儿从衣服的样式观察分析并交流夏季服装的特点。

师：夏天你喜欢穿什么样的衣服？我们为什么穿短袖或无袖、无领或低领的上衣或短裤？为什么要露出皮肤？

3. 讨论：穿什么样面料的衣服最凉快？

（1）幼儿自己扇扇子，感受凉快的感觉。

师：扇扇子会给人带来什么样的感觉？（风吹在皮肤上就更加凉快）

（2）人们穿什么样的面料制成的衣服感觉会凉快？（轻、薄、软）

4. 师生共同小结适合夏季穿着的服装的特点。

小结：夏天气温高、天气热，人们为了凉快，会选择轻、薄、软的面料，制作短衣短裤等适合夏天穿的衣服。

5. 讨论制作夏季服装的方法。

（1）介绍各种制作材料。

（2）请个别幼儿示范自己的想法。

师：你想用什么样的方法来制作夏季服装？制作什么款式的衣服？

6. 幼儿制作，教师巡回指导。

（1）提醒幼儿先想好自己准备制作什么样的服装后，再去选择合适的材料进行制作，鼓励幼儿大胆想象。

（2）提醒幼儿在使用颜料时，要轻轻地蘸颜料，避免颜料滴下来。

（3）引导幼儿做好后主动请老师帮忙贴好穿上。

7. “夏季服装秀”。

幼儿穿上自己制作的“夏季服装”，并自由选择道具（太阳镜、太阳帽、小伞、扇子等），跟随音乐尽情表演、展示。

四、活动延伸

将制作好的“夏季服装”放至“小舞台”进行表演游戏。

教学反思

一、课题来源

夏天到了，人们都换上了夏季的衣服，孩子们也不例外地换上了夏季服装。对于小班的幼儿来说，他们对衣服的款式及布料的种类是不会去关注的。我们结合季节特点，有目的地引导孩子关注夏季的服装款式，如：夏天人们会穿什么衣服，为什么会穿这些衣服，这些衣服的料子是什么样的……让孩子能够注意观察自己和同伴的夏季服装的特点，关注生活。让他们自己动手选择材料装饰夏季的服装，锻炼孩子自己选择材料、动手制作的能力，体验其中的快乐和成功。

二、研讨要点

1. 选材具有适时性，幼儿在欣赏教师准备的服装和自己、同伴、教师身上穿的服装时，可以清楚地感知夏季服装的特点。

2. 进入第六个活动环节时，孩子更喜欢。最后的展示环节让活动气氛一下就高涨起来，因为每个幼儿都穿上自己制作的“服装”听着音乐自豪地歌舞。

3. 第一部分和第二部分老师说得比较多，老师和孩子的互动不够，有的问题提出后孩子不知道如何去回答，所以教师在设问时必须注意要适合小班幼儿的理解能力。

35. 生日礼物(数学：按数取物)

一、活动目标

1. 学会手口一致地点数 6 以内物体的数量，说出总数。
2. 能大胆地讲述观察到的画面内容。
3. 愿意将礼物送给“兔宝宝”，体验生日活动的快乐。

二、活动准备

1. 经验准备：幼儿做过按数取物的练习，有过在幼儿园过生日的经验。

2. 物质准备：相关的PPT，电脑、音响、歌曲MP3，礼物袋、点卡、玩具等。

三、活动过程

1. 观察图片，理解图片内容。

(1) 出示图片，引导幼儿观察图中的物体。

师：这是谁的家？你从哪里看出来的？

(2) 学习手口一致点数6以内物体的数量，学习正确使用量词。

师：小兔的家里有什么？几双鞋子？几辆汽车(鼓励幼儿用完整的语言讲述)

2. 引导幼儿通过蛋糕上蜡烛的数量猜测兔宝宝的岁数。

师(出示兔宝宝和蛋糕)：小兔回来了吗？桌上还有什么？今天小兔过生日，你们猜猜它是过几岁生日？从哪里可以知道？(师幼共同点数蛋糕上的蜡烛进行验证)

3. 倾听故事，猜测并学说短语。

(1) 教师讲述故事，出示小猫送礼物的图片，引导幼儿猜测小猫送了几个什么(师幼共同点数验证)。幼儿学说："兔宝宝，我送你四个气球，祝你生日快乐。"

(2) 请个别幼儿用完整的短句讲述自己的猜测：小猫送的礼盒里面有几个什么。

(3) 打开礼盒，验证幼儿的猜测。

(4) 幼儿完整学说短句，例如："兔宝宝，我送你两辆汽车，祝你生日快乐。"

(依次出示老鼠、小熊送的礼物，幼儿学习用语言表述)

4. 游戏"送礼物"：观察袋子上的点子数量，知道点子数量与玩具数量要匹配。

(1) 师(出示贴有六个点子的袋子)：看看袋子上有什么？有多少个点子？那这个袋子里面应该装几个玩具？谁来试一试？(请一名幼儿上前尝试)

小结：袋子上有几个点子就表示装了几个玩具。

(2) 幼儿自主操作，教师及时提醒幼儿数好袋子上的点子再去放相应数量的玩具。

(3) 请幼儿将礼物送给"兔宝宝"，边送边说："兔宝宝，我送你几个××，祝你生日快乐。"

5. 大家为"兔宝宝"唱《生日歌》。

师：小动物们都来给小兔唱生日歌了，我们一起为它庆祝生日吧！

教学反思

一、课题来源

过生日是让每个幼儿都兴奋不已的事情。本次活动结合“过生日”的游戏情境，将6以内物体的点数融入其中。小班幼儿年龄一般都在3岁左右，这个年龄段的幼儿属直观行动思维阶段，他们对数概念的获得需要运用材料的操作和游戏来完成。本节活动主要让幼儿通过趣味的情景及游戏学习点数6以内的物体。对于小班孩子来说，做到手口一致地点数，即手到哪、嘴到哪，有些困难，因此，只有在实际的操作中，让他们去反复练习，才能更好地掌握。

二、研讨要点

1. 幼儿在日常生活中，很早就接触吃的、玩的、用的等各种各样的物品，能从物品中认出同类的东西，并积累了同类物品可组成一个整体的初步概念。本节活动“送礼物”是孩子感兴趣的话题，从而激发幼儿自主地探索、学习的兴趣。

2. 幼儿通过观察蛋糕上的蜡烛数量，大胆猜测小兔是过几岁的生日。由于孩子的既有经验比较丰富，很快就能猜出。

3. 教师引导幼儿学习正确地点数以及说出总数，并通过“小动物”与“小兔”的对话，引导幼儿学习完整的语言表述及对量词的正确运用。其中个别幼儿的语言发展还需要引导与加强。

4. 操作材料的选择贴近幼儿生活，幼儿很喜欢，若材料再小一些就更利于孩子操作了。

36. 五彩相框(综合)

一、活动目标

1. 尝试用纸团印染装饰相框，并注意用两种颜色相间印染。

2. 喜欢玩颜料，能正确说出自己选择的颜色(红、黄、蓝等)，对盖印活动感兴趣。

二、活动准备

1. 经验准备：幼儿有参与时装走秀活动的经验。

2. 物质准备：加少量水的颜料(浓稠些)、卡纸若干张、纸团(团紧一些的小报纸团)；中号夹子、护衣、抹布；亲子模特秀表演的视频与照片；轻音乐；多层展台。

三、活动过程

1. 观看亲子模特秀表演的视频片段、出示照片，引导幼儿回忆“六一”节日庆祝活动。

师：这是什么活动？我们在干什么呢？

2. 出示自制相框，激发幼儿制作的愿望。

(1) 师：“六一”节活动那天我给大家照了许多照片呢。把一张放进了相框里，漂亮吗？为什么？

(2) 出示相框，欣赏与观察。

● 师：你知道这个相框是哪儿来的？是怎么做成的？

● 师：这里很多照片还没有相框，怎么办呢？你们愿意自己动手来做相框吗？

(4) 介绍制作方法。

取纸团蘸一下颜料，在相框底板上“亲一亲，跳起来”。(幼儿空手练习)

3. 幼儿操作，教师巡回指导。

(1) 提醒幼儿将用过的纸团放回相应颜色的筐里。

(2) 每张桌上有两种颜色，鼓励自由选择两种颜色大胆印画，印完一种可换另一种颜色。

4. 评价、展示幼儿作品。

(1) 请完成制作的幼儿将自己的照片卡在相框上，并用夹子夹住相框纸，陈列在有层次的展台上。

(2) 幼儿参观相框展览，并自由交流自己制作的相框选用的是哪两种颜色。

四、活动延伸

在美工区提供玩具、印章、蔬菜头等材料，鼓励幼儿自由选择材料，继续装饰相框。

教学反思

一、课题来源

幼儿园的“六一”节日庆祝活动内容非常丰富、精彩。每位幼儿、每个家庭都参与的“亲子服装秀”美轮美奂，“国际美食节”活动，除了让孩子们感受到食品的多样化与美味外，绚丽的色彩也给了他们强烈的视觉冲击。家长们更是频频举起相机，留下那些令人难忘、快乐的瞬间。

虽然节日已经过去，可节日里的活动仍然是孩子们热议的话题，家长们在网络交流最多的也是关于节日里的活动。我们将那天活动的照片洗印了出来，想在环境中呈现照片，孩子们都很感兴趣，所以我们想让孩子参与到相框的装饰活动中，充分体现出孩子是环境的主人。

二、研讨要点

1. 教学内容能结合节日庆祝活动，切入点好，有创造性。在活动中通过观看视频及照片，有效再现并引起了幼儿对“六一”活动的回忆。

2. 教师将报纸球的大小、松紧程度根据幼儿的动手情况提前进行了试用与调整，幼儿对印的动作掌握很好，所以在活动中表现出的积极性也很高。

3. 活动的生活化、游戏化，让幼儿很感兴趣，只是在选择照片上情感没有得到满足。可以将幼儿自己的照片放在幼儿相应的组里，让他们装饰自己的相框，使他们更有成就感。

中　班
教案设计与反思

第一部分
点评与提升

1. 问候舞(音乐)

教案设计原型

一、活动目标

1. 会听音乐较合拍地做小跑步、拍手、跺脚等基本动作。

2. 能够分辨出音乐中特定的延长节奏并做出单脚站立的控制动作。

3. 体验集体舞活动带来的快乐。

二、活动准备

音乐磁带、单脚站立的动物图片。

三、活动过程

1. 复习歌曲《娃哈哈》。

师:我们学了一首少数民族风情的歌曲《娃哈哈》,大家一起来唱唱吧!

2. 欣赏律动。

(1) 欣赏图片,了解音乐中的延长节奏动作。

(2) 出示动物图片,学习单脚站立的方法。

师:看看图片上的动物有什么特别的地方?(都是单脚站立)这是它们在比赛单脚站立呢,看谁站的时间长!你们会吗?让我们也来试试。

(3) 分辨音乐中的特定延长节奏。

师:有段音乐说的就是它们比赛站立的事情,听听哪里是它们在比赛站立?

师:什么音乐表现的是它们比赛站立?("嘟……")听到这段音乐我们做什么动作呢?

3. 学习律动的动作。

(1) 跟音乐坐在椅子上做动作。

师:那在前面一段音乐进行的时候我们可以干什么呢?

(2) 站在椅子前跟着音乐做律动。

师:刚才有的小朋友听得可真仔细,我们要站在小椅子前面跳舞了,什么地方是我们比赛单脚站立的本领啊?

4. 师:你们的本领可真大!马上我们要到中间围成大圆比赛了,要把圆圈站圆。

5. 邀请客人老师一起跳舞。

专家点评

1. 目标的制定比较清楚,符合中班幼儿的年龄特点,容易达成。

2. 用动物图片帮助幼儿了解和学习单脚站立,生动、形象,容易掌握。

3. 教师提问的语言比较清楚,幼儿能够跟老师很好地互动。

4. 此节活动是律动还是集体舞,要统一说法。

5. 复习部分的导入可以结合季节来说,渲染一下气氛。

6. 第二个环节中有些措词需要调整,太口语化不容易提高幼儿的语言表达力。

7. 第四环节只有教师的语言而没有教学活动的内容,必须补充。

教案设计提升

一、活动目标

1. 能合着音乐较合拍地做小跑步、拍手、跺脚等基本动作。

2. 能够分辨出音乐中特定的延长节奏并做出相应的控制动作。

二、活动准备

物质准备:音乐磁带(音乐盒三《七色进阶》)、单脚站立的动物的图片。

三、活动过程

1. 复习歌曲《娃哈哈》。

师:美丽的春天来啦,太阳照在身上暖洋洋的,我们一起唱一首《娃哈哈》吧!

2. 欣赏音乐,了解音乐中的延长节奏。

(1) 看图片,学习单脚站立的方法。

师:看看图片上的动物有什么特别的地方?(都是单脚站立)

它们在比赛单脚站立呢,你们会吗?(幼儿尝试做控制动作)

(2) 分辨音乐中的特定延长节奏。

师:有段音乐说的就是它们比赛站立的事情,听听哪里是它们在比赛站立?(播放音乐。)

师:哪一段音乐表示的是动物在比赛站立?("嘟……")

师:"嘟……"有几段?一样长吗?(体验两段音乐结构的不同)

3. 听音乐做律动。

(1) 听音乐坐在椅子上做动作。

师:第一段音乐可以干什么呢?(大家开心地跳舞)

师:我们坐在小椅子上可以怎样开心地跳舞呢?(幼儿听音乐做动作)

(2) 站立听音乐做律动。

师:我们要站着跳舞了,记住音乐的什么地方比赛单脚站立?

(3) 拉成大圆跳舞。

师:我们要围成大圆跳舞了。有什么方法可以让我们跳舞的时候能把大圆保持得很好呢?(沿着前面小朋友走过的路线跳)

(4) 幼儿进行律动表演。

4. 邀请客人老师一起跳舞结束。

2. 修路(数学)

♡ 教案设计原型

一、活动目标

1. 尝试探索用小正方形、长方形和三角形拼成正方形和长方形的方法,初步了解平面图形之间的关系。

2. 乐意与同伴介绍和分享探索的方法与结果。

3. 通过动手操作,初步体验探索发现的快乐。

二、活动准备

1. 经验准备:幼儿有认识正方形、长方形的经验。

2. 物质准备:小兔、小猫、小狗的家各一个,需修补的小路若干条,大小不同的正方形、三角形、长方形的图形板若干，幼儿操作板人手一块。

三、活动过程

1. 故事情境导入，巩固对正方形、长方形的认识。

(1) 出示情境一，讲故事，引出铺路的话题。

(2) 幼儿尝试“修马路”，巩固对正方形和长方形的认识。

2. 探索用几块小正方形、长方形和三角形拼成大正方形、长方形的方法。

(1) 出示情境二，激起幼儿继续“修路”的兴趣。

(2) 幼儿自由探索、尝试通过移动的方法用多种图形拼出正方形和长方形。

(3) 幼儿分享、交流拼正方形和长方形的方法。

3. 再次尝试拼出正方形、长方形的多种方法。

(1) 出示情境三，鼓励幼儿运用拼图形的方法继续“修路”。

(2) 分组操作，引导幼儿使用不同的方法拼正方形、长方形，“修”好一节“小路”。

4. 评价：引导幼儿将各自“拼”好的一节“小路”进行组合，共同完成“大路”的“修补”。

专家点评

1. 选题具有情境性，适合中班。

2. “目标1”的定位基本准确，表述明确。

3. 准备中能关注幼儿的已有经验。

4. 材料准备得较好，让幼儿有尝试操作的机会。

5. 过程清楚，让幼儿在情境中自然地操作练习。

6. 给予幼儿自主探索的机会。

7. “目标2”应提出具体的操作性要求，不要太笼统，建议修改为“能用完整的语句介绍拼大正方形和长方形的方法”，帮助幼儿通过语言的表述把自己的想法思路表达出来。

8. “目标3”“通过动手操作”是方法，建议删掉。

9. 第一环节可以省略，直接让幼儿进行第二环节的尝试拼搭，可用不同的方法操作两次。

10. 教案过程过于简单，只有过程，没有教师必要的语言及提问。

11. 教师要学会观察和等待，幼儿尝试操作后，请幼儿说一说自己碰到了什么困难，自己是如何解决调整的，并示范给大家看，巩固经验。

12. 在幼儿操作、交流的基础上，通过小结，帮助幼儿巩固拼搭图形的方法，如：感知图形之间的转换关系。

13. 活动结束时可以再开展一些有关图形知识的延伸活动，例：如果有等边三角形、梯形，你们能不能拼成正方形的砖呢？

教案设计提升

一、活动目标

1. 尝试探索用小正方形、长方形和三角形等拼成大正方形、长方形，初步感知平面图形之间的转换关系。

2. 能用完整的语句介绍拼搭大正方形和长方形的方法。

二、活动准备

1. 经验准备：幼儿已认识正方形、长方形、三角形等。

2. 物质准备：小兔、小猫、小狗的家各一个；需修补的“小路”若干条；有大小不同图形的幼儿操作板（小砖）人手若干块，与操作板相对应的正方形、三角形、长方形图形板若干。

三、活动过程

1. 故事导入，用小正方形、长方形“铺路”。

（1）讲述故事，引出“修路”的话题。

（出示小兔家的背景）师：秋天到了，秋风轻轻地吹，树叶随风飘动，发出“沙沙沙”的声音，像听着音乐声快乐地起舞。这一天，小兔早早起床了，它想到了好朋友小猫，心想：“现在还早，小猫应该还在家里睡懒觉呢！我去叫醒它！”说着就出门了，走着走着，突然发现前面的小路坏了，怎么办呢？（长长的小路中有一段破损——正方形）小兔找来了一些小砖块，请小朋友帮忙它一起修路吧。

（2）请2～3名幼儿尝试“修路”，并用完整的语句介绍自己打算怎样用小的正方形或长方形拼搭出大的正方形。如：“我用正方形的砖铺路。”“我用长方形的砖铺路。”

2. 探索用小正方形、长方形、三角形拼成大长方形的方法。

（1）继续讲述故事，激起幼儿继续“修路”的兴趣。

师：路修好了，小兔高兴地来到小猫家。（出示小猫家的背景）小猫已经起床了，正想去找小兔，一起到前面的花园玩呢！于是两个好朋友手拉着手，一蹦一跳地向花园走去。可走了没一会儿，却发现去花园的小路也坏了，这可怎么办呢？（小路中有一段破损——长方形）它们又找来了许多小砖块，谁愿意帮帮它们呢？

(2) 请2～3名幼儿自由探索尝试，结合幼儿的操作及时提示：可用小的正方形、长方形、三角形拼出大的长方形。

3. 全体幼儿尝试操作。

(1) 幼儿操作，教师观察幼儿在操作中选择了什么图形、是怎样拼搭的。

(2) 交流分享拼正方形和长方形的方法，鼓励幼儿清楚地表达。

师：你们刚才是怎样铺路的？选择了哪些图形？是怎样拼的？遇到什么困难？怎样解决的？

小结：铺路时，我们可以用小正方形、小三角形或者小长方形通过拼接、翻转、替代等方法拼成大的正方形、长方形。

4. 再次尝试拼成正方形、长方形的多种方法。

(1) 继续讲述故事，鼓励幼儿运用拼图形的方法继续"修路"。

师：小兔和小猫看到修好的小路太开心了，它们来到花园玩起了捉迷藏。它们想，如果小狗也在就更好了！可是小狗的家实在是太远了，不仅需要走很远的路，还要翻过一座大山呢！我们再来帮助它们修小路吧！它需要许多的砖块哦，请每位小朋友都来制作路砖。

(2) 再次练习，引导幼儿用不同的图形拼大正方形、长方形。

请每个小朋友在后面的桌上拼小砖，鼓励幼儿积极尝试不同图形的拼铺。

5. 拼好后，欣赏自己铺的"路"。

(1) 把小朋友拼的图形连成一条长长的"路"，感受图形拼铺的成果。

(2) 提出新的问题：我们还可以用什么图形铺路呢？下次再来试一试。

四、活动延伸

在数学区提供更多的图形供幼儿拼铺。

3. 金色的房子(语言：故事)

教案设计原型

一、活动目标

1. 喜欢听故事，对故事感兴趣。

2. 初步理解故事内容，用故事中的语言描述房子。

二、活动准备

物质准备：背景挂图，手偶(小羊、小鸟、小狗、小猴)，故事录音磁带，动画课件。

三、活动过程

1. 导入：你们见过特别的房子吗？（幼儿说一说，想一想特别的房子是什么样子的）

2. 教师有表情地讲述故事。

师：你听到了什么？

3. 播放故事录音，教师操作手偶。

师：你看到了什么？我们再来看看金色的房子是什么样子的。

4. 播放故事录音，教师再次讲述故事。

师：金色的房子是什么样子的？

5. 一边播放动画，一边播放故事录音。

师：今天的故事好听吗？

6. 再次播放动画，教师讲述故事。

师：这个好听的故事叫什么名字？

结束：我们去把这个好听的故事讲给其他小朋友听吧！

专家点评

1. 这是一篇艺术性较强的经典文学作品，能选择它作为语言活动内容很好。

2. “目标2”制定得比较具体，适合中班孩子的学习能力。建议增加“学习人物对话”的目标，因为此故事中的对话具有重复性、艺术性，有利于中班幼儿艺术语言的积累。

3. 准备的材料很充分，手偶生动形象，能吸引孩子注意力；金色的房子采用金色涤纶纸制成很闪亮，确实是一座“金色”的房子；提供的故事录音中有多个不同音质的声音很好，能吸引孩子集中注意，仔细倾听故事。

4. 活动层次清楚，但书写格式不明确。要注意各级标题序号的标注方法。

5. 教师的提问比较简单，可以随着故事情节的发展提问，并利用故事语言的重复性提问，让幼儿多说。

6. 教师运用手偶或课件的数量在教案中要标注清楚，如：一遍，两遍，还是三遍，使指导更加明晰。

教案设计提升

一、活动目标

1. 喜欢欣赏故事,初步理解故事的情节。

2. 学习用故事中的语言描述房子、讲述人物对话。

3. 能理解故事中小姑娘和小动物们的友好情感。

二、活动准备

物质准备:背景挂图;故事录音磁带;动画课件;手偶(小羊、小鸟、小狗、小猴等)。

三、活动过程

1. 谈话导入。

(1) 师:你们喜欢房子吗? 为什么? 你们见过金色的房子吗?

(2) 师:今天老师要讲一个“金色的房子”的故事,听听故事中金色房子到底是什么样子的。

2. 欣赏故事《金色的房子》。

(1) 教师有表情地讲述故事一遍,初步欣赏故事。

师:故事里讲了什么?

(2) 教师再次讲故事,引导幼儿欣赏并理解故事内容。

师:故事里有谁? 他们说了些什么?

3. 教师一边播放动画课件,一边播放故事录音(一遍),再次欣赏并学习故事中的语言。

(1) 师:田野里有一座什么样的房子? 金色的房子是什么样的? 太阳一出来照得房子怎么样?(请个别幼儿发言,集体练习)

(2) 师:小动物们看见小姑娘出去采花他们说了什么?

(根据幼儿的发言可以分别提问:小羊是怎么说的? 小鸟是怎么说的? 小狗是怎么说的? 小猴又是怎么说的? 小姑娘听到小羊、小鸟、小狗、小猴的话说了什么?)

4. 完整欣赏故事。

(1) 教师一边播放动画,一边播放故事录音(一遍),鼓励幼儿轻声跟着讲。

(2) 完整欣赏后进行集体讨论。

师:最后小姑娘和小动物们在金色的房子里干什么? 他们玩得怎么样? 这个故事叫什么名字? 这个故事好听吗? 为什么?

5. 结束。

教师:我们都喜欢这个好听的故事,我们还可以在语言区继续听故事,也可以把这个好听的故事讲给其他人听。

附故事

金色的房子

田野里有一座小房子，红的墙，绿的窗，金色的屋顶亮堂堂，太阳一出来照得一闪一闪的，漂亮极了。

有一个小姑娘，她就住在这金色的房子里。每天早晨，她提着一只花篮，到草地上去采花。

一天，小姑娘又去采花了。一只小羊跑来对她说："小姑娘，您早，您那金色的房子真漂亮，红的墙，绿的窗，金色的屋顶亮堂堂，我真想进去望一望。"

一只小鸟飞来对她说："小姑娘，您早，您那金色的房子真漂亮，红的墙，绿的窗，金色的屋顶亮堂堂，我真想进去望一望。"

一只小狗跑来对她说："小姑娘，您早，您那金色的房子真漂亮，红的墙，绿的窗，金色的屋顶亮堂堂，我真想进去望一望。"

一只小猴跑来对她说："小姑娘，您早，您那金色的房子真漂亮，红的墙，绿的窗，金色的屋顶亮堂堂，我真想进去望一望。"

小姑娘听到小羊、小鸟、小狗、小猴都说她的房子漂亮，都想到她家去做客，她高兴地说："朋友们！来吧！请到我家来玩。"

他们一起在金色的房子里唱歌、跳舞，玩得真高兴。

4. 草地上的游戏(音乐:律动)

教案设计原型

一、活动目标

1. 熟悉音乐，能随乐句、节奏准确合拍地做动作。

2. 体验游戏中创编动作的交替规律及愉快情绪。

二、活动准备

物质准备：泡沫垫每人一块，磁带，录音机，手腕花人手一个。

三、活动过程

1. 进场。

师：现在什么季节呀？秋天到了，小树叶从树上飘落下来。它们怎么飘的呀？我们来跳一跳表现一下吧。跳累了，我们找块草地坐下来休息一下。

2. 律动。

(1) 师:今天我还带来了一段音乐呢,听一听。

(2) 师:听了这段音乐,你想坐在草地上做哪些动作呀?(再次欣赏音乐)

师:刚才你做了什么动作?我们一起来学一学。

师:小朋友做了手上的动作,我们身体的其他部位也可以做动作哦!

(3) 结合幼儿的动作,商定顺序,听音乐做一遍(还可再创编一套动作)。

(4) 除了跟自己做动作,还可以跟旁边的小朋友做动作呢!(练习用戴腕花的手与同伴握手)

3. 游戏:“丢手绢”。

4. 结束。

师:今天的天气可真好呀,快到中午了,我要帮奶奶去买菜了,我们一起去吧。(边唱边退场)

专家点评

1.《草地上的游戏》属于创造性律动,在秋天美丽的户外环境中,让幼儿听着音乐自然地、充满想象地做动作、相互交流学习,是一番诗情画意的景象。

2. 目标比较明确,符合中班初期幼儿的发展水平。

3. 戴手腕花的手发挥了作用:便于中班幼儿明确自己用哪只手与同伴做动作交流。

4. 轻轻唱《丢手绢》的感觉很有美感。

5. 活动过程比较明确、简练,但是表述不够清楚。只有教师的语言,而每一个环节做什么、完成什么目标却没有清晰地表达出来。应该充分思考,用文字表达出来。

6. 在组织活动的过程中,教师也要细致考虑幼儿的学习进度,如:幼儿自主做动作以后,要先将手的动作归纳全,然后再做脚的动作;脚的动作幅度大一些会更有节奏感与表现力,如“伸直→收回”。

教案设计提升

一、活动目标

1. 熟悉音乐,能随乐句节奏准确合拍地做身体动作。

2. 体验游戏中动作交替的规律及快乐的情绪。

二、活动准备

1. 经验准备：幼儿与教师、家长一起在户外活动时玩过游戏。

2. 物质准备：垫子每人一块，幼儿右手腕戴花；音乐《加沃特舞曲》《丢手绢》。

三、活动过程

1. 随着《加沃特舞曲》，幼儿拿垫子进场。

师：今天天气真好，我们一起到外面活动吧！

幼儿听音乐做律动后找块“草地”（放下垫子）坐下来休息。

2. 欣赏《加沃特舞曲》，熟悉曲调。

(1) 欣赏《加沃特舞曲》以后提问。

师：听了这段乐曲，你有什么感觉？

(2) 再次欣赏音乐，幼儿可以一边欣赏一边自主地做动作。

3. 听音乐创编身体动作。

(1) 自由创编动作。

师：听到这段音乐，我们可以做哪些动作？（幼儿听音乐创编动作）

(2) 创编腿部动作。

师：除了动动手，还可以动动身体的哪里？（教师帮助整理归纳，改进幼儿创编的动作）例如：××小朋友说小脚可以动一动，教师可指导：听音乐做伸直—收回脚的动作）；××小朋友说小屁股也可以动一动，教师可指导：听音乐做扭屁股动作……

(3) 创编手臂动作。

师：刚才××说他的小手拍了自己，还可以拍身边小朋友，用哪只手拍呢？（引导幼儿用戴手腕花的那只手轻拍同伴）

(4) 听音乐连贯进行练习。

(5) 学做起身转圈的动作。（听音乐练习 2 遍）

4. 听音乐完整做创编的动作。

明确每四句换一个动作：A 先拍自己——后拍别人；B 伸腿——转圈；A 拍自己——再拍别人（练习 2～3 遍）

5. 复习音乐游戏《丢手绢》。

(1) 播放《丢手绢》音乐。

师：听，有一群小朋友在玩什么游戏呢？

(2) 幼儿坐回垫子上一边轻轻地唱《丢手绢》一边做游戏。

(3) 结束活动。

师：今天我们在草地上玩得真开心，时间不早了，我们一起回活动室吧。

5. 我的妈妈(语言)

教案设计原型

一、活动目标

1. 愿意用简单的短语描述自己妈妈的样子。

2. 通过故事进一步引发幼儿对妈妈的关注,加深对妈妈的爱。

二、活动准备

物质准备:调查表、《好妈妈》音乐、PPT 图片。

三、活动过程

1. 游戏“找妈妈”。能在众多的妈妈中找到自己的妈妈。

师:看,今天我们的妈妈衣服穿得都一样,看看谁能快快找到自己的妈妈,然后找个位置坐坐好,并请妈妈坐在你们的后面。

师:刚才我们小朋友能那么快找到自己的妈妈,是因为我们每位妈妈长得都不一样,谁愿意为我们介绍一下自己的妈妈?

2. 出示调查表,引导幼儿围绕“我的妈妈”进行交流。

(1) 请幼儿看调查表介绍自己的妈妈。

师:你的妈妈长得是什么样子的,谁来介绍一下。(幼儿和妈妈共同上台)

小结:我们的妈妈都很漂亮,而且每个妈妈都长得不一样。

(2) 师:那你的妈妈有什么本领? 谁来介绍一下?(也可请妈妈自己来说说。)

小结:我们的妈妈都有不同的本领,真能干。

3. 欣赏故事,感受妈妈对我们的爱。

(1) 欣赏 PPT,第一遍倾听故事。

师:这里有一个小朋友的妈妈,她也有许多本领,我们来听一听吧。

提问:故事里的妈妈都有哪些本领?

(2) 第二遍看 PPT 欣赏故事。

师:咦! 故事里的妈妈还会变成小猫,变成狮子,我们来看看吧!

师:妈妈什么时候会像小猫一样的温柔呢? 那什么时候会像狮子一样凶呢?

师:我们一起来问问妈妈:“妈妈,你们愿意变成狮子吗?”

总结：其实你们的妈妈生气的时候也一样爱你们，她们是为你们好，害怕你们受到伤害，希望你们能健康快乐地快快长大！所以我们要对妈妈说什么呢？

师：那我们全体起立，对妈妈说“妈妈我爱你”。

4. 与妈妈的互动。

(1) 分别请 2～3 名幼儿和家长示范亲子游戏，其他幼儿模仿玩。

师：你们看妈妈每天都很辛苦，但我们的妈妈还是会陪我们玩游戏，你和妈妈都玩过什么游戏呢？

(2) 幼儿端水给妈妈喝，提醒幼儿端稳，并要对妈妈说一些好听的话。

师：刚才我们的妈妈陪我们玩累了，我们请妈妈喝点水吧！

专家点评

1. 本活动的内容适合中班，在活动中有多个过程让孩子和妈妈互动，这样加强了孩子对妈妈的了解、对妈妈的爱。

2. 准备得充分且丰富。教师准备了许多和妈妈有关的情节，帮助幼儿逐步了解、表达对妈妈的情感：找妈妈——介绍妈妈——理解妈妈——和妈妈玩——关心妈妈。

3. 活动最后一个环节很温馨，孩子给妈妈倒水让许多妈妈都享受到孩子对自己的关爱，感觉自己的孩子长大了，很激动。

4. 本节活动的“目标 1”中的“愿意”对于中班这个年龄段的幼儿有些深，用“能够”更恰当一些。

5. “目标 2”这个目标有点大，有点空，而且表述角度与第一条不一致，在同一份教案中教师思考教学目标的角度应该保持一致。

6. 教师在讲故事时，不应该只说一遍故事就提问，应该先让幼儿熟悉故事内容以后再根据图片提示来提问。这样就可以很好地帮助幼儿理解故事内容。

7. 故事里的“妈妈”变成“小猫”，变成“狮子”，可是孩子好像不太能理解“温柔”、“凶”的含义，可以修改故事的情节。

教案设计提升

一、活动目标

1. 能够用语言描述自己妈妈的模样、本领。

2. 能理解故事内容，表现爱妈妈的情感。

二、活动准备

物质准备：调查表，《好妈妈》的音乐，PPT 图片；请妈妈们商量好都穿着一样的服装进班。

三、活动过程

1. 游戏："找妈妈"。

教师：看，今天我们的妈妈都穿得一样，看看哪一个小朋友能快快地找到自己的妈妈。小朋友找到妈妈后找个位置坐坐好。（请妈妈坐在小朋友的后面）

小结：刚才小朋友们能那么快地找到自己的妈妈，真棒！

2. 出示调查表，引导幼儿围绕"我的妈妈"进行交谈。

（1）请幼儿看调查表介绍自己妈妈的模样。

师：你的妈妈是什么样子的？谁来为我们介绍一下？（幼儿和妈妈共同上台，引导幼儿讲述妈妈的主要特征）

总结：我们的妈妈都很漂亮，每个妈妈都长得不一样。

（2）介绍妈妈的本领。

师：你的妈妈有什么本领？谁来介绍一下？（幼儿和妈妈共同说说）

总结：我们的妈妈有的会……有的喜欢……她们都有很多本领，真能干。

3. 欣赏故事，感受妈妈对我们的爱。

（1）欣赏故事 PPT。

师：这里有一位小朋友的妈妈，她也有许多本领，我们来看一看、听一听吧。（倾听故事一遍）

提问：故事里的妈妈都有哪些本领？

（2）再次欣赏故事 PPT。

师：啊，故事里的妈妈有时候会变成小猫，有时候变成狮子，我们来看一看、听一听吧！（第二遍倾听故事）

提问：妈妈有时会变成小猫，小猫是怎样的？

那么妈妈什么时候像小猫一样温柔呢？

妈妈有时会变成狮子，狮子是怎样的？

那么妈妈什么时候像狮子一样凶呢？

你们喜欢什么样的妈妈呢？

（3）幼儿与妈妈交流。

师：我们一起来问问妈妈，"妈妈你们愿意变成狮子吗？"

总结：其实妈妈像狮子的时候也一样是爱我们的，害怕我们受到伤害，希望我们能健康快乐地快快长大，妈妈这么爱我们，我们一起大声对妈妈说什么？（“妈妈我爱你！”）

4. 与妈妈互动。

（1）与妈妈玩游戏。

师：妈妈每天都很辛苦地上班，还要陪我们玩游戏，你和妈妈玩过什么游戏呢？

（请一名幼儿和家长示范，其他幼儿与家长模仿，进行 4～5 个游戏）

（2）幼儿关心妈妈。

师：大家都玩累了，我们请妈妈喝点水吧！（幼儿端水给妈妈喝，提醒幼儿端稳，并对妈妈说一些感谢的话）

附故事

我的妈妈

这是我的妈妈，一个可爱的妈妈。她会做各种各样的蛋糕，有小猴形的，有柠檬形的，还有爱心形的……香喷喷的！她的歌声像天使一样动听！她跳的舞可美啦！她长得像蝴蝶一样美丽！坐在妈妈身上像坐在沙发上一样柔软、舒服！妈妈有时像小猫一样温柔！可有时生气时像狮子一样凶哦！妈妈爱我，我也永远爱我的妈妈！我们两个相亲相爱！

附调查表

《我的妈妈》调查表

妈妈的样子（请孩子用笔画出妈妈的样子并说一说，家长记录）		妈妈有哪些本领（请孩子用笔画出本领并说一说，家长记录）	
作画：	语言记录：	本领一：	语言记录：
		本领二：	语言记录：
		本领三：	语言记录：

6. 加油干(音乐:打击乐)

教案设计原型

一、活动目标

1. 能够准确地根据教师的指挥进行乐器演奏活动。
2. 尝试用打击乐器根据节奏快慢变化演奏歌曲。
3. 体验打击乐活动的快乐。

二、活动准备

1. 经验准备:听过音乐《加油干》。
2. 物质准备:圆舞板、铃鼓、碰铃。

三、活动过程

1. 复习歌曲《在农场》。
2. 根据总谱集体练习身体动作。

(1) 练习拍手打出节奏。

师:这次我们用身体来唱歌吧!

(2) 共同讨论,跟音乐拍身体其他部位。

师:除了拍手还可以拍哪里呢?(拍腿、拍肩)

(3) 看指挥用身体拍出节奏。

3. 看指挥用乐器演奏乐曲。

(1) 出示乐器,讨论乐曲与乐器的匹配。

师:音乐什么地方适合用碰铃、铃鼓、圆舞板?

(2) 幼儿看指挥演奏乐曲2遍。

(3) 交换乐器演奏2遍。

(4) 根据曲子的节奏快慢演奏歌曲1～2遍。

4. 复习舞蹈“摘果子”。

师:果园里的水果都丰收了,我们一起到果园摘果子去吧!

专家点评

1. 这首曲子节奏鲜明、雄壮有力,能使幼儿精神振奋,给幼儿带来愉悦情绪,并能表现出自豪的情绪。此曲节奏是四二拍子,强弱分明,气质风格上直爽、豪迈、热情、高昂，语言方面简单明了，富有节奏感，非常适合进行打击乐活动的尝试和表现，适合中班幼儿开展活动。

2. “目标2”定位具有挑战性，重点是根据乐曲的节奏变化来演奏乐器，对中班幼儿的表现能力提高有帮助。

3. “目标1”中“能够准确地打击乐器”，要求高了，建议修改为“能够根据教师的指挥进行乐曲合奏”。

4. 建议增加图谱，可以通过图谱帮助幼儿感知两种不同的节奏型。

5. 建议增加“经验准备：幼儿已学会了歌曲《加油干》”。

6. 环节一可以省略复习歌曲《在农场》，而直接让幼儿演唱歌曲《加油干》。

7. 教案过程过于简单，只有过程，没有教师必要的语言及提问。

8. 幼儿练习中可能有什么困难？教师如何给予帮助？例如：教师可以将难点处用唱谱方式帮助幼儿多感知、多练习，帮助幼儿区分节奏的快慢，并且用自己的动作——拍手表现出来。

教案设计提升

一、活动目标

1. 能用乐器合奏歌曲《加油干》，学习用“×　×|”与“××　××|”的节奏型进行合奏。

2. 积极尝试用打击乐器演奏出节奏型的快慢变化。

二、活动准备

1. 经验准备：幼儿已会唱歌曲《加油干》。

2. 物质准备：圆舞板、铃鼓、碰铃各14个（乐器比全体人数多几个）；《加油干》图谱。

三、活动过程

1. 复习歌曲《加油干》。

（小朋友的座位安排成马鞍型）

师：运动会上，我们要给小朋友鼓励，都会对他怎么说？（“加油！加油！”）

我们已经会唱一首好听的歌曲《加油干》，我们一起唱一唱吧！

2. 感受表现音乐《加油干》的不同节奏型。

（1）拍手表现节奏型。

（一边听音乐一边用手拍出节奏型：×　×｜×　×和××　××｜××××｜，幼儿练习2～3遍）

师：我们一起来听一听音乐《加油干》。

(2) 除了拍手，还可以拍身体的哪些部分？（拍腿……）

师：这一遍我们就来拍腿。拍的时候请你想一想，音乐节奏型一样吗？

老师唱谱，幼儿练习表现不同的节奏型。

(3) 看图谱拍节奏。

师：我还带来了图谱，我们看着图谱拍，看看哪里不一样？

（幼儿一边听音乐一边看图谱完整地拍节奏，2遍）

(4) 看指挥听音乐拍出节奏。

师：这次要增加难度了，不看图谱，看老师的指挥拍节奏。指挥这样做表示什么？（全体拍）指挥指向左边？（左边的小朋友拍）指挥向右边呢？（右边的小朋友拍）

(5) 根据曲子的节奏快慢演奏歌曲1～2遍。

师：音乐加快了，你们行吗？让我们一起来试一试。（加快音乐练习2遍）

3. 用乐器演奏乐曲。

(1) 幼儿看指挥用乐器演奏乐曲(2遍)。

(2) 交换乐器演奏(1～2遍)。

提醒幼儿要根据曲子的节奏快慢进行演奏。

4. 复习音乐游戏："谁是带头人"。

鼓励幼儿能通过观察，在音乐声中快速地找到做动作的带头人。

附歌曲

加　油　干

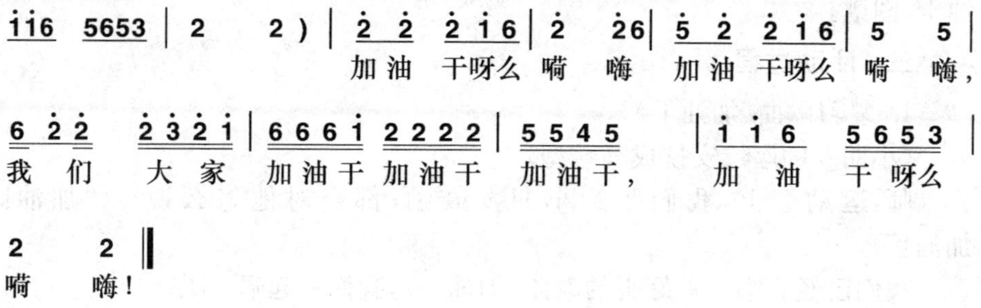

附乐曲

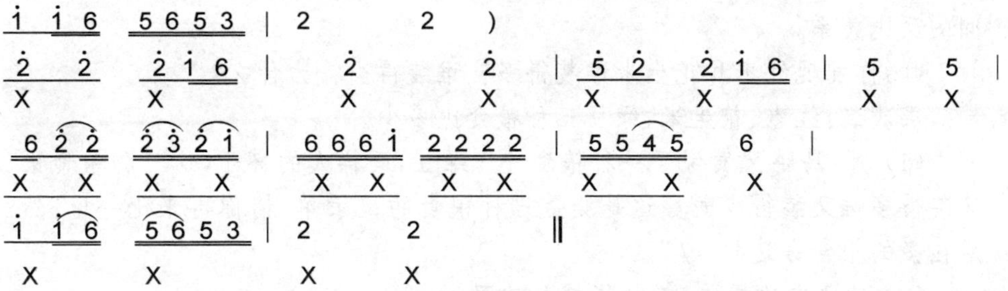

7. 乌鸦喝水(数学)

教案设计原型

一、活动目标

1. 尝试运用量一量、比多少的方法初步感知物体的体积。

2. 培养幼儿的估计能力和空间感知推理能力。

3. 愿意参加探索活动,并在活动中体验自我验证成功的愉悦心情。

二、活动准备

1. 经验准备:幼儿对于比较两种或三种物体的大小有一定的认知。

2. 物质准备:透明杯子若干;水彩笔;记录表;种子四种(红枣、花生米、绿豆、芸豆);乌鸦图片一;装了半瓶水的瓶子若干。

三、活动过程

1. 引出角色,激发幼儿的活动兴趣。

(1) 师(出示“乌鸦”图片):秋天到了,小乌鸦准备了两种过冬的粮食,让我们一起看一看!这是什么?(教师出示红枣和花生,幼儿说出名称)

(2) 出示杯子,幼儿大胆估计和猜测。

师:瞧,这是乌鸦用来装粮食的容器——杯子,小乌鸦想用杯子装满满的粮食,请你猜猜是红枣装得多,还是花生米装得多?(幼儿大胆猜测)

2. 幼儿尝试动手量一量,并记录测量结果。

层次一:红枣和花生米两种粮食比多少。

(1) 师:这是测量红枣和花生米的记录单,两个杯子一个装红枣,一个装花生米,比一比哪个装得多哪个装得少?在装得多的粮食旁边打“√”。

(2) 幼儿进行操作,教师指导并提醒幼儿操作后要及时记录。

(3) 结合记录单,相互交流测量结果。引导幼儿推理出粮食数量大小之间的反比关系。

师:你发现红枣和花生米谁装得多?谁装得少?为什么?

层次二:红枣、花生米、绿豆三种粮食比多少。

(1) 师:乌鸦又发现了一种粮食——绿豆,同样大的杯子,这三种粮食谁又装得多谁又装得少呢?这是测量三种粮食的记录单,请你再来比一比,然后在多的粮食旁边打"√"。

(2) 幼儿再次操作,教师指导并拍照。

(3) 看照片和记录单,再次推理并感受粮食数量大小之间的反比关系。

师:同样大的杯子,三种粮食谁装得最多?谁装得少?为什么?

小结:同样大的杯子,越大的粮食装得越少,越小的粮食装得越多。

3. 游戏:"乌鸦喝水"。

(1) 讨论:乌鸦怎样才能喝到水。

师:存好了粮食,乌鸦口渴了想找水喝,找来找去找到了矿泉水,它可真高兴呀!(出示大半瓶矿泉水)可是水太少,它怎么也喝不着,请你们想想办法吧!(引导幼儿想出将粮食投入水中让水升高的方法)

(2) 幼儿大胆推理两种粮食哪一种能帮乌鸦先喝到水。

师:想一想,放哪一种粮食能让乌鸦先喝到水?为什么?(幼儿讲述想法)

师幼共同小结:芸豆大,放得少就能让水升高,而绿豆小,要放很多很多才能让水升高,时间花得多。

四、活动延伸

师:还有许多东西也能让乌鸦快快喝到水,我们再回去找一找。

专家点评

1. 能积极思考、主动创新设计新的教学活动,计划制定得比较详细,过程清楚。

2. 活动准备比较充分,重视幼儿在充分的操作中积累数学经验。

3. 活动目标对于中班上学期的孩子来说深了一些,对于"体积"这一概念中班的孩子们比较难于理解,建议放在中班下学期进行。目标的制定太空洞了,而且表述视点不在一个角度。

4. 课题的名字《乌鸦喝水》与活动过程还不够贴切，建议不要用传统文化故事作为新的教学名称，避免让幼儿混淆，可以改为《能装多少》。

5. 第二个环节中的第二个层次，对于班级的孩子来说没有什么难度，如若要突出孩子的估计和推理能力，可设计为出示四种粮食的图片，让孩子在记录单上记录结果即可。

6. 活动的第三个环节"乌鸦喝水"游戏本身意义不大，并且和目标没有太大的关系，建议换形式。

7. 准备的四种种子建议调整为玉米、花生、黄豆、芸豆，这是因为这些豆子大小相差不是特别大，也方便孩子们拿取，绿豆太小了，不容易拿取，而且很容易洒到桌子上、地上。

教案设计提升

一、活动目标

1. 尝试用不同的物品把相同的杯子装满，发现小的东西放的数量多、大的东西放的数量少。

2. 学习使用记录单记录实验结果。

二、活动准备

1. 经验准备：对于比较两种或三种物体的大小有一定的认知。

2. 物质准备：小的透明杯子每人 2 只；水彩笔 3 盒；记录表；种子 4 种（花生米、芸豆、玉米、黄豆）；物品若干（积木、糖果、雪花片、球、瓶子等）；超市购物筐若干。

三、活动过程

1. 激发幼儿活动兴趣。

（1）师：超市里又进了一些种子，让我们看看有哪些种子。（教师出示大花生米和黄豆，幼儿说出名称）

（2）出示容器杯子，让幼儿估计和猜测。

师：这是用来装种子的杯子，请小朋友猜猜把这个杯子装满是花生米装的数量多还是黄豆装的数量多？（让幼儿大胆猜测）

2. 幼儿尝试动手量一量，并记录操作结果。

（层次一：装花生米和黄豆）

（1）师：这是测量装花生米和黄豆的记录单，用两个一样大的杯子，一个装满花生米，一个装满黄豆，比一比哪个装得多？哪个装得少？在装得多的粮食旁边打“√”。

(2) 幼儿进行操作，教师指导并提醒幼儿操作后要及时记录。

(3) 结合记录单，相互交流测量结果，引导幼儿知道大的装得少、小的装得多。

提问：用两个一样大的杯子，一个装花生米，一个装黄豆，哪一个装得多？哪一个装得少？为什么？

(层次二：装花生米、玉米、芸豆)

(1) 师：用同样大的杯子，装三种不同的种子，哪一种装得最多？哪一种装得最少？这是装三种种子的记录单，请你再来比一比，然后在放得最多的种子旁边打“√”。

(2) 幼儿再次操作，教师指导并拍照。

(3) 交流与分析。

师：同样大的杯子，三种不同大小的种子，谁装的数量最多？谁装的数量最少？为什么？(鼓励幼儿大胆地表述)

教师幼儿共同小结：同样大的杯子，越大的东西数量装得越少，越小的东西数量装得越多。

3. 游戏：“超市购物——把筐子装满”。

(1) 明确游戏规则。

师：超市里新进了许多货物，我们来玩“超市购物”游戏，每个人都有一个同样大小的购物筐，计时一分钟，看谁能在一分钟内把筐子装满。

(2) 幼儿动手操作，教师观察幼儿是如何选择物品的。

(3) 师幼共同清点每个人的物品并讨论：为什么××、××、××等小朋友能在一分钟内把筐子装满？

(4) 师幼共同小结：拿的物体越大，放的数量就越少，很容易把筐子放满；拿的货物物体越小，放的数量越多，用时间就较长，一分钟来不及把筐子装满。

四、活动延伸

让幼儿在“班级超市”中试一试在一分钟内怎样购得更多数量的物品。

第二部分
实践与反思

1. 棒棒天使(语言:早期阅读)

一、活动目标

1. 能仔细阅读绘本内容,感受绘本的趣味性。

2. 能体会"高矮、大小、胖瘦、轻重"等词的对比关系,尝试用短句表达。

3. 乐意在集体面前讲述自己在图画书中的发现和感受。

二、活动准备

1. 经验准备:了解一些相反意义的字、词。

2. 物质准备:课件《棒棒天使》。

三、活动过程

1. 出示图片,导入绘本主角。

(1) 师:今天老师请来一位客人,这位小朋友长得很特别。这个小朋友的身体像什么呀?(像根棒子)她的名字叫"棒棒天使"。棒棒天使是男孩子还是女孩子呢?(女孩)你是怎么知道的?(有辫子、穿高跟鞋)

(2) 师:她有一位好朋友(出示"胖胖天使"图片)他长得怎么样啊?像什么呀?(胖胖的)他的名字叫"胖胖天使"。我们一起来学一学他们的样子。(动作夸张)

(3) 师:这两个好朋友长得完全相反。一个叫胖胖,一个叫棒棒。大家来给他俩起另外的名字吧!(起意义相反的名字)

2. 完整阅读图画书,帮助孩子理解图画书内容,了解相反词。

(1) 师:他们是好朋友,最喜欢玩相反的游戏,在一起发生了很多好玩的事呢。

(2) 师:看完后你们看出故事里讲了一些什么事?哪里有趣?

(3) 师:这本书里还藏着许多相反词呢,这一遍我们看的时候,请把你找到的相反的词记在心里哟。

(4) 幼儿再次阅读绘本。

师:请你来说一说,刚才你找到了哪些相反词?我们用动作来做一做。

师:你找到的相反词是什么?说说你的理由。

3. 师幼共同阅读绘本,注意使用相反的词。

4. 师幼一起玩“相反游戏”。

师:现在我们也来玩“相反游戏”,你们说的和我说的要相反。准备好了吗?现在开始!

教学反思

一、课题来源

孩子进入中班后,语言表达能力明显增强,语言的完整性提高了,对量词的掌握,小班幼儿比较准确了,进入中班逐渐对相反词也越来越感兴趣了。本次活动利用了《棒棒天使》这本绘本,目的是帮助孩子在轻松、愉快的阅读中,了解更多的反义词。乍一看《棒棒天使》这个书名,以为讲的肯定是一个关于天使的动人故事,但看到了画面,就会发现一对特别夸张、有趣的宝贝——棒棒和胖胖:一高一矮、一胖一瘦,让人立刻会想到“相反”这一概念。在这本书中,一共有 20 页左右的画面,每个画面中都有相反的事物。如果在一次活动中把书上的内容全部细读的话,时间上肯定不允许,只能删除书中的一些画面,并选取“反义词”这个点来开展本次活动。

二、研讨要点

1. 一开始向孩子们出示了棒棒和胖胖这两位“天使朋友”,让孩子们观察,说一说,并请孩子们给这两位天使命名,一来帮助孩子们熟悉主人公,同时从一开始就引出了相反的概念。书中夸张有趣的主人公立即吸引了孩子们的目光,他们很快发现了“相反”的秘密。

2. 以“他俩玩‘相反游戏’”自然串联阅读的环节,并通过看看、说说、做做、玩玩,感知故事中的相反元素,巩固对“相反”这一概念的认知和了解。

3. 在了解故事的主要内容后,玩“相反词”的游戏,在帮助幼儿更多地了解与掌握“相反词”时,也将活动推向高潮。

4. 在活动中，通过画面引导幼儿体会“高矮”“大小”“胖瘦”“轻重”等词的对比关系，对于这些词的意义，孩子能用短句进行表达，但在讲述自己的发现时还不够大胆，不够大方，需要多多培养孩子表述的积极性与大胆表述的能力。

2. 孙悟空打妖怪(体育)

一、活动目标

1. 学习肩上投物，能够抬高手臂，将手中的物体用力掷向目标。

2. 能够积极参与游戏，体验打“妖怪”的快乐。

二、活动准备

1. 经验准备：幼儿学习过“猴子”的一些动作。

2. 物质准备：《猴哥》音乐；报纸做成的“金箍棒”若干；猴子头饰一个；报纸球若干。

三、活动过程

1. 开始部分——准备动作。

(1) 交代角色。

师：老师今天是猴王，你们是谁？（小猴子）

(2) 听音乐做金箍棒热身操。

师：让我们一起操练起来吧！（听音乐，拿金箍棒做热身操）

2. 探索、尝试练习打“妖怪”的方法。

(1) 师：你们的动作真有力度，孙悟空打妖怪最厉害了，他遇到了妖怪会怎样打呢？（启发幼儿用多种方法来打妖怪，老师提炼孩子的动作，集体进行模仿学习）

(2) 师：我闻到了妖怪的气味，在哪里呢？瞧！那里有妖怪，怎么办？

(3) 学习肩上投掷的方法。

师：妖怪只是被挡住了，我们还能变出什么武器把它给消灭掉呢？（出示沙包，引导幼儿探索和练习投掷的方法）

师：看我的，我拔根毫毛，变！原来是大石头，用大石头怎么来消灭妖怪呢？

(4) 幼儿自由地探索方法。(站在点子上向圆心进行投掷练习)

(5) 幼儿集体练习,教师进行观察和指导。

3. 幼儿分散尝试不同距离的投掷。

(1) 集体拿好大石头,站在线后按老师的口令进行练习一次。

(2) 鼓励孩子在投掷的过程中挑战不同远近的距离。

4. 结束。

(1) 师:妖怪被我们给消灭啦!我们胜利喽!好,拿好自己的金箍棒到猴王身边来吧!

(2) 听音乐做放松动作(用金箍棒轻轻敲打手和腿放松)。

(3) 师:猴儿们,拿好金箍棒回花果山摘桃子吃喽!

教学反思

一、课题来源

孙悟空是孩子们心中的经典动画人物,孩子们非常喜爱。通过这个角色来让孩子们参与游戏,孩子们一下子便投入其中,并且积极地跟着老师去探索动作。为了更好地"打击妖怪",他们会很认真地练习自己的"本领"。幼儿对于肩上投物这个动作并不陌生,在体育锻炼中也会有相关的练习,正是由于孩子们对这个动作很熟悉,反而导致动作上的不到位,所以想通过设计"孙悟空打妖怪"这个活动来提升孩子们肩上投物的技能,做到"准、远、到位"。

二、研讨要点

1. 在探索"肩上投物"这个动作时由于情境的深入,孩子们从一开始就投入到了"小猴子"的角色中,从头到尾都情绪高涨,孩子们自觉地将动作做到位,为了更好地打击"妖怪",他们还自发地挑战3～5米距离的远投,并且为自己投准目标而开心不已。

2. 整个活动的设计围绕情节展开,非常适合中班上学期的幼儿。

3. 买菜(音乐:歌曲)

一、活动目标

1. 感受歌曲中的说唱情趣,能有节奏地进行说唱。

2. 能说出常见蔬菜的名称，并能借助图标学唱歌曲《买菜》。

二、活动准备

1. 经验准备：对常见蔬菜有初步的认识，知道蔬菜的名称。

2. 物质准备：和歌曲内容相匹配的歌词图标一份，钢琴。

三、活动过程

1. 回忆已有经验。

师：前天我们去参观了菜场并买了菜，你在菜场里看到了哪些蔬菜？

2. 学唱歌曲。

（1）欣赏歌曲，初步感受旋律。

师：这里有一首歌曲名字叫《买菜》，听听歌曲里有哪些蔬菜。

师：歌曲里有哪些蔬菜？（根据幼儿回答出示图标）

（2）第二遍欣赏歌曲，将歌曲中的蔬菜补充完整。

（3）第三遍欣赏，出示歌曲中其他的图标。

师：歌曲里除了有蔬菜，还唱了什么呢？

3. 师生完整学唱歌曲，感受说唱的情趣。

师：这首歌和我们以前唱的歌曲有什么不一样的地方？哪些地方唱？哪些地方说？

4. 学习说唱部分，引导幼儿能按节奏进行说唱。

5. 分角色演唱。

师：这次请女孩子唱，男孩子说。第二遍交换角色再练习。

6. 自由表演：听伴奏幼儿边唱边自己加动作表演。

教学反思

一、课题来源

人们每天的生活都离不开蔬菜，蔬菜中含有许多其他食物无法替代的营养成分，蔬菜的选择往往影响着我们身体的健康与成长。随着家庭生活条件不断完善，所吃的食物也更丰富多样，不可否认，鸡、鸭、鱼、肉等荤菜对味蕾的诱惑远比蔬菜强烈得多。在《蔬菜朋友》这一主题里，力图从情感入手，调动幼儿内在的积极性和兴趣，让幼儿在看一看、闻一闻、做一做、尝一尝的亲自经历过程中，萌发喜欢品尝蔬菜的情感，让幼儿懂得蔬菜是帮助我们健康成长的好朋友。本周是进入主题的第一周，孩子对蔬菜的经验还处在初级的阶段，对常见的蔬菜比较熟悉，对较相似的蔬菜会混淆不清。说唱的形式孩子接触得不多，但是这种形式孩子们很喜欢。

原活动最后环节需要孩子进行创编，将其他的蔬菜名替换原有的蔬菜名，编进歌里唱，虽然形式比较好，但是对孩子来说，这一环节活动的内容太多了，既要熟悉旋律，要记住歌词，还要分清楚说和唱的部分，所以教师就进行了调整，先让孩子熟悉歌曲的歌词，等孩子对蔬菜有进一步的了解后，在日常的活动中可以进行活动的延伸，让幼儿进行创编，这样孩子的兴趣会更高，创编也会更容易。

二、研讨要点

1. 教师能够根据班级进行的主题活动来选择教材，而且也进行了相关的准备活动，根据班级幼儿的特点将原有的教材进行了修改，这样达到了更好的效果。

2. 为了完成教育目标，达到更好的教育效果，在活动中较多地注意了歌词间的联系，并能根据孩子当时的反应调整教案，凸显了随机教育的重要性。

3. 幼儿对歌曲的旋律还不够熟悉，在活动前让孩子初步熟悉歌曲旋律，如在平时游戏活动、餐前活动时播放歌曲，那么本次活动的效果会更好些。

4. 应考虑创编部分如何让幼儿更多地主动参与，那孩子掌握起来会更容易些。

4. 白菜奶奶过生日(综合)

一、活动目标

1. 能说出几种常见蔬菜的名称与外形特点，感受蔬菜品种的多样。
2. 会用各种废旧材料装扮蔬菜造型。

二、活动准备

1. 经验准备：幼儿参观了菜场，师幼共同收集了各种蔬菜。
2. 物质准备：拟人化的蔬菜，剪好的“五官”、“四肢”。

三、活动过程

1. 情景表演：“白菜奶奶过生日”。

(1) 师(出示“白菜奶奶”图片):我是白菜奶奶。今天,我特别高兴。因为今天是我的生日,我得去准备准备,一会儿我的孩子要为我庆祝生日!

(2) 师(出示辣椒一家来祝寿):祝白菜奶奶身体健康,生日快乐!

2. 请幼儿说说“我知道的蔬菜”。

(1) 师:还有谁会来呢?请你猜猜看。(教师说蔬菜谜语)

(2) 介绍自己带来的蔬菜,学会用一句话来说它的外形特征。如:细细长长的黄瓜;红红的西红柿;穿着紫衣的茄子等。

3. 打扮蔬菜。

(1) 师:你们带来的蔬菜想去参加白菜奶奶的生日会吗?那你们也来把它们打扮成蔬菜宝宝吧!

(2) 介绍材料。

师:这里有一些小朋友都认识的蔬菜,你可以用废旧纸来进行装饰。把这些蔬菜装饰成可爱的蔬菜娃娃。

(3) 幼儿选择蔬菜并进行装饰。

教师指导,提醒幼儿在剪蔬菜娃娃眼睛的时候可以将纸对折后剪,剪出两个一模一样的。

4. 交流分享。

说说自己打扮的是什么蔬菜宝宝,是怎样打扮的。

5. 为“白菜奶奶”庆祝生日。

(1) 带着自己的蔬菜宝宝,自我介绍一下,为白菜奶奶送上祝福。如:“我是黄瓜妹妹。祝白菜奶奶生日快乐!”

(2) 所有“蔬菜宝宝”在生日歌中为“白菜奶奶”庆祝生日。

教学反思

一、课题来源

本周是进入《蔬菜朋友》主题的第二周。老师带领幼儿去实践参观农贸市场,亲眼观察蔬菜家族的色彩斑斓、形态各异,并请幼儿自己用钱去买菜,让他们兴奋不已。在幼儿讲述参观见闻中,我们感受到幼儿非常喜欢关于蔬菜的活动。我们还进行了“蔬菜拼盘”比赛,让幼儿认识了芹菜,还用芹菜包饺子,品尝了蔬菜饺子的鲜美味道。在建构了这些经验基础后,开展了“蔬菜一家人”集体教学活动,带幼儿去发现蔬菜的世界原来是如此的丰富多彩,与自己的生活有着十分密切的关系,从而喜欢吃各种蔬菜。而设计的情景表演,是使原来平凡的蔬菜变得拟人化、可爱有情趣；增加了谜语环节，使幼儿建构蔬菜的典型特征；打扮蔬菜是为了让幼儿经历一个令他们兴奋、愉悦的情感体验。

二、研讨要点

1. 让中班幼儿知道常见蔬菜的丰富的品种，以人物化的形式、以过生日的情节引发幼儿参与的积极性。

2. 教师的准备比较充分，幼儿参与性强，在制作过程中体现了幼儿的创造性。在装扮蔬菜之前可以让幼儿自己去想一想，则更能体现出幼儿的创造性。如："这个做花衣服，那个做裙子"等。

3. 教师在活动中及时帮助幼儿分析：各种蔬菜都是有营养的，宝宝都要吃，养成不挑食的好习惯。

4. 老师在幼儿操作过程中要给予孩子更多的信任，让孩子主动参与打扮蔬菜。

5. 彩色牛奶(综合)

一、活动目标

1. 理解故事，感受故事中神奇的想象所带来的乐趣。
2. 能够说出常见蔬菜的名称和颜色，并能按颜色进行分类。
3. 能完整地回答问题，会用"什么颜色的什么蔬菜"进行描述。

二、活动准备

1. 经验准备：幼儿对蔬菜有一定的认识，知道名称和颜色。
2. 物质准备：故事图标；幼儿操作的蔬菜图片若干。

三、活动过程

1. 讨论引出故事。

师：我们都喝过牛奶。牛奶是什么颜色的？你们见过彩色的牛奶吗？有一个故事的名字叫《彩色牛奶》，我们一起来听听。

2. 欣赏故事，理解故事内容。

（1）分段讲述故事，感受故事中神奇的想象。

师：故事的名字叫什么？

师：小动物们喝了有颜色的牛奶发生了什么奇怪的事？

师：牛大叔带来的那头奶牛有什么神奇的地方？

(2) 出示图标，再次欣赏故事。

师：小动物为什么会变颜色呢？

师：小白兔给奶牛吃了什么颜色的什么蔬菜？

师：奶牛挤出了什么颜色的牛奶？

师：小白兔喝后变成了一只什么颜色的兔子？（那小黑猫、小花鹿和灰狐狸喝后变成了什么颜色？）

师：小动物们有了这神奇的奶牛后为什么特别高兴？小动物们还可以吃什么颜色的什么蔬菜变成一个新的自己呢？（幼儿充分想象）

(3) 师幼共同运用故事中的语句讲述故事。

师：我们一起来讲故事吧！要说清楚小动物给奶牛吃了什么颜色的什么蔬菜。

3. 将蔬菜按颜色进行分类。

师：奶牛除了吃青菜能挤出绿颜色的牛奶，吃什么蔬菜也会挤出绿颜色的牛奶呢？吃什么颜色的蔬菜能挤出黄色的牛奶呢？（调动幼儿对蔬菜颜色的回忆）

师：在你们的椅子下面有一张图片，请你们来摆一摆。（摆好后师幼共同检查）

4. 结束部分。

师：这个《彩色牛奶》的故事真神奇，奶牛还可能吃什么颜色的蔬菜，牛奶又会变成其他什么颜色，我们下次继续说。

四、活动延伸

将故事图标放置语言区，幼儿根据图标讲述故事，并尝试创编故事。

教学反思

一、课题来源

蔬菜是我们生活中必不可少的东西，但是现在孩子大多数喜欢吃荤菜，对于蔬菜则有些厌恶。在《蔬菜朋友》主题里，从情感入手，调动幼儿内在的积极性和兴趣，让幼儿在看一看、闻一闻、做一做、尝一尝的亲身经历中，萌发幼儿喜欢吃蔬菜的情感，懂得蔬菜是帮助我们健康成长的好朋友。《彩色牛奶》是一个充满幻想的故事，故事情节对于幼儿来说很神奇。

二、研讨要点

1. 运用图标对孩子学故事、理顺故事的内容是有很大帮助的，而且也便于孩子回答问题，感受故事内容并能积极补充别人没有讲到的情节。

2. 故事采用分段讲述的方法，在完整欣赏以后分段讲述利于孩子理解故事内容，最后加入蔬菜分类，让幼儿在分的时候用语言表达，是数学和语言领域的结合，也符合中班上学期孩子的学习特点。

3. 活动的第三环节，目的是让孩子巩固对蔬菜颜色的认识，感受很多种蔬菜可能有相同或相似的颜色。

4. 本节活动中教师和孩子的互动很好，而且最重要的是教师给了孩子自由想象的空间，让他们充分地进行讨论，发表自己的意见。

5. 在日常活动中教师还要更多地关注孩子语言表达的完整性。

6. 蔬菜色拉（综合）

一、活动目标

1. 能大胆用语言表述对常见蔬菜（芹菜、大白菜、西红柿等）的认识。

2. 能积极尝试用三原色中的两种颜色调配色拉，感知色拉颜色的变化。

3. 体验自选自拌自尝蔬菜色拉的快乐。

二、活动准备

1. 经验准备：认识多种蔬菜并喜欢吃蔬菜。

2. 物质准备：各种常见的蔬菜图片；红、黄、蓝三种颜色的色拉；碗，勺子人手一份；调查表；红、黄、蓝三色小圆点。

三、活动过程

1. 回忆去菜场的经历，引发幼儿的兴趣。

师：我们去参观菜场时，你见过哪些蔬菜？

2. 出示蔬菜图片，引导幼儿用完整的语言来描述蔬菜的特征。

师：今天我带了一些蔬菜朋友，看看它们是谁？是什么样子的？（出示芹菜、大白菜、西红柿等蔬菜让幼儿讲述）

3. 出示切好的蔬菜，请幼儿说说它的名称。

(1) 师:蔬菜朋友还会变身哦！你们知道它们是什么蔬菜吗?

(2) 师:多吃蔬菜对身体有什么好处?

小结:蔬菜对我们的身体健康是十分有益的,蔬菜可以炒着吃,凉拌着吃,还可以做蔬菜色拉呢!

4. 教师示范制作蔬菜色拉的方法及记录单。

(1) 师:今天我们要来做蔬菜色拉,老师给你们准备了几种切好的蔬菜和色拉酱。(介绍操作材料和各种颜色的色拉酱)

(2) 出示调查表。引导幼儿观察两种颜色混合后所变的颜色,学习记录。

师:每个小朋友都有一个小碗,请你选择一些蔬菜,用两种颜色的色拉去搅拌,看看它们会变成什么颜色。要记住自己用的是哪两种颜色,在表格中贴上那种颜色的小点子。

5. 幼儿操作,教师指导。

(1) 鼓励幼儿在选择蔬菜的时候学说一句话,如"我喜欢吃绿色的黄瓜。"

(2) 提醒幼儿加入适量的蔬菜和色拉。

(3) 用两种颜色的点子在记录表中记录自己使用的色拉颜色。

(4) 品尝自己制作的蔬菜色拉。

6. 邀请客人老师品尝蔬菜色拉。

四、活动延伸

生活区中幼儿可继续自制、品尝蔬菜沙拉。

教学反思

一、课题来源

在《蔬菜朋友》主题里,幼儿认识了一些常见的蔬菜,知道蔬菜、瓜果有着丰富的营养。从活动效果可以看出幼儿对蔬菜很感兴趣,我们进行过菜场参观,自己购买蔬菜、蔬菜拼盘、蔬菜品尝等一系列活动,让幼儿喜欢吃自己做的沙拉。这节活动的重点是让幼儿对蔬菜的多种吃法有新的了解,并且能大胆地用语言来表达对蔬菜的认识,大胆表现自己动手的能力。幼儿进入中班后,接触颜料的机会多了,让幼儿在自己操作的过程中去发现三原色两两相加后变成新颜色的秘密,渗透科学和美术的熏陶。

二、研讨要点

1. 活动前考虑到现在很多孩子只认识完整的蔬菜而对切开的蔬菜不太了解，所以将蔬菜切好让幼儿辨认，提高幼儿的认知水平。

2. 记录表的使用帮助幼儿对三原色有更多的了解，这张记录单对于中班幼儿还是有一定难度的，活动前教师已用一些游戏铺垫，如“鸡妈妈、鸡爸爸生出来的是谁”，让孩子用线将“鸡妈妈”、“鸡爸爸”和“鸡宝宝”连接起来，为当天的记录提供经验。

3. 幼儿对活动的形式很喜欢，在描述蔬菜特征时，大部分幼儿能用较清楚完整的语言来描述，能说出不同蔬菜的不同特征。

4. 最后环节自己动手制作蔬菜沙拉，是孩子最想做的事，当他们用两种不同色拉酱混合后看到蔬菜像变魔术一样，转眼间变成新的颜色，都很兴奋，吃得也特别香。个别平时不喜欢吃蔬菜的孩子也吃得津津有味，达到了培养幼儿喜欢吃蔬菜的目的。

5. 孩子的前期经验还不够丰富，对蔬菜了解不多，需要幼儿园和家庭更加重视，更多地配合。

7. 蔬菜造型(综合)

一、活动目标

1. 根据蔬菜的不同外形进行想象，合理搭配，创造出不同造型。
2. 大胆尝试利用一些辅助材料创作“蔬菜娃娃”和动物造型。
3. 能积极动手，在制作过程中体验蔬菜造型的乐趣。

二、活动准备

1. 经验准备：对常见的蔬菜有一定的认识。

2. 物质准备：蔬菜造型的图片；室内场景布置成“动物园”；老师制作好的蔬菜造型（如用花菜制作的“小羊”、用茄子制作的“企鹅”、用青菜制作的“小鱼”等）；多种废旧材料和辅助材料（卡纸、牙签、油泥、图钉、酸奶瓶、瓶盖、毛线等）。

三、活动过程

1. 情境导入：带幼儿参观“动物园”。

（1）师：今天我们去参观动物园，可动物园里缺什么呀？（动物）

（2）出示一个蔬菜制作的动物造型，引导幼儿观察蔬菜动物造型利用的材料和制作方法。

师：这里来了一只小动物，我们看看是用什么做的呀？

2. 欣赏图片中的蔬菜造型。

引导幼儿观察这些造型是用哪些蔬菜和废旧材料制作的（提醒幼儿先观察动物造型的身体结构，再观察眼睛鼻子嘴巴）。

3. 观察老师制作的蔬菜造型（花菜做的“小羊”、茄子做的“企鹅”等），引导幼儿了解应根据选择的蔬菜进行合理想象与搭配。

师：为什么选花菜做小羊？选茄子做企鹅？

4. 选择材料，进行制作。

（1）鼓励幼儿大胆想象、构思造型。

（2）介绍废旧材料和辅助材料的使用方法。

（3）幼儿自己选择蔬菜进行造型，注意指导幼儿如何合理地运用辅助材料，添加细小部分，使作品更有情趣。

5. 欣赏作品。

将幼儿的作品展在动物园，互相欣赏以获得创作的乐趣。

四、活动延伸

在美工区提供材料及蔬菜，引导幼儿继续制作，并布置“蔬菜动物展”。

教学反思

一、课题来源

进入《蔬菜朋友》这一主题的尾声时，孩子们了解蔬菜除了可以吃，有丰富的营养之外，还可以用来制作，让孩子用蔬菜进行创作和想象，动手制作出有趣的造型，巩固孩子在这一主题中对蔬菜的认知。

二、研讨要点

1. 秋天的蔬菜品种多，各具特点，设计本次活动可以激发幼儿的创造力。

2. 在材料提供中考虑到孩子的年龄特点，投放了很多幼儿身边最常见的废旧材料作为辅助材料，可以帮助幼儿完成造型。

3. 活动中幼儿大胆地尝试用多种蔬菜制作作品。

4. 在材料的提供上老师还应考虑得更加细致，比如考虑在这节活动中选用什么样的材料更适合。

5. 孩子更多是模仿图片上制作,没有太多自己的想法,教师的设问限制了孩子的发挥空间,因此作品大多是图片上已有的。

8. 装饰相框(综合)

一、活动目标

1. 学习按照物体图案、颜色进行双维度的间隔排列。
2. 会用蔬菜印章装饰自画像相框。
3. 在数学活动中体验双维度装饰的美感。

二、活动准备

1. 经验准备:会简单的间隔排列。
2. 物质准备:已经画好的自画像;海绵、盘子、蔬菜印章、抹布等。

三、活动过程

1. 幼儿自主寻找间隔排列的规律。

(1) 师:蔬菜不仅可以吃,还可以用来装饰。瞧,我今天带来的是用蔬菜印出边框的相框,猜猜这是用什么蔬菜印的?

小结:两种不同蔬菜印出的图案是按照一、二、一、二的规律进行间隔排列的。

(2) (再出示相框)师:这个相框里面还藏了什么秘密?

小结:两种不同的颜色是二二、二二间隔排列。

(3) 讨论:我们在装饰相框时在哪里进行装饰?是沿着自画像边缘还是相框的边缘装饰?

2. 介绍操作活动。

(1) 介绍材料。

(2) 介绍蔬菜印章和装饰相框的要求。

师:可以用不同形状、不同颜色的蔬菜印章进行间隔排列,先想好了选用的印章,就可以开始装饰相框了。

3. 幼儿操作。

(1) 幼儿自由选择不同的间隔排列方法,教师指导有困难的幼儿。

(2) 将装饰好的相框放在黑板上。

(3) 交流：你喜欢哪个相框？为什么？（重点欣赏不同的间隔排列方法）

小结：今天小朋友很动脑筋，用许多间隔的方法装饰相框，真漂亮。

4. 复习歌曲《买菜》，在歌声中结束活动。

教学反思

一、课题来源

本活动是根据中班孩子的数学认知特点（间隔）和操作能力，并结合主题《蔬菜朋友》进行设计的。在孩子们已经能够掌握一一间隔、一二间隔的排列方式的基础上进行复习巩固。我们发现孩子不但已经能够掌握，而且能类推出二三、三三、三四、四四间隔排列方式。在作画材料准备上，寻找了一些花纹比较明显的蔬菜做制作印章，同时也用了常见的萝卜进行一定的修饰，易于幼儿操作。在材料准备上，我们还考虑到本活动难点较多，适当减少了材料，每组只提供两种蔬菜、两种颜色，便于幼儿选择。在活动要求上提出用间隔排列的方法装饰、沿边缘装饰等数学要求。活动中除了要求颜色间隔，还要求形状间隔，是双维的排列方式。活动内容将数学与美术相结合，属于综合活动，让孩子装饰能力得到提高的同时，又巩固了他们对排列的认识。

二、研讨要点

1. 活动中孩子的积极性非常高，时间控制得很好，整个活动动静交替，自画像的效果也比较好。

2. 这次活动中体会最深的就是抓住了孩子的兴趣，从孩子熟悉的事物入手，是活动取得成功的关键。老师课前材料的准备也直接影响着活动中孩子的常规以及活动取得的效果。

3. 数学活动重在让幼儿发现数学中的规律，老师要进行及时的小结，提升幼儿认识，再提供机会，让幼儿创新规律。评价时应促使幼儿发挥主动性，让幼儿独自说出自己的想法。

9. 蚂蚁搬豆(体育)

一、活动目标

1. 学习躺下、坐起的传球动作，提高腹部和手部的力量。

2. 能小组或两人合作游戏，遵守体育活动的规则。

3. 积极参加情境游戏，体验运动的乐趣。

二、活动准备

1. 经验准备：观察过蚂蚁搬食物的场景，了解过蚂蚁的生活习性。

2. 物质准备："蚂蚁"贴画人手一份；布置好运豆子的场地；爬垫6块，与幼儿人数相等的小皮球；大垫子、小树、筐若干；背景音乐。

三、活动过程

1. 开始部分。

幼儿装扮成蚂蚁，教师带领幼儿进行预备活动。（热身运动，做头部、上肢、体转、体侧、踢腿、腹背等动作）

2. 练习垫上传球。

（1）寻找"豆子"。

师：秋天到了，小蚂蚁要准备过冬的食物啦。小蚂蚁都爱吃什么呀？今天妈妈在草丛里找到了一颗豆子（小圆皮球），请每只小蚂蚁都去找一颗豆子，然后放进自己家的筐里，最后回到白线上站好。

（2）新授游戏。

师：这么多的豆子，我们可以用什么办法把它们运回家呀？（请幼儿自由讨论）

师：妈妈今天想到了一个好方法，小蚂蚁可以一齐努力把豆子运回家。小蚂蚁头脚相连躺在垫子上，量好距离，大家都准备好后，最前面一只蚂蚁用手抱住豆（球）坐好，仰面躺下，双手举过头顶，运给后面的同伴，后面一只蚂蚁用手接过豆入筐，运好后就坐起来再接前面的豆子，直到把豆全部运完。

（3）教师示范运"豆子"的方法。

（4）集体运"豆"。

师：一组小蚂蚁找到小垫子，一个挨着一个躺下来。注意和前一个小蚂蚁空一点距离，小脚不要碰到下一只小蚂蚁的头，练习运豆。

3. "运豆"比赛。

师：这里还有许多豆子，现在就让我们分队比赛，比一比哪队蚂蚁宝宝运豆子的速度最快。（注意提醒幼儿遵守游戏规则，正确地运"豆"）

4. 结束部分。

（1）将身边的小豆子都送回家。

（2）放松活动。听音乐拍拍腿、拍拍胳膊等。

教学反思

一、课题来源

《秋天的悄悄话》主题活动中，从秋天的颜色、秋天的气味、有趣的活动等几方面入手，引导幼儿感知秋天的天气特征，探索大自然的奥秘，享受秋游的乐趣，与幼儿一起开展观察、种植、收集、捉秋虫及用自然物制作等活动，以扩展幼儿眼界，激发幼儿的求知欲，与幼儿一起进入秋的世界，记下秋天的"悄悄话"。现在是这一主题进入的第一周，也是"发现周"，在日常活动中我们会更多地引导孩子去观察秋天的明显特征。在孩子们一起外出散步时，孩子们特别喜欢观察地上爬来爬去的小虫子，结合主题活动中的"蚂蚁搬家"设计了此活动，增加了"找豆、运豆"环节，让幼儿练习躺下、坐起运球，发展腹肌力量以及同伴间协作游戏意识与能力的培养。

二、研讨要点

1. 孩子们对这种新的传球方法十分感兴趣，能积极参与活动。

2. 活动中孩子的规则意识很强，老师在活动中交代得也很清楚。

3. 每一位孩子都很投入，孩子间的相互配合很好。

4. 课题的选择对中班的孩子来说有点简单，游戏的情境性不够。"蚂蚁贴画"的运用显得有些多余，会影响到幼儿的活动，采用胸前贴饰会让孩子在活动中更加方便。

10. 秋天的树林(美术:水粉画)

一、活动目标

1. 尝试选用水粉点画、滴染画或拓印画的方式表现秋天树林的美。

2. 大胆选择2～3种颜色来表现秋天树林的色彩。

二、活动准备

1. 经验准备:幼儿观察过秋天的树木，用油画棒画过秋天的树林，捡拾过落叶。

2. 物质准备:红、黄、绿、橘黄颜料;秋天的图片;排笔、颜料盘、抹布、小桶、浴球;画好树林轮廓的背景。

三、活动过程

1. 欣赏秋季树木的图片，感受秋天树林的多彩。

(1) 师：这儿有几张大树的图片，猜猜是什么季节的？你是从哪里看出是秋天的？

(2) 师：你喜欢这些图片吗？喜欢什么？（重点是对森林色彩的感受）

2. 讨论几种作画的方法。

(1) 师：秋天的树林颜色最多，我们可以用什么方法来表现秋天的树林呢？（幼儿自由讲述）

(2) 介绍材料，讨论制作方法。

- 排笔点画：重点指导幼儿用排笔蘸上颜料用力点，感受颜色重叠的美。
- 水彩滴画：重点指导幼儿用小勺舀水彩滴染在纸上。
- 浴球印画：用浴球蘸上颜料在纸上拓印。

3. 明确作画的要求。

介绍各个做画区域的不同材料，知道保护自己和别人作品的美观。

4. 幼儿操作，教师巡回指导。

提醒幼儿自己选择材料，找空的位置作画，大胆使用颜料，并将颜色重叠印画。

5. 欣赏评价作品。

请幼儿介绍自己画秋天树林的方法，重点感受两色蕴色表现秋天树林的美。

教学反思

一、课题来源

这段时间我们进入了《秋天的悄悄话》主题活动，通过观察身边的景象以及秋游活动，幼儿发现秋天是多彩的，树叶有黄的、绿的、红的……树上结满了各种颜色的果实。幼儿对秋天的颜色非常的敏感，并主动寻找，有的幼儿寻找到同一棵树上，有两种或三种颜色的树叶或花。晨间和区域活动中用涂色、粘贴让幼儿来表现秋天的美景。此活动可以让幼儿用多种颜色重叠作画，进一步感受秋天色彩的多彩融合。

二、研讨要点

1. 活动设计结合秋天的季节特点，通过活动不仅让幼儿感受秋天颜色的多彩，而且可以大胆地表现。

2. 幼儿非常喜欢此活动形式，但因为形式较多，有排笔点画、水彩滴画、浴球印画，幼儿玩了一种后去换另外一种时，走动的过程不仅需要较多时间，不小心还会碰到别人，破坏作品。这里需要考虑到桌椅和场景的布置，减少幼儿作画时的走动。

3. 由于色彩欣赏环节薄弱了点，孩子们操作中过多注重玩色，使得画面变得很脏，如在红色中加入黄色和绿色等。秋天的色彩反而不是很明显。教师要注意每桌提供的颜料色彩要搭配好，这样画面效果才会更好。

11. 万圣节奇异帽(美术:手工制作)

一、活动目标

1. 大胆运用报纸卷成帽顶，进行粘贴组装成奇异帽。

2. 能够自己选择合适的装饰物(如面具、魔法棒等)进行装饰。

3. 感受万圣节的节日气氛。

二、活动准备

1. 经验准备：幼儿对万圣节的由来、风俗、穿着打扮已有初步的了解。

2. 物质准备：帽檐、帽顶、纸球、油画棒、玩具、颜料、胶；扫把、魔法棒、面具、披风。

三、活动过程

1. 通过万圣节谈话活动，引发幼儿制作兴趣。

(1) 师：你们知道10月31号是什么节日啊？万圣节是什么样的节日？人们怎样过万圣节的？

(2) 师：人们过万圣节的时候，每个人都要进行装扮，装扮时头上会戴什么？(帽子)

(3) 请幼儿猜想帽子的样子。

师：万圣节的帽子是什么样子的？

2. 欣赏万圣节帽子的图片。

(1) 共同观察万圣节帽子的外形特征。

师：万圣节的帽子与你们想的一样吗？什么样子？上面还有什么图案？

小结：万圣节帽子尖尖的、高高的，上面有南瓜、蝙蝠、黑猫、蜘蛛网等图案，是由多个图案组成的。蜘蛛网很大，把帽顶铺得满满的。

(2) 共同讨论如何用准备的材料做出帽子。

师:帽子用什么来做呢?扇形的纸怎么做成帽顶?哪个可以做成帽檐?帽顶做好了怎么把帽檐粘上去?

(3) 进一步明确制作方法与步骤。

● 把扇形纸有双面胶的一边对着自己,撕下双面胶,扇形纸这边的"星星"(粘贴标记)找对边的"星星",边对边粘贴,做成帽顶。

● 把"帽檐"放腿上(有即时贴的一面朝上),把双面胶撕掉。将帽顶尖尖角朝下放入"帽檐"洞里,刚好能卡住的时候把穗穗边(粘贴部分)粘到双面胶上,做成帽子。

● 在做好的帽子上,用印章、粘贴、绘画等方法印、画出各种各样的图案,让帽子看起来更漂亮。

4. 幼儿操作。

(1) 自由选择材料进行制作,摆弄出特色的帽顶,选择合适的印章装饰帽子。

(2) 教师巡回指导幼儿的创作。

5. 展示幼儿作品。

(1) 请做好的小朋友戴上自制的万圣节奇异帽,然后去选择合适的万圣节道具继续装扮自己。

(2) 听着音乐与同伴共同舞蹈。

教学反思

一、课题来源

孩子们对第一次接触到的万圣节非常好奇,非常喜欢这个梦幻式的节日。在活动前,孩子对万圣节的由来、习俗等都有一定的了解。我们一起进行了做面具、玩"飞行扫把"、刻南瓜灯等活动,孩子们对亲手做玩具充满兴趣,很想自己尝试做一顶帽子。

二、研讨要点

1. 将幼儿制作的作品运用到角色活动中,使幼儿对万圣节有更深刻的体验。可以把制作帽子难度加深(如:帽檐的形状、帽子的装饰及帽子的组装),投放到区域活动当中去。

2. 幼儿对与万圣节相关的活动很感兴趣,在制作时都能按一定的方法去制作。

3. 不断运用各种物品打扮自己，使自己的装扮更贴近万圣节节日的需要。

4. 配饰可以再多投放一些(如服装、道具等)，幼儿装扮就更加形象了。

12. 树的装饰画(美术:泥塑)

一、活动目标

1. 认识树的基本形态，能通过面团制作表现出树的基本特征。

2. 尝试大胆运用水粉颜料作画，体验装饰画的美。

二、活动准备

1. 经验准备：绘画过大树。

2. 物质准备：制作视频，面团若干，卡纸、抹布、排笔、水粉颜料等。

三、活动过程

1. 引出话题。

师：我们来看看，这是什么？你在哪里见过大树的？大树上都有什么？(幼儿自由讲述)

2. 介绍作品，引起幼儿兴趣。

(1) 师：我也带来了一棵"树"，漂亮吗？这是一幅《树的装饰画》。

(2) 师：这棵树有哪几部分组成？它们分别有哪些特点？《树的装饰画》是怎么完成的呢？我们一起来看一看！(观看视频)

3. 教师示范介绍制作方法，请幼儿演示。

师：树快画好了，再给树枝上做点漂亮的装饰吧！

4. 介绍作画要求及注意事项。

师：在使用面团时如果觉得黏手，可以蘸点面粉在手上。将面团按在卡纸上，这样上颜料时，面团就不容易移动了。

5. 幼儿操作，教师指导。

(1) 指导幼儿使用面团的方法。

(2) 提醒幼儿用面团制作完成后再刷上颜料，注意色彩搭配。

6. 评价作品。

师：我们的大树完成了，漂亮吗？你觉得哪棵树最漂亮？

四、活动延伸

在区域活动中以小刷子代替排笔，指导幼儿进行平涂活动。

教学反思

一、课题来源

幼儿在散步的时候，会注意到幼儿园里、小区内的树木，通过观察、了解了树的基本特征。随着生活范围的不断扩大，接触到的活动越来越多，对装饰画也开始有了了解，由此设计了本活动。

二、研讨要点

1. 幼儿通过使用面团、水粉平涂、添加装饰物等方式制作出了装饰画，使得画面十分丰富，能体会到制作活动的快乐。

2. 幼儿对水粉涂色能力还较有限，不太能运用水粉正确地涂匀面团表面，幼儿制作的大树也不够丰富，还应多加强欣赏环节，让幼儿能“有物可画”。平时还应加强水粉作画活动，让幼儿多看多用，才能画得出漂亮的作品来。

13. 我学大师画格子(美术欣赏)

一、活动目标

1. 欣赏蒙德里安的代表画作《红、黄、蓝的构成》，观察线条和色块，领略格子画的美。

2. 借鉴大师的格子画风格，大胆使用黑色的即时贴线条以及红、黄、蓝三色的色块，装饰生活物品。

二、活动准备

1. 经验准备：观察过格子装饰的物品，了解色彩，知道三原色。

2. 物质准备：红黄蓝三色、大小形状不一的即时贴若干，1 厘米宽、20～30 厘米黑色长条的即时贴若干；白色或淡色 T 恤衫、提包、鞋子等若干；课件制作、轻音乐和动感音乐。

三、活动过程

1. 欣赏作品。

(1) 欣赏蒙德里安的《红、黄、蓝的构成》,引导幼儿观察画中的线条和色块。

师:今天老师带来了几幅用格子画成的特别的图画。请你仔细看一看,你看到了什么?(红颜色、黄颜色和蓝颜色的格子)

(2) 师:有什么形状的格子?(长方形和正方形)这些有大有小有颜色的格子叫做“色块”。

2. 出示第二幅画作《轮廓构成》(这幅画以黑色线条为主,点缀了几个彩色格子),引导幼儿观察其中的线条。

(1) 师:你在这幅图中,发现有什么?(黑线)与前面的画相比,有什么不一样?

师:有许多的黑线,有横线条,有竖线条,色块有大有小。

(2) 出示第三幅画《构图 C》,引导幼儿观察其中的色块。

师:这幅画和前面两幅相比,又有什么不一样?(有很多颜色,色块的排列不整齐)像什么?

师:红色的色块让你想到什么?黄色的呢?蓝色的呢?

总结:这三幅画都是荷兰的一位大画家蒙德里安的作品,这三幅画都用颜色表现格子的多彩、神秘。红色让人感到热情,黄色温暖,蓝色平静深远,能让我们联想到各种不同的事物,真神奇!

3. 了解蒙德里安画风的应用,师幼共同探索制作方法。

(1) 引导幼儿回想生活中用格子装饰的物件。

师:人们都很喜欢蒙德里安的画,喜欢格子的大方可爱,还把这些格子用到了生活中的各个地方。在生活中你们见过用格子装饰的物品吗?

(2) 播放课件制作(主要以帽子、衣服、裙子、鞋子、皮包、床单为主)。引导幼儿了解实用美术作品的价值,激发幼儿创作的兴趣。

师:(看完课件后)格子装饰在哪些物品上了?你喜欢吗?

(3) 幼儿示范。

师:人们把蒙德里安格子变成自己喜欢的样子,装饰在衣服、提包、鞋和其他地方,你们想自己试试吗?现在请小小设计师来设计自己喜爱的格子衣服、格子提包吧。

4. 幼儿操作(装饰 T 恤衫、鞋子、提包等),教师巡回指导。

师:小朋友可以单独做,也可以两人合作。

5. 播放动感音乐,组织作品秀,展示幼儿作品。

师:小朋友都像大师蒙德里安一样用格子和线条来装饰了那么多漂亮的物品,有的用简单的色块点缀,很漂亮!有的线条很多,还有的是用很多色块不规律的排列,也很漂亮!今天我们就来秀秀自己的作品吧!(请幼儿

上台走秀,展示自己装饰的T恤衫、鞋子、包包)

教学反思

一、课题来源

本活动是“创意彩条”活动的延续。格子是时下的流行元素之一,生活中最常见到的一种装饰。冬天到了,幼儿带来了鲜艳的格纹手套,穿了格子元素的棉袄,还有幼儿带来的魔方,小格子更是孩子们近期关注的事物。格子的表现形式有很多种,蒙德里安的格子画简单、大气、色彩鲜艳,适合幼儿欣赏与模仿。于是就有了这节活动。首先将孩子带进大师作品当中,让孩子了解蒙德里安格子画的特点。活动重点放在引导幼儿在设计时尝试多种方法。运用即时贴作画方法比较适合中班水平,帮助孩子们更好地表现作品风格。孩子对模仿大师的活动很感兴趣,而且用“秀一秀”的形式展示作品,让孩子获得更多的快乐。

二、研讨要点

1. 粘贴活动在区域游戏中深受幼儿的喜爱,要给孩子想象的空间,充分激发他们的创作欲望,此活动可以满足孩子们的愿望。

2. 通过引导幼儿观察欣赏蒙德里安的格子画,让幼儿体验格子画的美,通过课件让幼儿了解生活中各种各样的格子,幼儿的创作欲望被大大激发起来了。

3. 提供T恤衫、提包、鞋及红、黄、蓝各种形状大小不一的色块即时贴、黑色线条等让幼儿自由选择创作。丰富的材料,激发了幼儿操作的兴趣,幼儿能根据自己的喜好选择材料,又可以照顾到个别差异,让幼儿自由地发挥想象进行创作活动,达到意想不到的效果。

4. 幼儿在创作中全身心地投入,展示时都洋溢着成功的喜悦。

5. 个别孩子在欣赏活动中对色彩和构图的理解不够。今后的艺术活动中还应多开展“与大师同行”之类的欣赏课程,让幼儿感受不同风格的大师作品,提高幼儿对艺术的欣赏能力和感受美、表现美的技能。

14. 小小建筑师(综合)

一、活动目标

1. 学习根据材料单,选用三角形、正方形、长方形、梯形等图形拼贴不同结构的房屋。

2. 探索图形的翻转、旋转，以满足拼贴的需要。

二、活动准备

1. 经验准备：幼儿已经认识了三角形、长方形和正方形，复习巩固了梯形。

2. 物质准备：三角形、正方形、长方形、梯形等四种图形的图片（有大有小，可按大小标记选择）；胶棒、房子图纸等。

三、活动过程

1. 导入活动，引起幼儿兴趣。

师：大家好，我是美羊羊，今天想请小朋友们来当小小建筑师，帮我们羊村盖房子，你们愿意吗？

2. 出示图示，提出造房子的要求。

（1）师：观察标记图，了解材料的形状与数量。

师：美羊羊想用这些材料来造房子，我们一起来看看。

（2）请个别幼儿按材料单的提示找出图形，并进行拼贴示范。

3. 幼儿操作。

（1）明确要求：按材料单的提示找出合适的图形，注意大小标记。

介绍记录单，记录用了什么图形，提醒幼儿及时用自己的方法记录下来。

（2）幼儿选择材料单进行操作，教师注意观察幼儿如何根据操作单的提示进行操作。

4. 活动评价。

（1）鼓励积极帮羊村盖房子的幼儿，检验幼儿的记录表。

（2）选择同样的材料单用不同的拼法造房子，让幼儿感知图形的变通。

师：美羊羊看到小朋友们帮羊村盖了这么多漂亮的房屋，非常感谢大家！

教学反思

一、课题来源

进入主题“好邻居”后，我们带幼儿走出幼儿园，走向社区，在参观、访问、调查、游戏等一系列有趣的活动中，积极地运用感官去感知周围的世界，了解和熟悉幼儿园周围社区及社区人们和我们的关系，逐步帮助幼儿了解、尊重成人的劳动，建立爱护劳动成果的情感和态度，从小知道关心身边需要帮助的人。为了让孩子能主动参与活动，利用当下孩子最熟悉的动画片人物角色，让孩子能主动参与到“帮助羊村盖房子”的活动中来，自然感知图形之间的相互关系。

二、研讨要点

1. 数学活动的系统性强，需要几个连续活动，不断提升幼儿的认知、情感、能力等多方面的发展层次。

2. 用儿童熟悉、喜爱的动画片形象引发幼儿活动积极性的方式较好。

3. 操作单上的图形是有标记的，如：颜色、大小、形状，要让幼儿在操作前明确要求。

4. 在材料提供上使用卡纸比较浪费，可购买幼儿操作用的磁性板。

15. 我来设计宣传海报(综合)

一、活动目标

1. 了解广告画的制作特征，尝试用剪贴组画的方法设计广告宣传画。
2. 能用完整的语言讲述自己设计的广告词。
3. 感受广告画给人们生活带来的方便。

二、活动准备

1. 经验准备：参观超市，观察海报；幼儿事先关注过广告(电视广告、广告宣传画等)，编好的广告词(角色游戏中孩子为了推销自己的产品，和爸爸妈妈共同创编的)。

2. 物质准备：广告宣传画及PPT、各种纸张、剪刀、糨糊。

三、活动过程

1. 欣赏超市宣传海报。

(1) 出示参观超市的照片，帮助回忆参观细节，引发幼儿兴趣。

师：一进超市大门的时候我们被什么吸引住了。(海报)

(2) 播放超市产品的宣传海报PPT。

师：你看到了哪些广告画？最喜欢哪几幅？为什么？

师：看了这些广告画有什么感觉？(从色彩和构图的角度谈谈)

师：广告画上除了有画面还有什么？

总结：这些广告画都是设计师设计的，他们根据自己所要设计的产品的特点进行创造设计，每一幅画的背景和颜色搭配得都很清楚，还配有宣传产品用的文字。

2. 欣赏马蒂斯的剪纸作品。

(1) 师:这是一幅大画家马蒂斯的作品,美吗? 什么地方美?

(2) 这幅广告画是用什么方法制作的?(用剪纸的方法)

3. 小设计师向大家介绍自己将要推销的产品。

师:我知道你们这几天都在做小设计师,你们今天都带来了自己喜欢的产品广告,谁来向大家介绍一下? 要说出你准备的广告词哦。

4. 根据自己的喜好,想象设计广告画。

(1) 建议幼儿可以画、可以剪贴,要把自己设计的产品表现出来。

(2) 选用多种颜色搭配,搭配合理;画面设计好再把自己的广告词贴进去。

(3) 鼓励幼儿大胆动手制作,注意良好的操作习惯。(正确使用各种材料,把用过的材料收拾好等)

5. 将设计师的宣传单张贴在游戏环境中。

幼儿轮流向大家介绍自己的海报并朗诵广告词。

教学反思

一、课题来源

在“好邻居”主题活动中开展了“超市游戏”,孩子们从家里带来各种各样的商品包装盒,游戏刚开始时,孩子更多地忙于分类摆放各种物品,渐渐地,随着幼儿游戏水平的不断提升,他们已经不满足于摆放,他们觉得要用好听的声音来招揽顾客,还有的孩子说我们可以画图做广告,让别人一看就知道超市里有什么。这是一个很好的想法,但是孩子目前现有的经验还不够,没有画过海报,在和孩子讨论后决定我们一起去超市欣赏商品海报,所以生成了这节有趣的活动。

二、研讨要点

1. 对于中班孩子来说,抽象画比较适合他们,在欣赏超市海报后又欣赏了马蒂斯的作品,让孩子充分感受作品的特点,为孩子大胆的想象、制作海报起了关键性作用。

2. 在自己制作的过程中,有的孩子将剪和画很好地融合到一起,搭配得很恰当。有的孩子用剪的方法,然后拼贴在一起表现某种商品,最后呈现的效果都不错。

3. 最后环节,孩子用一句广告词来介绍自己的商品,由于有前期经验准备,孩子们说得非常好,给孩子提供了语言表达的机会。在看到自己设计的宣传海报悬挂在游戏的区域中时,孩子不由自主地欢呼起来,这次活动是适合中班孩子的。

4. 幼儿对马蒂斯的作品理解得不够，在讨论大师的作品时，老师说得多，孩子听得多。应该让幼儿更好地观察。

5. 在孩子操作的过程中，老师会有语言的提醒，这样会干扰孩子的思维。

16. 统计物品数量(综合)

一、活动目标

1. 能用自创的符号或数字表示10以内物品的相应数量。

2. 学习使用调查表进行记录。

二、活动准备

1. 经验准备：幼儿已经学会儿歌《小兔子开铺子》。

2. 物质准备：调查表、笔每人一份，大调查表一份，商品图标、磁铁若干；茶杯6个、笔5支、书7本、毛巾8条、刺猬球9个、勺子10把、剪刀3把等(作为"商品")。

三、活动过程

1. 复习儿歌《小兔子开铺子》。

师：前不久我们学了一首《小兔子开铺子》的儿歌，我们来念一念。

2. 统计物品数量。

(1) 观察物品的种类。

师(出示用高低架放的货物)：小兔子铺子里的东西都卖完了，又进了一批货，看看有什么？

(2) 出示调查表。

师：小兔子铺子里的东西可真多，这里有一张调查表，我们来帮助小兔子统计一下。

师：小兔子进了哪些货？(教师根据幼儿说的内容出示图标)你们有什么好办法让小兔子知道每种货的数量有多少？(幼儿自己想记录的办法)

3. 幼儿操作。

(1) 介绍操作的要求。每人一张小的调查表，看谁统计得又多又准确。

(2) 幼儿进行统计，教师观察幼儿是如何点数物品、记录数量的。

4. 将铺子的物品进行登记。

(1) 根据幼儿的记录单结果，将数量统计在大的记录表中。

(2) 师：小兔子有了小朋友们统计的这张大调查表，就知道什么东西是多少了。

5. 帮助小兔子整理货架。

请幼儿把进的货按照文具、玩具、生活用品等分类摆放。

师：有了你们的帮助，小兔子的铺子明天又可以开张了！

四、活动延伸

在角色游戏中增加"超市理货员"的角色，让幼儿复习按数分类。

教学反思

一、课题来源

对于中班的幼儿来说，统计物品数量他们并不是很理解。在日常生活中，只是用小手指去一一点数生活中的物品，如家里有几个苹果，来了几位客人等，而用笔记录的形式在日常生活中是很少的。进入《数字乐园》主题活动中，请幼儿帮助小兔子点数铺子里的物品，大胆尝试用自己的方式来记录，为幼儿提供了感知数、理解数的机会。

二、研讨要点

1. 在活动设计中加入了复习儿歌《小兔子开铺子》教学环节，以儿歌导入更形象，更能吸引幼儿的兴趣。

2. 让幼儿有时间记忆物品，图标很好地发挥了作用，让幼儿感知数学就在自己的生活中。

3. 统计的物品是幼儿生活中熟悉的剪刀、盘子、勺子、书等日常日品，幼儿有积极性。

4. 在幼儿出现统计错误时，让幼儿自己点数发现错误这一做法很好，如果把物品平铺，集体一起来点数物品，会更好地发挥同伴间互动的作用。

17. Bling Bling 圣诞树(美术:创意画)

一、活动目标

1. 尝试用挤压颜料的方法画出圣诞树的树型特征。

2. 能结合生活经验大胆使用不同材料装饰圣诞树。

3. 欣赏自己创作的圣诞树，感受圣诞节来临的快乐。

二、活动准备

1. 经验准备：幼儿观察圣诞树，听过关于圣诞节的故事，会唱圣诞歌曲。

2. 物质准备：圣诞歌曲；范画一幅，圣诞树图片；护衣；卡纸底板，装有绿色颜料的挤压瓶人手一份，喷雾瓶，蝴蝶结、糖果、彩珠若干，树干若干，小碗若干。

三、活动过程

1. 谈话导入活动，引起幼儿兴趣。

(1) 幼儿听圣诞歌曲进场。

师：刚刚听到的这首歌曲告诉我们什么节日就要到啦？（圣诞节）你们开心吗？

(2) 出示圣诞树图片，引导幼儿观察。

师：圣诞节快要到了，幼儿园里摆放了许多圣诞树，它看上去像什么形状？

师：树上还有些什么？（有糖果、蝴蝶结、礼物、礼物盒等）

小结：圣诞树像……上面挂满很多礼物，看起来 bling　bling 的真漂亮。

2. 出示范画，引起幼儿作画的兴趣。

(1) 观察范画的特征和绘画的方法。

师：这棵圣诞树是怎样画出来的呢？

(2) 教师演示用“挤压瓶”挤出颜料、边挤边画的作画方法。

师：今天我带来了一个神奇的瓶子，用这个瓶子可以怎么画圣诞树？

师(边示范边介绍)：挤压瓶子，来回地画，颜料靠得很紧才好看。最后留一点空隙安上树干，树干与树冠要靠靠紧，树就画好了。

(3) 介绍装饰材料。

师：圣诞树画好后还缺了些什么？怎样让它变得更好看？可以用什么来装饰呢？

小结：贴上树干和蝴蝶结，还可以用小碗到旁边的材料区取自己喜欢的材料装饰圣诞树。

3. 幼儿操作，教师观察操作情况，适时给予指导。

师：我们也来画自己喜欢的圣诞树吧。

师(适时提醒)：画好以后记得拿小碗里的小糖果、小礼物盒来装饰圣诞树，还可以在树上、树旁加些雪花。

4. 请幼儿互相欣赏作品，介绍自己画的圣诞树。

共同欣赏色彩鲜明、线条清晰、想象力丰富的作品。

师幼一起围着圣诞树唱圣诞歌曲。

教学反思

一、课题来源

圣诞节就要到了，孩子们都会在商店的门口、幼儿园中看到很多圣诞节的装饰，其中圣诞树是最常见的，圣诞树上挂着的小小饰物吸引着他们的眼球，让他们在圣诞树前流连忘返……孩子们喜爱圣诞节，更是对一棵棵别致的圣诞树感兴趣，为了让孩子们能亲密接触圣诞树，教师设计了这样一节美术活动。这节活动是用“挤压瓶”挤出颜料、边挤边画的方法来作画，表现圣诞树呈三角形的外型特征，再用精细的小小装饰物来点缀圣诞树。作品利用平时装酱的奶油瓶做工具，突破了以往的绘画方法，不但让幼儿自由地挥动手臂绘画，而且让他们自由发挥想象设计自己喜欢的圣诞树。

二、研讨要点

1. 使用奶油瓶的技法需要多尝试多练习。幼儿对于奶油瓶的使用可以在平时多练习、熟悉。活动后也可将此种操作方法在美术区域中沿用。

2. 示范时教师应注意范画的方位。活动最终的效果不错，但是在教师讲解示范时，为了能让在座的孩子能看出圣诞树是从上往下画的，忽略了示范的角度，让示范的孩子动作颠倒了，及时的调整有效地避免了给孩子造成误导。

3. 设计活动环节的时候，在追求好的活动效果的同时，内容还应层层递进，从一个点发散到一个面去讲解，让孩子从易到难地学习。教师的语言一定要精炼。在材料的准备上，虽较充分，但还不够充足，颜料还需多准备一些，才能让孩子们更加大胆地去绘画，作品的效果一定会更好。

18. 我的身上也有数(综合)

一、活动目标

1. 寻找、发现自己身上蕴含的数量，并用相应的方法进行记录。

2. 学习运用从上到下、从外到里、从左到右，一样一样地点数的方法进行计数。

二、活动准备

1. 经验准备：认识数字1～10。

2. 物质准备：小调查表（每人一份）、大调查表一份、水彩笔、青蛙图片。

三、活动过程

1. 游戏："数青蛙"。

（1）师：（出示青蛙图片）看，今天谁来了？

（2）玩游戏，要求幼儿边说边出示对应的手指数量，速度由慢到快。

师：我们来玩"数青蛙"的游戏：一只青蛙一张嘴，两只眼睛……

师：原来小青蛙的身上藏了许多的数，一只青蛙有几张嘴？（与幼儿进行问答活动，引导幼儿体验青蛙身上蕴含的数）

2. 引导幼儿寻找自己身上的数。

（1）师：刚才我们数了小青蛙的××有几个，现在我们来数数我们自己身上的数，我们有1个鼻子，2只眼睛……

（2）师：我们除了可以数我们的五官，还可以数我们身上的什么呢？（衣服、纽扣、鞋子等）

重点引导幼儿学习数的方法。（从上到下，从外到里，一个一个的点数等，头发、牙齿太多，数不过来，可以用许多来表示）

3. 出示调查表"数数我自己"。

师：这里有一份调查表，可以把想要数的东西先画在上面，下面记录它的数量。

师：你可以用什么符号来表示数量？（认识"？"）

4. 幼儿操作，用简笔画和各种符号进行记录，教师观察幼儿的操作（数的方法、数的物体与数量等）。

5. 集体交流调查表。

（1）请几名幼儿说一说自己的调查结果。

师：每个小朋友的身上到底有什么？有几个呢？

（2）共同找出调查过程中相同数量的物体。

师：我们比一比调查结果，找出相同数量的东西，如：眼睛、鼻子；找出不同数量的东西，如：纽扣、口袋等。

教学反思

一、课题来源

在前阶段的数学活动中，孩子认识了1～10数字，学习了点数配对。

我们的生活离不开数字：电话号码、货物价格、门牌号码……其实在我们的身上也蕴含着数字：一个鼻子、两只眼睛、三个扣子、四个口袋、五个手指……于是设计了这个数学活动，引导幼儿通过数数五官、衣服、手指、鞋子等，感知数量，了解数字与数量的对应关系，体验学习数学的乐趣。

二、研讨要点

1. 活动很能引发幼儿学习数学的兴趣，发现自己的身上蕴含着许多数。

2. 发现活动的第二个环节很重要，首先通过寻找、发现自己身上蕴含的数量，并用相应的方法进行记录，幼儿能够积极地报数，用自己的方法记录。

3. 能注意让幼儿学习数数的方法，如：从上到下，从外到里，从左到右，一样一样地数，才能数得清楚。

4. 新加入了“数青蛙”的游戏，从游戏入手，不断地加快节奏，更能激起幼儿对教学和数字的兴趣。

5. 整个活动环节很清晰，幼儿与教师的互动较好。

6. 在活动中老师需要考虑：怎样更加激发幼儿参与的积极性；体验活动的自主性，如：符号记录的形式或方法等。

19. 数字变变变(美术：创意画)

一、活动目标

1. 能大胆地根据数字的特征进行想象添画。

2. 感受数字添画活动带来的快乐。

二、活动准备

1. 经验准备：玩过“数字像什么”的游戏，已经学过《数字歌》。

2. 物质准备：打印好的 1～10 数字、水彩笔。

三、活动过程

1. 巩固 1～10 的数序。

出示 1～10 的序卡，幼儿认读，复习《数字歌》。

2. 引发幼儿想象、添画数字。

（1）出示范例。

师：有个魔法师把数字变成了一幅画，我们一起来看一看。这幅画中藏着什么数字呢？（引导幼儿讨论添画的方法）

（2）介绍材料。

师：请大家把椅子下的数字朋友请出来，看一看是什么数字。你想把它变成什么？和你的好朋友说一说。（请个别幼儿说一说自己的想法）

3. 幼儿操作，教师指导。

指导帮助个别添画有困难的幼儿。

4. 共同欣赏添画作品。

师：这些有趣的画都是数字儿变出来的？他是怎么变的？

教学反思

一、课题来源

在《数字乐园》这一主题中，我们从幼儿的认知出发，和孩子一同去社区找数字，如：门牌号、邮编、电话号码、营业时间、24小时服务的标志牌等，孩子都很感兴趣。接着，做数字，用数字，让孩子感受到数字与我们生活中的关系，将符号化、抽象化的数字转变为孩子可理解的、可操作的游戏，使他们在游戏中了解数字的作用，体验数字带来的方便，发现数字功能的多样化。

二、研讨要点

1. 这是一节以美术为主的综合活动，目标的定位是让孩子创作想象（给数字添画）。幼儿的前期经验，即对数字形象的基本认识，为这节课做了很好的铺垫。

2. 针对范例中有些较难的数字，提问可以增加：除了儿歌里的“2”像鸭子水上飘，“2”还像什么呢？（启发幼儿想象）

3. 在材料准备上，打印数字时应选用最适合孩子的字体，减少对孩子的视觉干扰。

4. 给孩子添画的数字有些过于简单，可以找一些有难度的数字（如6、7、9等），增加幼儿想象空间。

5. 本节活动的难点在于把一个数字添画成另外一个形象，添画需要孩子的想象，具有一定挑战性。

20. 我来买糖果(综合)

一、活动目标

1. 能区别1元、5角、1角硬币并能用硬币一一对应买糖果。

2. 能用“我用××钱买了××糖果”这样的语言讲述活动关键步骤。

二、活动准备

1. 经验准备:幼儿在角色游戏时已有买卖经验。

2. 物质准备:1元、5角、1角的硬币人手一份;三种糖果;实物投影;“糖果店”场景;小熊手偶、储蓄罐等。

三、活动过程

1. 情境导入。

(1) 师:小朋友们,你们好！我是糖果店的老板,今天我的糖果店开张啦！欢迎你们！

(2) 介绍糖果店里三种价格的糖果。

师:这些糖果是要用钱买的哦。要用多少钱来买呢？我们一起来看看。

2. 出示PPT,认识1元、5角、1角硬币。

(1) 师:我们一起来看一看1元钱是什么样子的？正面有什么？反面有什么？是什么颜色的？

(2) 认识5角、1角硬币。

(3) 将三种硬币放在一起进行比较。

师:它们一样吗？哪里不一样？

小结:1元、5角和1角钱是不一样的,它们的颜色、大小、面值都不一样。

3. 玩“买糖果”游戏。

(1) 幼儿认识各自带来的钱币。

师:你们有硬币吗？请你和旁边的小朋友说说你带来的硬币面值多少？是什么样子的？

(2) 按照糖果的标价购买。

师:请幼儿用一枚硬币买一种糖果,学会说:“我用××钱买了××糖果”。

4. 品尝糖果,体验游戏的快乐。

请幼儿品尝自己买来的糖果。

总结:糖果好吃但不能多吃,要保护牙齿。

四、活动延伸

在角色游戏中继续丰富"糖果店"游戏的内容。

教学反思

一、课题来源

角色游戏是幼儿期的典型游戏,幼儿在游戏中获得表现表达的机会,可以更好地获得多方面的发展。为了让幼儿通过游戏的方式学习认识区分小面额的钱币以及更好地购物,因此开展了这节活动,不仅可以帮助幼儿认识硬币,而且可以使角色游戏更丰富,让幼儿积累更多的生活经验。

二、研讨要点

1. 在游戏中认识、区分三种硬币这一目标,在中班是能够达到的。整个活动中幼儿参与性较高,对购买糖果很感兴趣。

2. 幼儿学习很专注,说话条理很清楚,如:介绍钱币正面时就围绕正面说,介绍反面就围绕钱币反面的情况。老师很灵活,幼儿说上面有汉字,老师及时应答这是"中国人民银行",这是中国的钱币,应答得很好,说明现在幼儿的认知水平提高了。

3. 在幼儿购买时只安排一位老师当"营业员",太少,可以邀请两个客人老师扮演"营业员"与幼儿互动。

4. 活动开始由老师扮演"糖果店老板",既可直接切入主题,又可以与幼儿互动。

21. 我和朋友手拉手(美术:绘画)

一、活动目标

1. 初步了解人物的基本比例,尝试绘画出和朋友牵手游戏的画面。
2. 学习用棉签装饰人物服饰。

二、活动准备

1. 经验准备:有和好朋友手拉手活动的经验。

2. 物质准备：和好朋友手拉手的照片；画纸、勾线笔、水粉颜料、棉签。

三、活动过程

1. 欣赏和好朋友手拉手活动的背影照片，引起幼儿对人物的兴趣。

（1）师：照片上是谁？他们在做什么？

（2）分析人物比例结构。

师：两个小朋友的背影是什么样子的？你能看到身体哪些部位？（头、身体、腿、胳膊，分析头、身体、腿、胳膊所占的比例及结构）

2. 幼儿交流和朋友手拉手的情景。

师：你想和好朋友手拉手做什么？

3. 教师巡视，鼓励幼儿大胆作画。

（1）介绍涂色材料。

师：这里有棉签和水粉，今天我们就用这些材料来装饰好朋友的衣服，我们可以画哪些花纹呢？

（2）指导幼儿大胆勾画。

4. 评价幼儿作品。

师：你和朋友手拉手在干什么？（表扬较好表现出人物动态的作品）

四、活动延伸

拍一些和朋友游戏场面的照片，并投放在区域活动中，幼儿可参照照片绘画。

教学反思

一、课题来源

本节活动是来源于主题活动《生日列车》中的美术活动：《我和好朋友手拉手》。对于中班幼儿来说，人物的绘画一直是比较困难的，大部分孩子对于人物的结构、比例都不太了解，不少幼儿只会用单线条绘画人物的四肢，服饰单一，没有肩膀，等等。因此在原有教学内容的基础上进行了一些调整，由原来的人物添画调整为绘画人物手牵手的整体背影，进一步提升幼儿绘画人物的技能。

二、研讨要点

1. 通过欣赏人物照片，幼儿更能全面了解人的基本比例，能直观显现出与好朋友手牵手的场景。

2. 利用棉签来装饰服饰，可更节省时间又出效果，作品更丰满，不会单调。

3. 通过本次活动，幼儿能够把握人物的比例，大都能够绘画出自己和好朋友，一部分能够画出动态人物，如手牵手跳舞、手牵手散步等。

4. 有部分幼儿没有控制好和朋友之间距离，因此没有画出和好朋友牵手的样子，教师在指导时应着重强调此方面。

22. 送给妈妈的礼物(美术:折纸)

一、活动目标

1. 能按图纸的步骤折出小衣服，认识折纸图示中虚线箭头表示的意思。

2. 尝试自己撕开双面胶并粘贴在衣架上。

3. 亲手制作小衣服送给妈妈，表达对妈妈的爱。

二、活动准备

物质准备:正方形彩纸;折纸步骤图;画有衣架的展示图。

三、活动过程

1. "三八"节谈话，引出话题。

师:3月8日是什么节日？是哪些人过节呀？

师:(是妇女节，是妈妈、奶奶、所有女性的节日。)我做了一件礼物送给我的妈妈。你们看，这是什么？(出示折好的小衣服)

2. 出示折纸步骤图，幼儿学习看步骤图折纸。

(1) 师:衣服是怎么折的呢？我们一起看看这张步骤图。

(2) 教师讲解步骤图。认识图中虚线箭头的意思，幼儿学习看步骤图。

3. 幼儿按照折纸步骤图进行操作，帮助有困难的幼儿。

4. 展示评价作品。

师:送给妈妈的礼物折好了吗？你在看步骤图的时候遇到了什么困难，你是怎么解决的？

四、活动延伸

在美工区中提供折纸示意图给幼儿参考，让幼儿接触示意图，了解每个步骤的意思。

教学反思

一、活动来源

中班幼儿开始接触折纸活动，学会了“四角娃娃找中心的技能”（四角向中心折）。本活动的重点是让幼儿自己学习看图纸折，因为是幼儿第一次尝试，会有一定的困难，因此结合“三八”妇女节设计了此活动。

让幼儿在为妈妈、奶奶准备礼物的喜庆氛围中接受“挑战”，也为幼儿今后在区域活动中的自主学习打下了基础。

二、研讨要点

1. 展示作品时将作品挂在了衣架上，较有新意。

2. 以图纸的方式引导幼儿，让幼儿自己学会看图折纸，掌握学习的方法，为今后进行折纸活动打下基础。

3. 幼儿对步骤图的图示还是没掌握清楚，一半幼儿没按图意折纸。原因在于，孩子们是第一次自己看图纸折纸，需要慢慢来。可以先出示步骤图的前两步，让幼儿学习掌握后，再出示下面的步骤图，逐步提升折纸技能。

4. 最好每组能提供两个步骤图，方便每一位幼儿都能看到。

23. 快乐的小人（美术：面贴画）

一、活动目标

1. 尝试用条状面摆出人物的轮廓，自主创作人物的造型。
2. 体验水粉在不同材质上的不同效果。
3. 感受自己动手摆、画、搓所带来的乐趣。

二、活动准备

1. 经验准备：幼儿玩过搓面条的游戏。
2. 物质准备：面条；排笔、瓦楞纸、颜料、PPT。

三、活动过程

1. 教师出示用面搓成的“面条”。

师：这是什么？怎么做出来的？怎么搓？

师:这细细长长的"面条"可以做什么?

2. 欣赏面条画——小人。

(1) 师(出示面条画):细长的面条变出了什么?(小人)这位小人还带来了好朋友呢!看看这些小人是什么样子的?(头是圆圆的,身体是长长的)

(2) 师:这个小人在做什么?他的身体是什么样的?

(3) 师:猜猜看,这位好朋友做的是什么动作?

3. 介绍新材料——瓦楞纸,知道其名称。

师:看,今天用的纸有什么不一样?摸上去怎样?像什么?

师:怎样用面条把快乐的小人变出来呢?

4. 共同讨论用面条制作小人的方法。

小结:用面条把小人的大脑袋变出来,再变出长长的身体(如果盘子里的面条不够请幼儿自己再搓一点)。然后给她添上五官,衣服的花纹,再用手调整一下,轻轻地压压,最后给她穿上漂亮的衣服。

5. 幼儿操作。

教师巡回指导,引导幼儿塑造出不同的人物动态。

6. 展示幼儿作品。

师:你做的小人在干什么?从哪里看出他们是快乐的?(请2~3名幼儿介绍自己的作品)

四、活动延伸

1. 多引导幼儿欣赏运动中人物的动态和幼儿平时运动的图片,使他们表现出的动态形象更丰富。

2. 投放区域材料时可以使用油泥,使作品保持时间长久。

教学反思

一、课题来源

本活动是《我和好朋友手拉手》的一节延伸活动。人物的绘画对于中大班孩子来说一直是难点,特别是人物的构造、形象、比例等。本次活动的目的是进一步提升幼儿绘画人物的技能,增进幼儿对人物身体结构、服饰样式的了解。

二、研讨要点

1. 幼儿能大胆、自由地创作出各种动态的人物。

2. 幼儿能够较准确地把握人物的比例，并能添画出人物的背景，使画面更加丰富。

3. 活动中幼儿搓面条时间有点长，可再多准备些搓好的面条，以减少搓的时间，而留出更多的时间给幼儿进行小人的造型上。

24. 可爱的小鱼(美术:手工制作)

一、活动目标

1. 尝试将长条形纸折叠变成鱼，认识“剪去”标记。

2. 能大胆想象，会用种子为小鱼间隔粘贴鳞片。

二、活动准备

1. 经验准备:会随小鱼游的音乐自由游动；会用一一间隔的方法串珠、插花片等。

2. 物质准备:红豆、芸豆、绿豆、瓜子壳若干；2×10 厘米的长条形纸若干、剪刀人手 1 把；大海背景图、《小鱼游》音乐。

三、活动过程

1. 出示做好的“小鱼”，引发制作兴趣。

师:你们看，谁来啦？这条小鱼是用什么做的？怎样做成的？

2. 介绍制作方法。

(1) 与幼儿共同探讨制作方法。

师:怎样用长条形的纸卷成鱼的身体呢？

小结:先用长方形的纸往里卷，然后撕下双面胶，把长方形的两条短边粘贴好，小鱼的身体就做好了。

(2) 请一名幼儿尝试如何变“鱼鳞”(可利用大一点的种子和宽双面胶)。

师:小鱼做好了，它的身上还缺什么？怎么做呢？

小结:撕下一条双面胶，找一种豆子一颗接一颗地粘在上面，在下一行，选择另一种豆子进行粘贴，间隔排列，做成“鱼”的“鳞片”。

3. 幼儿操作，教师重点指导制作“小鱼”的身体。

4. 教师和幼儿共同展示并欣赏点评幼儿作品。

（1）师：我们把做好的小鱼一起送回大海吧。（请幼儿将制作好的“小鱼”粘贴在“大海”背景图上）。小鱼游的时候可以顺着一个方向，也可以朝不同的方向。

（2）师：你最喜欢哪条小鱼？为什么？

5. 结束。

师：小鱼们都回到了大海里，我们一起来和小鱼游一游吧！（随音乐一起做游的动作）

四、活动延伸

在区域活动中师生可共同制作“大鱼”，在晨间锻炼时使用。

教学反思

一、课题来源

孩子们近期特别喜欢参加排序游戏，如一一间隔地串珠、插花片等，而且游戏时间会坚持很久，看得出他们对此类游戏很感兴趣。在散步时候，他们也喜欢捡一些小石子拼拼摆摆。特别是看见了大班哥哥姐姐们观察种子做的记录，羡慕不已。此活动的设计能进一步巩固幼儿对一一间隔的掌握与灵活运用。

二、研讨要点

1. 教师事先将双面胶贴好，幼儿只要撕下后即可。用各种种子为小鱼粘贴鳞片，降低了幼儿粘贴的难度。

2. 幼儿在活动之前认识了各种各样的种子，并能说出这些种子的名称，前期经验的铺垫让幼儿在使用时不感到陌生。

3. 过程中用问答的方式引导幼儿，可调整为幼儿让动手试一试，更好地激发幼儿学习的积极性。

4. 在美工区中提供了各种制作材料，孩子们很喜欢。但在用长条形折叠变鱼制作时，有部分幼儿有点难度，不太会折，需要重点指导。

25. 湖水中的倒影(美术:合印画)

一、活动目标

1. 学习运用合印画的方法表现出湖水中春天的景象。

2. 感受倒影带来的视觉美感。

二、活动准备

1. 经验准备:对“对称”有一定的了解;幼儿观察过湖水中的倒影。

2. 物质准备:颜料若干、卡纸(黑,深蓝,黄)、排笔、文字若干。

三、活动过程

1. 回忆在日常生活中发现物体的对称。

师:在日常生活中你发现什么对称的东西吗?哪里是对称的呢?

2. 出示“倒影”图片,探索图片中的对称之处。

师:这幅风景画好看吗?画中有对称的地方吗?哪里对称?(景物与倒影)

3. 探索作画方法。

(1) 师:春天的湖岸边有很多美景,你想画些什么让它们在水中留下倒影呢?

(2) 探索合印画的方法。

- (出示一张纸)让幼儿探索怎样表现出上、下对称。(将纸进行对折)
- 师:作画时是先画影子还是先画上面的实景?(先画上面的景色)
- 画好一种景物就要立即进行合印,速度要快,用手抹压一下,作画要大胆一些。

4. 幼儿操作。

教师指导幼儿大胆用色,注意把握实景和影子的位置关系。

5. 欣赏作品。

启发幼儿给作品起名称,大胆讲述画面的内容。

四、活动延伸

继续在美工区提供材料进行合印画(如蝴蝶等)。

教学反思

一、课题来源

幼儿在春游时，曾相互交流："你看湖水里有柳树的影子，真漂亮！"这个话题引起了其他孩子对湖中倒影的关注。在平时的活动中，我们也有意识地引导幼儿欣赏对称的物体，对称的图形，知道对称的概念。结合孩子们感兴趣的话题设计了这节活动。

二、研讨要点

1. 孩子们对于湖水中的景色及合印画的表现手法觉得有趣、新颖，他们都能够运用多种色彩来表现春景。

2. 在印画的时候颜色的干稀程度要把握好，否则影响画面效果。

26. 发芽了(综合)

一、活动目标

1. 学习用重叠的方法剪"芽"，并大胆选用自己喜欢的方法表现春天的芽。

2. 能回忆讲述初春时一些植物发芽的主要特点。

二、活动准备

1. 经验准备：幼儿已经寻找并观察过植物的芽。

2. 物质准备：皱纹纸剪成 2 cm 的细长条，剪刀，油泥，棉签等；背景图，音乐；相关照片。

三、活动过程

1. 回忆、讲述初春时找到的芽。

(1) 师：最近我们一起在寻找春天时，发现许多植物都发芽了，你发现什么植物发芽了？

(2) 幼儿讲述时，教师出示幼儿寻找芽的照片。

(3) 讲述芽的特征。

师：原来有这么多植物都发芽了，这些植物的芽是什么样子的？(从芽的颜色、形状、大小等方面进行描述)芽长在哪里？

小结：植物的芽长得都不一样，有的芽是绿颜色的，有的芽是有点红的；有的芽是椭圆形的，有的芽是圆圆的；有的芽是小小的，也有的芽是大一些的；有的芽长在树枝头上，有的芽长在树枝的各个地方。

2. 用多种美术形式表现芽。

师：今天我们就来试试把我们找到的芽表现出来。用什么材料？用什么方法？

(1) 介绍操作材料和制作方法。

师：这里有四组不同的材料，可以怎样做小小的、嫩嫩的芽呢？

第一组：教师重点示范：用剪刀和腊光纸剪芽，把浅绿色的皱纹纸对折后剪。

第二组：用皱纹纸搓芽。

第三组：用油泥捏芽。

第四组：用棉签画芽。（表现出芽从土里钻出的样子）

(2) 幼儿选择一种材料，在完成后可以再选择其他材料来表现。

(3) 教师关注幼儿如何制作芽，可以说说是什么树（花）的芽。

3. 欣赏评价幼儿作品。

从材料、方法、外观等方面进行评价。

4. 结束部分。

师：植物都发芽了，说明春天真的来了，而且随着天气变暖，芽会长成什么样子呢？我们以后再继续去寻找、观察。

教学反思

一、课题来源

今年的春天较往年来得晚些，迎春花只开了几朵，玉兰有了粉红的小花苞等。“外面的树发芽了！”原来高高的朴树正对着教室窗户，伸展的树枝上面真的长满了小芽，幼儿观察芽的外形、颜色、形状，发现各种植物的芽都是不一样的，这个活动就产生了。

二、研讨要点

1. 目标明确，学习用重叠的方法剪“芽”，并大胆选用自己喜欢的方法表现春天的芽，突出本活动的制作重点。同时也关注语言表述，能回忆讲述初春时各种植物芽的主要特点。

2. 提供了四组不同的美术表现的方法，用手指点水粉点提芽（草等）、用皱纹纸搓芽（黄金条等）、用油泥在干树枝上做芽（朴树、鸡爪槭等）、用剪刀剪芽（柳树等）。重点尝试学习用多次折叠的方法一次性剪出好几个芽的方法。以上四种材料的选择是为了较好地表现前面找到的芽的主要特征。

3. 幼儿前期经验准备很充分，在日常活动中教师会有意识地引导幼儿观察。

4. 在幼儿操作中，重视指导，关注幼儿的表现，及时对活动进行总结。

5. 四种材料多了一些，可以去掉一组，让“柳树”组更扩大些，让更多幼儿有尝试学习重叠剪的机会，以保证重要目标的达成度。

27. 杨柳青（音乐：打击乐）

一、活动目标

1. 能辨别出乐曲不同的节奏型（三种），并用拍手等动作表现。

2. 会看指挥演奏打击乐器，并在齐奏或合奏中保持自己的演奏速度。

二、活动准备

1. 经验准备：幼儿已欣赏过音乐的旋律。

2. 物质准备：杨柳青打击乐图谱一张；铃鼓、碰铃、圆舞板等乐器分三组（放在幼儿的座椅下）。

三、活动过程

1. 复习歌曲《春天》。

（1）师：春天来了，小燕子飞来了，杨柳发芽了，天气也暖和了，我们一起用好听的歌声唱一唱春天吧。

（2）幼儿听伴奏演唱“春天”。（2～3 遍）

2. 欣赏音乐《杨柳青》，并能合拍地演奏。

（1）欣赏音乐，辨别不同的节奏型，学习用拍手等动作拍节奏。

师：你们觉得音乐的节奏一样吗？（有的地方慢，有的地方快）

（2）看图谱，拍节奏。

师：这儿有张图谱，看看什么地方用什么样的节奏型？我们看着图谱拍拍手。（|×—|、|××|、|××　×|）

师：除了拍手还能拍哪里？（再换身体部位拍节奏）

（3）学习看指挥。

师：不看图谱，看老师的指挥，老师的手指向哪边，哪边的小朋友就拍节奏。（第二遍换指挥的顺序，再次进行练习）

（4）第三遍再换一次指挥的顺序。

3. 共同演奏打击乐。

（1）幼儿听音乐、看图谱演奏一遍。

师：你们学会了看指挥，乐器也很想和我们一起游戏呢！轻轻地拿出乐器吧！

（2）第二遍按指挥的演奏要求，边看指挥边听音乐进行演奏。

4. 请幼儿当小指挥，全体演奏乐曲。

5. 结束。

（1）师：原来在打击乐演奏中指挥是非常重要的，有了指挥我们才能演奏出好听的音乐来，希望大家都要认真练习哦！

（2）听着音乐轻轻地送乐器"回家"。

教学反思

一、课题来源

在《找春天》主题里，孩子们通过一些活动对春天有了初步的认识。在户外感受春风的抚拂，去领略阳光的暖意，去寻找春的足迹，在音乐活动中，有许多表示春景的音乐，《杨柳青》就是其中的一首，通过欣赏，乐器伴奏，让幼儿熟悉音乐，感受音乐的美。

二、研讨要点

1. 本节活动中充分体现了中班孩子的学习能力，他们很喜欢打击乐活动，在活动中教师饱满的精神也感染了孩子。

2. 乐曲有三种不同的节奏型，在教学过程中让小朋友先掌握音乐的节奏型很重要，这样才能为之后的看指挥演奏做好准备。

3. 因为孩子之前的经验还不够，让孩子来当小指挥还是有一定难度的。

4. 老师在活动中的语言提示不够简练、到位。建议可以用语言提示幼儿关注乐句和节奏的关系，便于幼儿更好地掌握。

附乐曲

杨 柳 青

江苏名歌

1=C 2/4

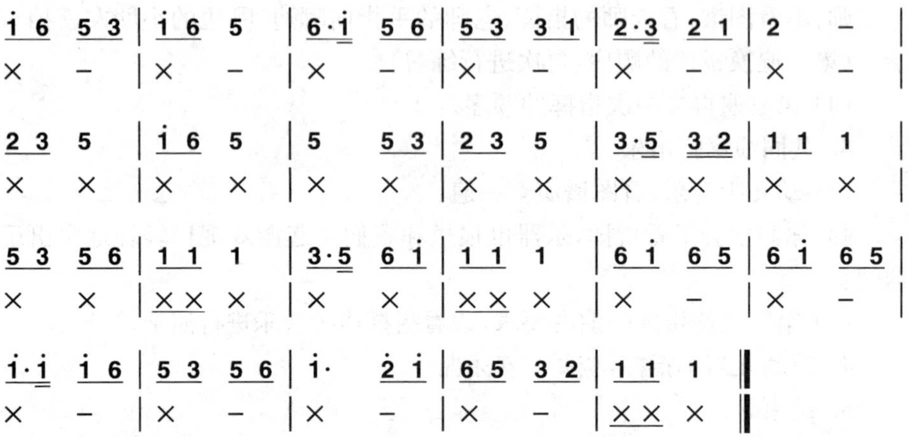

28. 蚕宝宝(美术:手指印画)

一、活动目标

1. 学习用拳头立放纸上印画的方法印出蚕宝宝。

2. 大胆地通过调整拳头的方向来表现蚕宝宝的动态。

3. 激发幼儿喜欢蚕宝宝的情感。

二、活动准备

1. 经验准备:幼儿有喂养蚕宝宝的经验,观察过蚕宝宝。

2. 物质准备:桑叶形状的绿色卡纸、白色颜料、黑色勾线笔、抹布等。

三、活动过程

1. 欣赏蚕宝宝,观察蚕宝宝的特征。

师:(出示桑叶)谁最喜欢吃桑叶?蚕宝宝长得什么样?

2. 欣赏手印画蚕宝宝范例。

师:这画中的蚕宝宝在干什么?它的身体是什么样的?猜猜看,这幅画是用什么画出来的?

3. 幼儿讨论如何用手印画的方法印出蚕宝宝。

（1）师：蚕一节一节的身体是小朋友用手的什么地方印出来呢？

总结：将小手指握成拳，在拳头的下面蘸上颜料，轻轻印在桑叶上，印出蚕宝宝的一节身体，再接着印出下面的身体，要表现得更形象，可以摆动手腕，用不同方位进行印画。

（2）用勾线笔画出蚕的眼睛鼻子和嘴。

（3）鼓励幼儿在纸上多印些蚕宝宝，使画面丰满。

师：这些桑叶又大又绿，蚕宝宝的许多朋友，也想一起来吃桑叶呢，我们多印几条蚕宝宝吗！

4. 幼儿操作。

引导幼儿印出各种动态的蚕宝宝，提醒幼儿颜料不要蘸得太多。

5. 展示与评价：将幼儿的作品展示在放满桑叶的竹筛上，使蚕宝宝更形象，引导幼儿关注和感受不同姿态蚕宝宝的美。

教学反思

一、课题来源

春天到了，班上有小朋友带来了蚕卵，大家对蚕卵很感兴趣。孩子们天天都在观察着它的变化与成长，还设计了小组观察记录表，把每天蚕宝宝发生的变化进行记录。在记录过程中幼儿大部分是用圆形串联起来表现蚕宝宝的身体，不够形象，画起来也特别慢。

为进一步调动幼儿坚持观察的兴趣，以及对美术活动多种形式的体验，设计了手印画活动。

二、研讨要点

1. 目标第二条增加了添画出蚕宝宝的腿、眼睛等。并将目标第二条的情感调到第三条改为大胆表现蚕宝宝的身体动态，体验握拳印画带来的快乐。

2. 大部分幼儿在桑叶上表现出的蚕宝宝很形象，对手印画活动很感兴趣。

3. 幼儿在讨论时缺少同伴之间的相互探索、观察，教师应注意多加引导，提高幼儿学习的主动性和学习能力。

29. 调皮的西瓜虫(科学)

一、活动目标

1. 初步观察西瓜虫外形特征,了解西瓜虫的生活习性等。

2. 初步学习使用辅助工具(放大镜)进行观察、探索,认识西瓜虫。

3. 激发幼儿喜爱小动物的情感。

二、活动准备

1. 经验准备:幼儿寻找过西瓜虫。

2. 物质准备:放大镜、透明塑料杯、白纸、勾线笔、纸棒等。

三、活动过程

1. 用猜谜语的形式引出西瓜虫。

(1) 师:小小个,穿盔甲;小脚多,地里忙;碰一碰,变小球。小朋友,这个谜语的谜底是什么呀?

(2) 师:你在哪里见过西瓜虫? 西瓜虫生活在什么地方?

2. 寻找西瓜虫。

(1) 教师和幼儿在幼儿园的小花坛、小菜地里寻找西瓜虫。

(2) 把寻找到的西瓜虫放到透明塑料杯中。

(3) 注意提醒幼儿观察西瓜虫的生活环境(阴暗、潮湿的地方)。

3. 观察西瓜虫,认识西瓜虫的身体、外形特征和习性。

(1) 幼儿回教室自由观察西瓜虫。

(2) 师:我们的小伙伴太小了,用什么可以帮我们看得更清楚呢?

(3) 介绍使用放大镜的方法。

(4) 把西瓜虫放在白纸上,用放大镜观察西瓜虫的外形。

师:西瓜虫的头在哪里? 头上有什么? 它的脚在哪里? 有多少对脚? 它爬起来是什么样子的? 什么时候西瓜虫会把身体蜷起来? (可以用纸棒碰碰)身体蜷起来像什么?

(5) 把西瓜虫放在地上,观察西瓜虫的整体形态。

鼓励幼儿用纸把观察到的西瓜虫画下来。教师指导观察、了解幼儿观察和绘画情况。

(6) 交流幼儿各自的观察发现。

师:西瓜虫是什么样子的?它是怎么爬的?把身体蜷起来的样子是不是很可爱?

4. 讨论西瓜虫生活习性。

师:我们在什么地方能找到西瓜虫?西瓜虫喜欢生活在什么地方?

师幼共同总结:西瓜虫的身体小小长长的,头上有一对触角,身体下有许多对脚,喜欢生活在阴暗、潮湿的地方。当它碰到外来的东西时,会把身体蜷起来,保护自己。它蜷起来时像个西瓜,所以叫它西瓜虫。

5. 游戏:"我是调皮的西瓜虫"。

按教师口令大胆用动作表现出西瓜虫的不同动态。

四、活动延伸

1. 教学结束后继续玩一玩:可以把"小伙伴"(西瓜虫)请出来玩一玩(在手上、地上、玩具上),要照顾好它,注意提醒幼儿别把它弄丢或踩到了。

2. 提供放大镜和迷宫盒让幼儿在科学区观察西瓜虫的生活习性。

教学反思

一、课题来源

春天,草绿了,桃花开了,小虫子也出来了。我们充分利用季节特点,和孩子一起到室外去寻找春天的足迹。看花、看柳条、找小蝌蚪;晒太阳感受春风的温暖;到草地上去听教师讲故事……一天一个男孩子说:"老师,我捉了一只西瓜虫。西瓜虫怎么不是西瓜的颜色?它会变魔术吗?在哪里容易找到西瓜虫?西瓜虫吃什么?……"西瓜虫成为孩子们的关注对象。结合主题我们进行科学活动"有趣的西瓜虫",引导孩子们在观察中了解、认识西瓜虫的秘密,以满足幼儿从小对大自然、对小生命的一份喜爱之情。大部分生活在城市里的孩子,也没有太多的机会接触小虫,一些孩子很害怕,在本次活动中给孩子创造寻找西瓜虫的机会,让他们和同伴一起捉住西瓜虫,以锻炼他们的胆量。

二、研讨要点

1. 活动中尽量让孩子能够自主地去捉西瓜虫、观察西瓜虫,再画出自己看到的西瓜虫,以孩子活动为主,初步培养孩子对科学的兴趣,进而让孩子自发地要去观察、研究西瓜虫的外形、生活习性等等。

2. 放大镜这一工具对于观察小的物件很有作用。由于孩子平时虽然对放大镜有所了解，但是对于使用方法不太了解，因此便将正确使用放大镜作为一条目标来完成。

3. 让孩子们大胆地去进行观察、记录，让孩子在认真观察的基础上，对西瓜虫的外形变化有一个形象的记忆，能够帮助完成“目标 1”。

4. 整个活动中孩子的积极性很高，他们捉西瓜虫、玩西瓜虫、画西瓜虫、自己扮演西瓜虫等，表现了活动选择、活动过程贴近幼儿年龄特点。

5. 教师对活动的考虑较为细致，如：准备小的纸棒方便了孩子的操作，可以更好地让幼儿观察到西瓜虫的特征。

6. 在科学活动中教师应更多地为孩子们的主动学习提供条件，给孩子们多提供自主探索的时间和内容，引发孩子们学习和探索的积极性。本设计中，活动内容、环节安排得多了一些。

30. 舞动的蛇（美术：水粉画）

一、活动目标

1. 观察蛇的各种动态，感受其身体盘旋、游动时呈现出的各种线条所带来的美感。

2. 尝试用螺旋纹、波浪线等曲线表现出各种姿态的蛇，并会用棉签填画出眼睛、蛇信及不同花纹。

3. 进一步激发对蛇的喜爱，并初步建立在生活与环境中寻找美的意识。

二、活动准备

1. 经验准备：观看过《动物世界》，了解过蛇的外形特征以及它的生活习性。

2. 物质准备：有底色的画纸、棉签、颜料（黑、白、红、蓝、紫、绿、黄、桃红等）、水粉笔、桌垫、抹布等。

三、活动过程

1. 通过观看视频，引导幼儿了解蛇的外形特征。

（1）观看视频引起初步回忆，并用肢体动作模仿蛇的外形特征。

师：我们在《动物世界》里看过许多的动物。看，它是谁？（蛇）你是怎么

看出来的？（身体细细长长的）

师：我们再来看一看！（播放视频）小蛇怎么游的？游动起来的时候像什么？（弯弯曲曲、波浪线）我们一起来学一学小蛇游吧！（播放音乐，引导幼儿用肢体动作来模仿游动的蛇）

（2）欣赏多幅图片，进一步观察小蛇的身体特征。

师：这些蛇真漂亮！我们再仔细看看，蛇的头是什么形状的？（椭圆形、三角形）蛇的眼睛在哪里？蛇的嘴巴在哪里？这是什么？（蛇信）蛇信像什么？看，小蛇的哪里藏起来了？（尾巴）尾巴又是什么样子的？它们身上有什么？（花纹）花纹像什么？

总结：蛇的身体是细细长长的，行走起来像一条弯弯曲曲的线，尾巴是细细的，身上有各种不同的花纹。蛇的头像椭圆形，有两只眼睛，嘴里会吐出细细的蛇信。

2. 进一步观察蛇行进时的各种姿态，与幼儿共同讨论并学习它的各种“舞步”。

（1）欣赏多幅图片，感受蛇行进时的不同体态，引导幼儿书空练习。

师：这些小蛇游起来弯弯曲曲、扭来扭去的，像在干什么呀？（跳舞）

师：这条蛇是怎样跳舞的？像什么？它在跳什么舞？伸出你的右手来学一学。（共同讨论蛇不同的舞姿，并且学一学动作）

教师诵读诗歌：小蛇小蛇扭啊扭，好像在跳……（波浪）舞。
小蛇小蛇扭啊扭，好像在跳……（圆圈）舞。
小蛇小蛇扭啊扭，好像在跳……（芭蕾）舞。
小蛇小蛇扭啊扭，好像在跳……

师：你想不想学小蛇跳个舞？

总结：小蛇游动的时候身体就像跳舞一样，跳的舞真好看，它会跳这么多好看的舞蹈，让小蛇在草地上跳舞吧！

3. 介绍材料，师生共同讨论画蛇的方法。

（1）师生共同探讨、示范作画。

师：谁想让小蛇在草地上跳舞？跳个什么舞呢？谁来试一试？

师：想一想先画什么？再画什么？（先画出椭圆形的头，再画出它舞动起来的身体、尖尖的尾巴）

师：蛇的身上还缺些什么？（眼睛、蛇信、漂亮的花纹）用什么来画呢？谁再来试一试？（用棉签进行装饰）

（2）幼儿互相讨论：“你想画一条跳什么舞的蛇？”

4. 幼儿绘画，教师巡回指导。

（1）鼓励幼儿大胆表现舞动的蛇。

（2）提醒幼儿作画时保持画面整洁与服装干净。

5. 作品欣赏与评价。

（1）请个别幼儿介绍自己的作品。

（2）教师评价与鼓励。

师：你们真棒，画出了这么多跳着不同舞蹈、有着各种花纹的小蛇。在我们的身边也有很多动物也非常可爱、美丽，你们发现了吗？让我们一起去找找吧！

教学反思

一、课题来源

蛇，对于成人来说是一种非常令人害怕的动物，但对于幼儿来说，虽然与蛇没有太多接触，但他们对身边所有的事物都充满了好奇，在观看《动物世界》节目时看到蛇，对其中关于蛇的视频都表现得非常感兴趣，蛇的种类、生活习性、外形特征……都是幼儿非常想去探索和了解的，特别是蛇身上的各种花纹及绚丽的色彩，能给人一定的视觉冲击。随着生态环境不断的变化，很多蛇种都濒临灭绝。在幼儿园培养孩子热爱动物、保护动物的意识也是非常重要的。不过想要表现出不同形态的蛇及它们身上的花纹，对于中班幼儿来说具有一定的挑战性，而先绘画蛇的身体，再添画出蛇的眼睛、蛇信与花纹，目标达成度就会高一些，由此生成了这节水粉绘画活动。

二、研讨要点

1. 大自然中动植物千奇百态，种类繁多，渗透着许许多多的美。这也是探险家们为什么要去探险、了解、探索动植物身上的奥秘的原因之一。蛇这种动物，大多数人都非常害怕它，但是当你仔细地去观察它们的时候，你会发现，它身体的颜色很多，非常绚丽，有各种各样的花纹，游动起来有不同的线条，这就是美。

2. 题材新颖，根据幼儿的兴趣出发来选择活动题材。

3. 中班幼儿要表现不同姿态的蛇，其实是比较困难的。这对幼儿前期经验要求比较高，要求他们了解蛇的生活习性、种类等。不过，中班幼儿想象力也比较丰富，在前期经验的铺垫之后，将已有的经验迁移，再表现蛇的外形线条是比较流畅的，绘画其身上的花纹也较自然。材料的选择上提供了棉签,更适合幼儿去添画蛇的眼睛、蛇信及身上的花纹等细节,更好地表现蛇的外形,同时也降低了表现细节部分时的难度。活动中让幼儿模仿蛇游动的样子,也是让他们充分地体验、感受蛇游动时身体的动态美。

4. 在活动过程中,教师自始自终都在用不同的方式让幼儿模仿小蛇"跳舞",多次进行书空练习,游戏性强。

5. 图片可用动态图片,让幼儿更直观地观察小蛇游动的形态。可在模仿小蛇舞动时加入儿歌,帮助幼儿快速记忆。

6. 在颜色的选择方面,建议可以尝试在黑色底板上画出更多色彩(红色、绿色、黄色等)身体的蛇,这样画面会表现得更加丰富。

31. 巧手小裁缝(数学:面积测量)

一、活动目标

1. 学会用一个接一个地排列量具的方法测量布的大小,并能用数字记录测量的结果。

2. 与同伴相互交流,学习同伴好的测量方法。

二、活动准备

1. 经验准备:幼儿会给物体排队,认识数字1～9。

2. 物质准备:制作好的PPT;照相机,电脑;表格人手一张;布料人手两块,量具(衣服、裤子、裙子等)若干;小篓子等。

三、活动过程

1. 引起幼儿做衣服的兴趣。

(1) 出示小兔手偶作自我介绍。

师:大家好,我是小兔裁缝,我会做各种漂亮的衣服。

(2) 出示"衣服"和布料。

师:这是小兔今天准备做的衣服,这里还有两块做衣服的布料。每块布料能做几件这样的衣服呢? 小兔裁缝想让大家帮忙量一量,看看每块布料最多能做几件衣服。

2. 幼儿自主探索在一块布料上制作"衣服"的方法。

（1）教师引导幼儿自主探索测量的方法。

师：请你试着在布料上摆放衣服片，看看这块布料最多能做几件衣服。

（2）幼儿操作时教师注意观察幼儿的操作方法，引导幼儿在一块布料上做出最多的"衣服"。

3. 引导幼儿讨论正确的测量方法。

（1）展示幼儿操作的照片并讨论。

师：他们这样测量对吗？

师：同样的一块布料，为什么有的小朋友做出的衣服多，有的做出的少呢？

小结：测量时要一块接一块整齐地摆放，不能重叠，也不能留空隙，并且不能超出这块布料。

4. 幼儿操作，教师指导。

（1）明确操作要求。

师：小兔要用这块布料做裙子，请小朋友帮助小兔量一量每块布料能做几条裙子，量好后用数字印章记录在表格上。

（2）教师引导幼儿运用正确的方法进行测量；将表格上的几种"衣服"都测量一下。

5. 展示幼儿测量结果的图片并评价。

师：谁来说说每块布料可以做几条裙子？

教学反思

一、课题来源

幼儿在数学学习方面，已经有了排序、模式、认识数字等经验，对于面积测量还没有接触过。测量是认识物体的量的手段之一。正如我们可以通过计数认识物体的数，我们也可以通过测量来认识物体的量的多少。3～4 岁的孩子对物体量的感知还是比较笼统的，他们只会用"大"、"小"这样的词语来表示量的差异。到了 4～5 岁，他们才能够比较物体的长短、粗细、厚薄等量的特征差异。学习测量是培养孩子测量兴趣的过程，也是培养孩子动手动脑、主动探究能力的过程，能够加深孩子对物体的数与量的理解。

就测量的工具而言，经历了由目测到自然测量到标准测量的发展过程。目测是通过感官感知量的多少；自然测量是利用自然物如筷子、小碗、绳子、积木、手、脚步等作为量具来测量物体的长短、高矮、粗细。对 4～5 岁的幼儿而言，自然测量法是比较直观、科学的。

活动结合“小裁缝”的游戏情节，增加了趣味性，让幼儿探索如何在同样大的布料上将物体一一排列，在多次尝试中，总结较好的测量方法。游戏中通过生活中的自然物，让幼儿体会测量的乐趣。

二、研讨要点

1. 活动内容能结合游戏情境开展，幼儿很感兴趣，能积极地参与排列方法的探索。

2. 活动中，幼儿进行第一次操作后，能运用照片现场反馈的方法进行展示，让幼儿感知排列的方法，很直观。

3. 活动中能给予幼儿充分的探索机会，引导幼儿在独立的操作中思考如何在一块布料上排列出最多的“衣服”，并与同伴进行交流，总结方法。

4. 在材料投放上，最好是选择同样大小的布料，便于集体验证。

32. 美丽的雨花石(美术:油彩拓印)

一、活动目标

1. 尝试用油墨拓印的方法，表现出雨花石自然的纹理线条。

2. 通过欣赏雨花石，感受雨花石纹样的美丽。

3. 印染时会轻轻将纸放在水面上，保持印画的整洁。

二、活动准备

1. 经验准备：收集、认识过雨花石。

2. 物质准备：油印、剪好的石头图形若干、抹布、教学 PPT、盆、勺子、《雨花石》音乐等。

三、活动过程

1. 欣赏歌曲《雨花石》，导入活动。

师：这首歌唱的是什么呀？

2. 欣赏雨花石图片，与幼儿讨论雨花石的花纹、色彩。

师：我带来了很多好看的雨花石，一起来看一看。雨花石上的图案是什么样子的？(欣赏 PPT)像什么？

小结：雨花石的色彩非常丰富，雨花石上有各种各样的花纹图案，有的像……有的像……这些花纹都是自然形成的，这种石头主要产地在我们南京六合，是南京的特产之一。

3. 学习油墨拓印操作方法。

(1) 师：(出示空白石头图片)这里的一些石头上面少了什么？

(2) 师：今天我们就用油墨拓印的方法来给雨花石添上好看的花纹。(操作方法：)

水中滴墨—向外轻轻画圈搅拌—将纸平放在水面上吸附油墨—轻轻拿起(完成)。

4. 幼儿操作，教师巡回指导。

重点提醒幼儿画圈搅拌、将纸放入水面、提起画纸时的动作都要轻轻的。

5. 欣赏评价，展示作品。

(1) 师：我们会用油墨拓印的方法为雨花石添上了漂亮的花纹，这些雨花石里面你最喜欢哪一个？为什么？(分析花纹纹理清晰)

(2) 小结：人们常将雨花石"养"在水中用来观赏，南京的民间艺人还将雨花石雕刻成各种装饰艺术品(播放 PPT)来美化我们的生活，还有很多人收藏雨花石。

四、活动延伸

在区域活动中可继续利用油彩拓印的方法印染衣服和树木等。

教学反思

一、课题来源

在《我的家乡南京》主题活动中，通过让幼儿欣赏雨花石上的特殊纹样的美丽，并进行拓印从而激发幼儿热爱自己家乡的情感。而油墨拓印画的效果与雨花石天然形成的纹理很接近，给孩子呈现出了变幻、奇特、富有想象的纹样。所以选用油墨拓印画的方法来制作"雨花石"。

二、研讨要点

1. 幼儿感兴趣，喜欢参与，享受纹理图案出现在纸上那一刹那的惊喜，活动延伸中欣赏的雨花石工艺品也能带给幼儿视觉冲击。

2. 多数幼儿都能掌握油墨拓印的方法，能小心取适量的油墨轻轻将墨放在水面上，顺着一个方向划动，动作轻柔将雨花石的纹理拓印到纸上，完成的效果较好。

3. 幼儿操作时增加了辨别纸的粗糙与光滑面环节。操作时使用粗糙面更易于油墨吸水拓印。

33. 夸南京(综合)

一、活动目标

1. 初步熟悉江苏民歌《夸南京》,能较准确地唱好连音和附点音符。

2. 能说出南京有名的、典型的或有代表性的景点。

3. 有热爱自己居住的地方——南京的情感。

二、活动准备

1. 经验准备:幼儿游览过南京一些重要的名胜景点,师幼共同回忆春游时见到的南京部分名胜古迹。

2. 物质准备:图标(南京代表性的建筑)。

三、活动过程

1. 师幼共同回忆春游的经验:南京有哪些名胜古迹。

2. 学习歌曲《夸南京》。

(1) 欣赏歌曲,了解歌词内容。

师:歌曲里夸了南京的哪些地方?(幼儿讲述,教师出示相应的图标,如:长江大桥、紫峰大厦等)

(2) 再次欣赏歌曲,将未讲到的歌词内容(图标)补充完整。

(3) 幼儿看图标,随钢琴伴奏说歌词。

(4) 教师画图谱,帮助幼儿理解歌曲中的连音以及附点音符。

(5) 教师指图,幼儿跟着音乐的旋律说歌词。

(6) 教师重点示范带有连音和附点音符的乐句,让幼儿感受江苏民歌的柔和唱腔。

3. 幼儿跟着旋律完整歌唱,注意提醒幼儿唱准连音和附点。

4. 鼓励幼儿大胆创编。

师:南京的名胜古迹旅游景点还有很多,我们可以将他们都唱到这首歌中。

教学反思

一、课题来源

结合主题《我的家乡南京》,孩子们通过实地参观、调查访问、收集特产等多种方式,有意识地、更多地感知家乡的美貌风景、古迹名胜、名优特产、美味佳肴。利用歌曲的形式，在夸南京的氛围中可以让幼儿更了解南京，体验做南京娃的自豪，激发爱南京的情感。

二、研讨要点

1. 本节教学活动的重点是让幼儿进一步了解自己的居住地——南京的美丽风景和古迹名胜。在谈话回忆经验后，老师用儿歌的形式将孩子说到的内容念出来，既使幼儿感到亲切又容易记住歌词。此次把南京最新最高的建筑——紫峰大厦也编进了歌词，有现代感。

2. 这是一首用江苏民歌填写的歌曲，通过学唱让孩子初步对江苏民歌有一些了解。

3. 活动中教师用了图标的形式帮助孩子记忆歌词。歌词本身和幼儿的生活经验有关，把歌曲中“清洁”改为“文明”，这样会更利于幼儿歌唱。

4. 幼儿对民歌类的歌曲接触较少，刚开始进入歌唱还是有些困难的。歌唱活动前，如果让幼儿先熟悉歌曲的旋律，这样孩子在学习歌曲的时候更容易掌握。

5. 可利用餐前或起床的时间让幼儿有机会多唱多欣赏，更好唱出民歌的特点。

附歌曲

夸南京

1=C 2/4

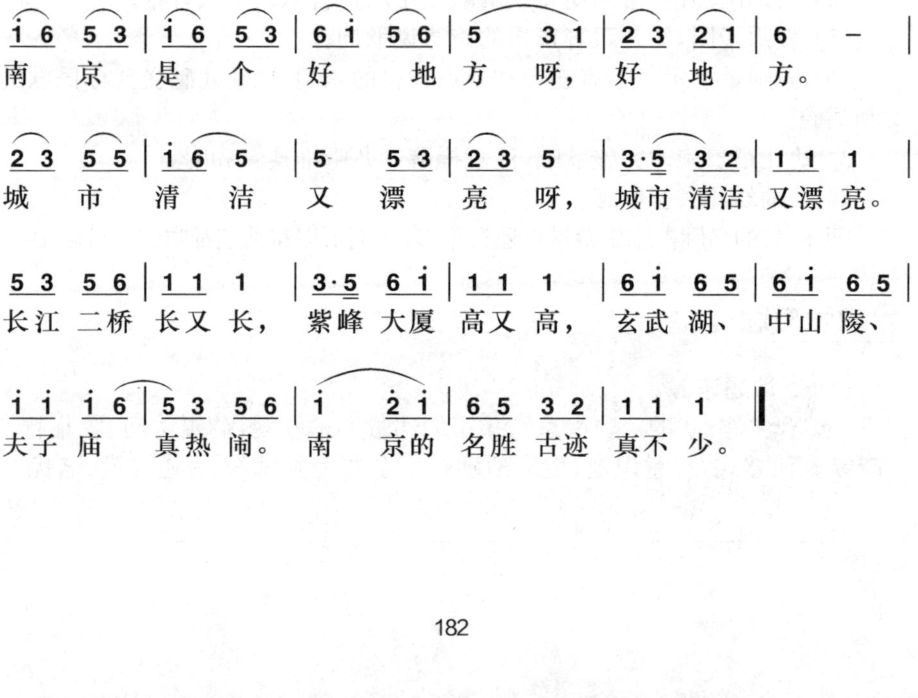

34. 小区的楼房(综合)

一、活动目标

1. 能大胆利用废旧材料(纸盒、纸箱、易拉罐等),运用剪、画、粘等多种技能制作幼儿园以及所在小区的楼房。

2. 热爱幼儿园所在的小区,感知小区楼房的特征和多样性。

二、活动准备

1. 经验准备:幼儿观赏过自己住的小区,参观过幼儿园所在的小区。

2. 物质准备:

(1) 参观小区的照片;各类纸盒、纸箱、瓶子;水彩笔、剪刀、双面胶、透明胶、剪好的粗细不一的彩条纸等。

(2) 方圆绿茵小区道路,树木、汽车模型。

(3) 教师制作好的幼儿园房屋范例两个。

三、活动过程

1. 观看参观小区照片,说一说小区房子的外形特点。

师:我们去参观了方圆绿茵小区,看到了一幢一幢的楼房(看照片),楼房都是一样的吗?小区房子的屋顶是什么形状的?小区的窗户是什么形状的?一幢楼一面墙上的窗户是一样的吗?

小结:小区的房子有高有矮,屋顶有平面的也有三角形的,窗户有长方形的也有正方形的,但一面墙上从上到下都是一样的。

2. 讨论如何制作小区的“房子”。

(1) 出示小区的“道路”模型。

师:今天我们也来做建筑师,用这些废旧材料制作小区的房子。

(2) 教师示范。

师(出示教师做的一种三层的幼儿园房子):这是哪里呀?

师:房子的墙是用什么做的?(三个纸盒累加起来)窗户是用什么做的?

师(出示第二种一个纸盒表现的三层楼房):这个也是咱们幼儿园,和刚才那个有什么不一样?(在一个纸盒上贴上好几个窗户表示三层)

师:幼儿园的房顶是平的,那三角形的房顶可以怎么做呢?怎样一次剪出几个一样的图形呢?(让窗大小一样)怎么把两种材料连接起来呢?(用双面胶或是透明胶)

(3) 幼儿制作。

重点指导孩子制作每幢“楼”的“窗户”，要尽量一样，帮助能力弱的幼儿进行物体边角的连接。

3. 作品展示。

将自己制作好的房屋放到小区道路模型中，相互欣赏与交流制作方法。

四、活动延伸

孩子向家长介绍自己设计的小区住房。

教学反思

一、课题来源

小班幼儿已初步认识周围关心自己的人们。到了中班，随着年龄的增长和知识经验的丰富，幼儿对事物的理解力逐渐增强了，他们迫切地想进一步了解幼儿园外面的世界。在《好邻居》主题中，带领幼儿走出幼儿园，走向社区，在参观、访问、调查、游戏等一系列有趣的活动中极地运用感官感知周围的世界，了解和熟悉幼儿园周围社区及社区人们的工作和我们的关系，从而形成尊重成人的劳动，爱护劳动成果的情感和态度。本节活动是《我喜爱的方圆绿茵小区》活动的延伸，这是幼儿比较熟悉的环境。在这个活动中幼儿可以自由创造、自由表达，废物利用也是对幼儿环保理念潜移默化的影响。

二、研讨要点

1. 这样的活动孩子们是非常喜欢的。小区是他们熟悉的环境，材料具有绿色环保的特点，孩子们可以把从家里带来的各种纸箱、纸盒充分利用起来。

2. 孩子们可以根据自己的认知想法表现各具特色的楼房。

3. 活动中教师考虑得还不够细致，提供的材料对中班上学期的孩子来说还是有些困难的，活动的难点太多了，孩子们要解决好几个问题。如果能够把有些难点前置，帮助孩子准备好一些半成品什么的，孩子们在操作的时候会更加顺利。

4. 在废旧材料的收集上也可以有目的地收集大小相同的，这样孩子在垒加的时候，作品会更像楼房的样子。

35. 运动小人(美术:拼贴画)

一、活动目标

1. 大胆尝试用长方形、圆形拼贴出多种运动项目的图标。
2. 大胆表现运动中人物的不同动态。
3. 体验迎奥运的快乐心情。

二、活动准备

1. 经验准备:有意识地引导幼儿观察过运动中的人物。
2. 物质准备:纸盘、卡纸剪成的圆片和长方形运动小人图标;运动项目的 PPT 资料。

三、活动过程

1. 随《运动员进行曲》进场并做一做各种运动项目姿势。

师:刚才我们做了各种各样的运动姿势。奥运会还有哪些运动项目呢?

2. 欣赏运动项目线条人图标的 PPT 图片。

师:这是什么运动项目?身体的姿势是怎样的?我们也来学一学。

3. 介绍操作材料,探索人体不同部位用不同形状制作的方法。

师:运动的头可以用什么图形?运动的身体呢?运动的四肢呢?请小朋友来拼一拼运动小人。

总结:小人的手臂有的是直的,有的是弯曲的,直的把这两根长纸片连着放,弯曲的手臂可以……

4. 幼儿操作,教师关注幼儿摆放小人的动态。

请幼儿先拼出各种运动的小人,拼好之后将纸片后的双面胶固定在纸盘上,并按纸盘的边缘拼成奥运五环。

5. 评价幼儿的作品。

师:让我们一起来猜猜看,这些小人在做什么运动?你还喜欢哪一个运动中的人?

四、活动延伸

在区域活动中提供硬纸材料,让幼儿画、剪出各种表现人物动态的纸样。

教学反思

一、课题来源

第十届全国运动会在南京奥体中心体育馆举行，这是我们南京人民的骄傲。在通往奥体中心体育馆的路上，有许多表现体育运动的小铁人图标，幼儿观察到这些铁人的各种动态，对这些体育项目的图标产生了深厚的兴趣，他们都愿意尝试着用自己的身体动态表现体育运动，桌面活动中也愿意用玩具拼摆小人。

二、研讨要点

1. 增加尝试用长方形、圆形拼贴出各种运动项目图标的环节较好。

2. 小人动态表现出来之后，可以用彩笔添画一些简单的运动器械，使画面更生动形象。

3. 制作小人胳膊和腿的材料可提供不同长度的卡纸让幼儿操作，会使小人的动态更生动。

4. 本次活动中提供的纸盘边缘的五环颜色都是教师准备的，建议作为前期准备，可以让幼儿自己涂出五环的颜色，提高幼儿的参与度。

5. 教师重点示范了如何拼出运动小人的动态，特别是关节处的处理，扩散幼儿的思维，使幼儿作品更加丰富。

大 班
教案设计与反思

第一部分
点评与提升

1. 快乐游戏我做主(综合)

教案设计原型

一、活动目标

1. 尝试运用表格、绘画等形式,学习制定自己一周的角色游戏活动计划。

2. 获得做事讲求计划性、条理性的经验。

二、活动准备

物质准备:铅笔、“我的一周游戏计划”操作材料。

三、活动过程

1. 谈话。

师:你在幼儿园参加过哪些好玩的游戏?

师:你每天玩的游戏一样吗?

2. 学习制定一周游戏计划。

(1) 师:一个星期上几天幼儿园?这5天准备玩哪些游戏呢?

(2) 教师介绍活动内容与要求。

师:请小朋友在记录单上制定出自己5天的游戏计划。

师:怎样让别人看出你的计划有5天?每天你都玩些什么游戏?

(3) 幼儿活动,教师注意观察幼儿的活动情况。

3. 展示结果。

(1) 展示1～3份游戏计划,请幼儿向大家介绍自己的游戏计划,集体谈谈什么地方好。

(2) 找一找小朋友的记录单上有哪些不同的记录内容(如：星期、日期、空格等)。

4. 幼儿再次活动。

鼓励幼儿运用、迁移新经验修改自己的游戏计划。

四、活动延伸

教师可以在活动后将幼儿制定的游戏计划展示在班级的某一个区域，并督促幼儿按照自己制定的计划执行相关的活动内容。

专家点评

1. 本节课属于什么课型没有交代，必须补充。因为不同领域、不同课型的教学，有自身的不同特点和不同的组织过程。

2.《幼儿园教育指导纲要》中提出幼儿园以游戏为基本活动的教育观念，说明了游戏活动在幼儿一日生活中的重要作用。幼儿是游戏的主人，把选择游戏的权利交给幼儿很好。也可以培养幼儿从小学习做事有计划。

3. 活动设计中，孩子的操作性、孩子之间的互动很强。

4. 在活动准备中应该标明孩子的经验准备。因为有没有绘制表格的经验，对于本次活动也很重要。

5. 第一环节"谈话"活动中，教师可以根据幼儿在活动中的兴趣引导幼儿制定"一周区域活动计划"、"一周晨间体育活动计划"等内容，不一定仅仅局限于制定"一周角色游戏计划"。

6. 应该注家园共育：在家中鼓励幼儿进行"一周晚间活动计划"的制定，养成幼儿做事讲求计划性、条理性的良好习惯。

教案设计提升

一、活动目标

1. 尝试、探索运用表格、绘画等形式，学习制定自己一周的游戏活动计划。

2. 感受自己长大了，能够安排自己活动的计划。

二、活动准备

1. 经验准备：

(1) 知道一个星期有 5 天，上午下午都有游戏时间。

(2) 有设计表格的经验。

2. 物质准备：铅笔、“我的一周游戏计划”表格（多于幼儿人数）。

三、活动过程

1. 回忆自己玩过的游戏。

(1) 师：你们最喜欢在幼儿园玩什么游戏？每天一样吗？

(2) 师：幼儿园的游戏很多，怎样让自己在一周里玩得很开心？

小结：小朋友长大了，自己玩什么游戏自己作主。我们可以制定一个计划，把自己一周里中每天想玩的游戏安排好。

2. 练习制定“我的一周游戏计划”。

(1) 出示记录单，讨论记录方法。

师：这里有一张记录单，你会怎样记录？

师：下一周是几月几日到几月几日？你想制定上午的游戏计划还是下午的游戏计划？

师：你想用什么标记来表示周一到周五？（在表格上用自己理解的符号表示周一到周五）

师：你每一天想玩的游戏内容怎样绘画？（在每一个格子中画上表示相应游戏的标记）

3. 幼儿操作。

(1) 请小朋友在记录单上制定自己下个星期的游戏计划。

师：请小朋友们拿着记录单去填写你下周想玩的游戏。注意：绘画的图表要清楚，要让别人能看出你想玩的游戏内容。

(2) 幼儿记录，教师引导幼儿用简单的标记符号作记录。

4. 展示结果，相互讨论谁的计划记得清楚。

(1) 展示幼儿的记录单，让幼儿互相看看、说说看懂了哪些游戏计划，鼓励幼儿学习同伴清楚的记录方式。

(2) 集体观察 1～2 份游戏计划。

请个别幼儿向大家介绍自己的游戏计划，表扬记录单画得清楚的幼儿。

四、活动延伸

将幼儿制定的游戏计划展示在班级的一个区域，并督促幼儿按照自己制定的计划参加游戏。每天活动后，可以引导幼儿对自己的游戏计划进行相应的修改，从而引发下一个活动：修改上一周的游戏计划，学习同伴制定游戏计划的策略，再次制定下一周的游戏计划。

附记录单

我的一周游戏计划

____月____日～____月____日

星期一	星期二	星期三	星期四	星期五

2. 我来编小书(数学)

教案设计原型

一、活动目标

复习几何图形，感知6以内的数，培养动手制作能力和欣赏能力。

二、活动准备

物质准备：教师自制小小图画书一本(共6页，每页中的内容分别是由1个正方形、2个长方形、3个三角形、4个圆形、5个梯形、6个椭圆形组成)，幼儿每人一盒蜡笔，每组一瓶糨糊、6张小纸。

三、活动过程

1. 出示数字1～6。

师：今天来了几个数字朋友，看看有谁？

2. 出示半遮挡几何图形，观察几何图形的基本特征，并说出几何图形的名称。

师：猜猜这是什么图形？你是怎么知道的？

小结：今天我第一个请到我们班来做客的图形朋友是圆形，第二个是三角形……你最喜欢什么图形？你想第一个邀请什么图形来做客？

3. 出示图片，引发幼儿兴趣。

师：这张图片里是什么图形？数一数有几个图形？可以用数字几来表示？它像什么？

4. 制作图片。

(1) 师：这里有两张图片里面什么也没有。你想在里面画或者贴几个什么图形？它们像什么？

(2) 个别幼儿尝试，引导幼儿图形数量不超过 6 个。

5. 装订小书。

(1) 师：刚刚小朋友们都发现了图片下面有个小框，在框里用印章印上一个数字，它就表示什么？我们看书的时候也会看到书本每一页下面有一个数字，我们可不可以把它订成一本书呢？

(2) 小结：这个“1”表示的是一个图形，下面的“1”表示第一页，原来第几和几个是不一样的，第几表示位置，几个表示数量。

6. 幼儿动手制作小书。

师：你们想不想用各种图形制作自己的小书？让我们按照第一到第六的顺序制作小书。每页的图形数量不能超过 6 个。

7. 相互欣赏。

师：请你们来介绍一下你的小书：第一页上画的是一个什么形状，它像什么？第二页画的是两个什么形状，像什么？

专家点评

1. 引导幼儿自己制作图书对于大班幼儿综合能力的提高非常有用。

2. 活动名称不够清晰，编小书可以编各种各样的内容，如何感受是数学活动？

3. 有的活动目标难度大，画、剪梯形和椭圆形会花费较多时间，老师可提供剪好的图形供幼儿挑选，也可以在活动区让幼儿事先做准备，体现教育的连续性。

4. 活动过程环节太多，但是重点不突出，第一环节应该欣赏教师自编的图书，让幼儿发现特点。第二环节发现这本自编图书的特点：第几页就贴几个图形。然后幼儿自己制作图书，可以用图形印章，也可以是剪贴。

5. 活动过程中老师要用语言引导孩子根据自己的想法去粘贴每一页图形，避免幼儿一味模仿老师，造成作品单一的情况。

教案设计提升

一、活动目标

1. 尝试用常见的几何图形(三角形、梯形、椭圆形)制作图形小书。

2. 能够根据页码数字(1～6)的数量匹配相应的图形数量(1～6 个)。

二、活动准备

1. 经验准备:初步知道小书的基本结构,认识长方形、三角形、梯形等。

2. 物质准备:

(1) 教师自制小小图画书一本(共 6 页),每页中的内容分别由一种不同数量的图形组成。

(2) 幼儿每人一盒蜡笔,封面、封底,每组一瓶糨糊、6 张小纸、数字印章、剪图形用的彩色纸和椭圆若干。

三、活动过程

1. 出示教师自制小书,引发兴趣。

(1) 师:小朋友都喜欢看图书,今天我带来了一本小书,我们一起来看看。

(2) 翻书让幼儿观察,提问:你们看到了什么?这一本图书是什么内容?这是一本图形小书,猜猜是谁制作的?

2. 观察图书结构。

(1) 师:这是老师制作的一本图形小书,仔细看看,老师是怎样制作这本小书的?

(2) 引导幼儿观察页码数字与图形数量的匹配,如:第 1 页 1 个××形……第 6 页 6 个××形。

3. 幼儿制作图书。

(1) 师:这里为小朋友准备了自制图形小书的纸,你想在每一页里面画或者贴什么图形?注意:是第几页就要放几个图形。

(2) 幼儿操作,教师提醒幼儿先印好页码,再画或印、剪贴图形。

4. 指导幼儿装订小书。

请已经完成的幼儿先将小书按页码顺序排好,然后用订书机订整齐。

5. 相互欣赏自制图书。

(1) 请 3～4 位幼儿介绍,提醒幼儿说清楚每一页上用的是什么形状,有几个。

(2) 小结:小朋友都很能干,会用图形制作小书,并且注意让每一页上的图形数量和页码数字相对应。

四、活动延伸

在美工区提供材料供幼儿制作更多页码、更多内容的小书,将自制图书丰富阅读区、送给弟弟妹妹、带回家送给家人等。

3. 美丽的南京(社会)

教案设计原型

一、活动目标

1. 了解自己所在城市的名称、名胜古迹等。

2. 能简单介绍去过的名胜古迹,与同伴共同交流分享。

3. 初步感受南京的文化。

二、活动准备

1. 经验准备:郊游去过南京好多景点。

2. 物质准备:相关视频、照片等。

三、活动过程

1. 导入活动。

师:郊游时你都去过哪些地方?(让幼儿回忆去过的景点、标志等有关的信息)

2. 结合幼儿经验介绍名胜古迹。

(1) 教师介绍南京的名胜古迹,如:夫子庙,每年正月十五都有灯会,会展出五彩缤纷的花灯;珍珠泉,泉水会冒出小的泡泡,就像珍珠一样。

(2) 让幼儿自己谈谈印象最深的名胜古迹。

(3) 播放介绍南京景点的纪录片,让幼儿欣赏,加深对自己熟知景点的印象。

3. 集体讨论。

(1) 谈谈你都记住了哪些名胜古迹和它们的故事。

(2) 大家讨论互相交流经验。

专家点评

1. 选题贴近幼儿生活。了解、熟悉、热爱自己生活的地方,对于幼儿的社会情感、社会认识、社会能力发展均具有必要性。

2. 本活动适合什么年龄段没有说明。必须说明适合的年龄段,这样才能有效地实现活动目标。

3. 目标可以再细化。第一条可以将南京的名胜古迹及人文景观分类说明。

4. 第三条目标“感受南京的文化”太笼统。因为文化内涵十分丰富，至少包含人文文化、礼仪文化、语言文化等，应该更明确些。

5. 活动准备应写明确，应分为“经验准备”和“物质准备”。

6. 在前期准备时可让幼儿填写一张“我知道的南京”的调查表，帮助幼儿有意识地了解自己居住的城市——南京。

7. 建议第一部分活动导入采用南京话导入，这样更能引起幼儿的兴趣。如，可用幼儿熟悉的南京话打招呼引出主题。

8. 在第二部分，可先通过“我们居住的城市”，谈谈南京是什么样的，再展开对南京名胜古迹的讨论。

9. 活动第三部分的集体讨论应该主要以总结我们居住的南京为主，而不是单单谈记住哪些名胜古迹。

10. 在“活动延伸”中可以通过谈论南京大屠杀等历史事件，展开今日有关钓鱼岛的话题，激发幼儿热爱家乡、热爱祖国的美好情感。

教案设计提升

一、活动目标

1. 了解自己的出生地以及现在一直居住的城市，知道自己生活在南京，是南京人。

2. 能介绍自己去过的或知道的南京有名的或有代表性的景点，与同伴交流分享南京的美景。

3. 初步感受南京的特产、方言、民歌等，有喜爱南京的情感。

二、活动准备

1. 经验准备：

（1）幼儿园、家长都已带幼儿去过南京好多景点，会说几句南京话。

（2）幼儿与家人已合作完成调查表《我知道的南京》。

2. 物质准备：南京主要的名胜古迹的照片，介绍南京景点的纪录片。

三、活动过程

1. 用南京话导入，引起幼儿兴趣。

师（用南京话向幼儿打招呼）：小朋友们好！啊吃过啦？

师：我刚才说的是什么话？说的是什么意思？你们听懂了吗？

2. 幼儿结合自己经验说南京。

(1) 知道我们是南京人。

师：为什么我们是南京人？南京是什么样的？(幼儿简单讨论)

小结：我们有许多人出生在南京，是南京人，也有许多人出生在其他地方，但是现在生活在南京，所以我们都是南京人。

(2) 介绍南京的名胜古迹，

师：你知道南京有哪些著名的景点吗？(鼓励幼儿积极介绍"我知道的南京"调查表中的内容)

师：南京还有什么好吃的呀？

教师根据幼儿介绍，出示相应的照片或PPT，例如：中山陵、中山门、明孝陵、玄武湖、雨花台、红山动物园、南京长江大桥……以及盐水鸭、鸭血粉丝汤……并且鼓励幼儿积极补充。

(3) 选择幼儿介绍的有代表性的内容，教师与幼儿共同进行简短的小结，加深幼儿对南京的认识与了解。

3. 欣赏介绍南京景点的纪录片。

师：我们小朋友生活在南京，知道南京有许许多多有名的地方，有许许多多有名的特产。这里还有一部介绍南京的纪录片，让我们一起来欣赏。

播放介绍南京的纪录片让幼儿欣赏，加深对美丽的南京的印象。

4. 讨论：我们生活的城市——南京怎么样？

4. 树叶拓印画(美术)

教案设计原型

一、活动目标

1. 尝试用排笔在树叶上涂色，进行拓印。

2. 根据树叶的形状进行想象，大胆添画出各种动物形态。

3. 主动愉快地参加活动，对拓印及添画活动产生兴趣。

二、活动准备

1. 经验准备：幼儿欣赏过各种动物的图片，了解观察过动物的特征，认识树叶。

2. 物质准备：与幼儿共同收集各种叶子；铅画纸人手一张，颜料、水彩笔若干；音乐《小树叶》；大森林背景图。

三、活动过程

1. 创设氛围，引起幼儿兴趣。

师：小树叶们准备好了吗？（播放音乐《小树叶》）

2. 欣赏几幅拓印好的作品。

(1) 师：小树叶除了打扮树妈妈，还会做什么呢？小树叶还收到了动物音乐会的请柬，要装扮成小动物去参加。

(2) 师：这里有一片树叶，看一看它像什么小动物？再添上什么部位就更像了？

(3) 师：我们来看一看小树叶都装扮成了哪些小动物。你们能猜出来是怎么装扮的吗？

3. 教师介绍拓印画的制作方法。

4. 幼儿制作树叶拓印画。

师：桌子上有颜料、排笔、油画棒和水彩笔，请你用这些材料来装扮小树叶。

教师观察，指导能力弱的幼儿合理构图，大胆添画表现动物的特征。

5. 展示幼儿作品，幼儿自评。

师：请小朋友来说一说你把小树叶装扮成了什么动物？你是怎样装扮它的？

教师倾听幼儿介绍，引导幼儿用连贯的语言讲述："先……看像……添了……变成了……"

师：动物音乐会要开始了，让我们一起快乐地舞动起来。（音乐起）

专家点评

1. 本活动为幼儿提供了自主联想、创作的机会：能根据树叶的形状进行想象，大胆添画出各种动物形态。

2. 本活动设计很适合大班幼儿，他们认知范围扩大了，操作经验丰富了，进行这样的拓印活动，趣味性强，幼儿能愉快参与。同时，教师还选择了大森林背景图和幼儿熟悉的音乐《小树叶》，可以渲染艺术创作的氛围。

3. 材料准备充分，幼儿有共同收集各种叶子的经验，可以引发他们尝试操作的积极性。

4. 在活动的结束部分，教师能够根据目标进行设计："请小朋友来说一说你把小树叶装扮成了什么动物？你是怎样装扮它的？"同时还特别重视幼儿的语言表达能力，引导幼儿用连贯的语言讲述："先……看像……添了……变成了……"这样不仅为幼儿的相互欣赏、相互学习提供了机会，而且可以提高幼儿有顺序讲述的能力。

5. "目标"要进一步调整，表述得要清楚、明确：拓印画需物体要有清晰的纹路，所以应该用排笔在树叶背面涂色，才可以将树叶的纹路清楚地拓印在纸上。

6. 过程要交代清楚，比如："1. 创设氛围，引起幼儿兴趣。师：小树叶们准备好了吗？（播放音乐《小树叶》）"没有把创设什么样的氛围、谁是小树叶表述清楚。

教案设计提升

一、活动目标

1. 选择自己喜欢的树叶，尝试用排笔在树叶背面涂色后进行拓印。

2. 能根据树叶的形状大胆进行想象，并添画表现出动物形态。

3. 能主动、积极地参加拓印、添画活动。

二、活动准备

1. 经验准备：幼儿欣赏过多种动物的图片，观察了解过动物的特征；师幼共同收集各种树叶若干。

2. 物质准备：铅画纸、颜料、水彩笔；《小树叶》音乐；一幅大森林背景图；范画 1～2 幅。

三、活动过程

1. 以"小树叶"跳舞引入，引起兴趣。

师：秋天来到了，秋风吹呀吹，小树叶们和秋风妈妈一起快乐地跳起舞。

播放音乐《小树叶》，教师、幼儿一起听音乐愉快地跳舞。

2. 欣赏树叶拓印画作品，引起幼儿创作的欲望。

师（出示拓印的小动物的作品）：这几幅画你们喜欢吗？为什么？

师：你们知道这些小动物是怎样画出来的吗？（向幼儿介绍：这是用拓印、添画的方法完成的）

3. 介绍拓印画的制作方法。

（1）示范拓印画的制作方法。

师：这里有一片树叶，看一看它可以变成什么小动物？

教师边示范边讲解：用排笔在树叶反面均匀地涂上颜料，再将涂上颜料的树叶面拓印在画纸上。如果觉得这一片树叶的印子像小兔子，那么就给它添上两只长耳朵、眼睛，再添上胳膊和腿，它就变成小兔子了。

（2）交流自己的想法。

师：这几天我们收集了许多树叶，我们可以用这些树叶拓印、添画成什么小动物呢?

4. 幼儿制作树叶拓印画。

(1) 介绍材料:颜料,排笔、油画棒和水彩笔等。

(2) 幼儿操作,幼儿自己选择材料进行操作。

教师引导幼儿选择合适的树叶进行拓印、合理构图,大胆添画表现动物的特征。

5. 展示幼儿作品,互相欣赏。

(1) 师:请小朋友来说一说把树叶添画成什么动物?是怎样添画的?

(2) 引导幼儿用连贯的语言讲述:“先选择了……拓印以后看看像……添了……变成了……”

四、活动延伸

在活动区继续进行树叶拓印画,并鼓励幼儿大胆想象,除了将树叶添画成小动物外,还可以在树叶上添画,把树叶变成人物、交通工具等。

5. 一天里的活动(社会)

教案设计原型

一、活动目标

1. 了解时间的几种不同的表示方法。

2. 感受时间与人们日常生活的关系。

二、活动准备

1. 经验准备:已完成了调查表。(调查每天上午9点、中午11点半、下午2点半及下午4点家中几个人的活动情况)

2. 物质准备:时钟接龙卡片若干、幼儿事先收集的各种票根(电影票、汽车票等)。

三、活动过程

1. 了解时间的不同表示方法。

(1) 教师:今天下午我们要去看电影,请每位小朋友到售票处买一张电影票。

(2) 幼儿相互交流电影的开场时间,从而了解时间的不同表示方法。(如:下午4:00、16:00等)

2. 讨论调查结果。

(1) 教师出示9点、11点半、2点半、4点，幼儿相互交流各自调查的对象和结果(如：妈妈9点在办公室看资料，11点半在吃午饭等)

(2) 讨论：如何让别人知道自己的调查结果？可以从哪些方面反映自己的调查结果？(引导幼儿从调查的时间、对象、地点、事情等方面考虑)

(3) 师：如何表现这些内容？(运用表格、符号、绘画、简单扼文字等策略表现)

(4) 师：我们可以怎样来记录时间？(了解时间的不同表示方法)

3. 幼儿用表格的形式反映自己的调查结果。

4. 展示记录结果，学习同伴解决问题的不同策略。

(1) 鼓励幼儿互相用语言交流自己的调查、记录的结果。

(2) 幼儿互相交流记录的结果，学习同伴的不同记录方式和解决问题的策略。

5. 幼儿操作。

“时钟接龙”。

专家点评

1. 本节活动适合为入小学做准备的大班幼儿，使其更好地知道时间，知道自己在不同的时间要做不同的事情。

2. 本节课涉及的内容比较多，幼儿需要认识的生活常识类型较广，例如：电影票、汽车票等。这些内容应该在前期准备中进行。

3. 由于幼儿对16点不理解，就不要急着往下介绍活动内容。应该先具体分上下午介绍时间。

4. 活动如何扣紧课题进行？活动目标建议调整，增加“一天中幼儿与时间的关系”内容，并且在过程中安排一定的环节进行。

5. 在表格设计上，可以选择有目的的留白，这样方便幼儿记录，也方便他人帮助观察，或者在过程中安排幼儿观察表格环节，让幼儿熟悉一下表格形式。

6. 教师在引导幼儿去思考“如何让他人知道自己的调查结果”时，指导幼儿主动向他人询问，幼儿的互动很好。

7. 活动最后又安排了学习帮助同伴解决记录问题的环节，使教学内容偏多；另外，由于幼儿记录方式不同，在让别人帮助时，别人也不知道帮助的方法。

8. 活动结束时的“时钟接龙”游戏，有一点与本节活动不相干，幼儿虽然反映较为喜欢，但是与活动目标关系不大。

教案设计提升

一、活动目标

1. 感受一天中时间与人们生活的关系。

2. 了解一天24小时中时间的两种不同表示方式。

3. 知道自己在某一时间内应该做的事情，有一定的时间概念。

二、活动准备

1. 经验准备：

(1) 有认识时钟的经验；知道一天有24小时，可以分为上午、下午和晚上。

(2) 调查过爸爸妈妈一天生活中的活动安排。

2. 物质准备：调查表（调查内容：每天上午9点、中午11点半、14点半及16点时，爸爸、妈妈的活动情况），勾线笔若干，大时钟一个，电影票的照片。

三、活动过程

1. 了解24小时中时间的不同表示方式。

(1) 师：今天老师带你们去看电影。

（出示放大的电影票）提问：是几点钟的电影？这个15:00是什么意思？是上午的时间还是下午的时间？

小结：15点就是下午3点钟。

(2) 出示卡片（下午3点）与电影票比较，让幼儿知道时间的不同表示方法。

小结：下午的时间可以加上“12”来表示。

2. 交流幼儿自己记录的时间安排表。

(1) 教师出示9点、12点半、15点半、20点。

师：你们调查了自己爸爸妈妈的一日活动安排，知道他们在什么时间都在做什么吗？

幼儿相互交流各自调查的对象和结果。如：9点妈妈在办公室看资料，爸爸在给学生上课；15点半妈妈在……爸爸在……

(2) 幼儿共同交流在不同的时间人们在干什么。

如：上午9点，爸爸妈妈在上班，学生在上课，爷爷奶奶在买菜……中午12点半，爸爸妈妈吃午餐，司机叔叔还在工作，小朋友准备午睡……

3. 幼儿用表格的形式反映自己一天的活动。

(1) 师：一天有24个小时，小朋友在星期天一天里干些什么呢？

(2) 请小朋友在表格上做记录。

幼儿做记录时，教师注意观察他们的绘画方式。

4. 同伴间交流展示记录的结果。

重点讨论20点(晚上8点)小朋友应该干什么?

总结:一天有24小时,不同的时间人们在干不同的事情。小朋友们要知道自己什么时间做什么事。例如:早晨8点之前应该上幼儿园,晚上8点(20点)应该准备睡觉,休息好了,第二天才能早早起床上幼儿园。

四、活动延伸

与家长联系,注意培养幼儿的时间概念,引导幼儿按时起床、睡觉,懂得做事要抓紧时间,快快完成该做的事情。

附表格

一天活动调查表(记录表)			
9:00		12:30	
15:30		20:00	

6. 只怕不抵抗(音乐:打击乐)

教案设计原型

一、活动目标

1. 在学习了歌表演的基础上,学习跟着音乐进行打击乐演奏。
2. 能够把音乐的节奏型用拍手的动作拍出来,并尝试设计乐器的配器方案。
3. 体验和表现进行曲的力度和小战士的勇敢情绪。

二、活动准备

1. 经验准备:

(1) 幼儿已了解革命战争年代"革命小英雄"的有关故事。

(2) 幼儿已经能够比较熟练地随乐曲进行集体表演动作。

2. 物质准备:各种乐器,如碰铃、圆舞板、铃鼓、大鼓、镲。

三、活动过程

1. 律动《小鸟飞》。能随音乐合拍地做动作,"飞"时注意脚尖点地。

2. 复习歌曲《夸南京》。能正确地看指挥分声部演唱歌曲。

3. 复习律动《只怕不抵抗》。能熟练地随音乐进行集体表演动作,并体现进行曲中小战士的勇敢情绪。

4. 打击乐《只怕不抵抗》。

(1) 幼儿随乐动作，用拍手的方式将乐曲的节奏型表现出来。

(2) 教师指挥，幼儿看指挥进行打击乐，教师提醒拿铃鼓的幼儿根据音乐合拍地摇铃鼓。

(3) 出示鼓、镲，幼儿一起学习使用的方法。

(4) 在教师的引导下，幼儿探索乐器的配器方案。(重点：在音乐的什么地方累加鼓、镲)

(5) 幼儿分声部演奏乐曲。

(6) 交换乐器演奏。

5. 复习打击乐《红彩妹妹》。要求幼儿能看指挥进行演奏，并能控制乐器的音量。提醒"小小指挥家"，在指挥时要控制好自己的手臂的力度。

专家点评

1. 本活动的内容适合大班的孩子。结合《小小兵》主题，在孩子对革命小故事有了初步的了解后再开展，很好，能让幼儿更进一步了解乐曲的力度和革命小战士的英勇。

2. "目标 1"的定位不适合本节活动，因为这是一节以打击乐为主的活动，应把对节奏的掌握放在首位。

3. "目标 2"应要求孩子在原有经验的基础上，尝试累加鼓、镲。

4. 本节活动的环节较多，复习课可直接进行《只怕不抵抗》的歌唱。

5. 在复习的过程中老师是如何进行组织的，要在教案中体现。

6. 新授打击乐的活动中，教师要学会观察和等待，幼儿尝试操作后，请幼儿说一说自己碰到了什么困难，自己是如何解决调整的，并及时出示相应的图谱来帮助幼儿尽快熟悉旋律。

7. 累加乐器时要体现幼儿的主动性；在幼儿确立方案后，不要急于马上变换，可让幼儿多演奏几遍，教师及时给予有针对性的点评。

8. 活动结束时，可仍以这首乐曲为主线进行复习，动静交替。

教案设计提升

一、活动目标

1. 能用拍手、乐器表现 X X | X – | $\underline{XX}$ $\underline{XX}$ | X 0 | 的节奏型。

2. 尝试根据音乐的旋律，设计鼓、镲的累加。

3. 能表现进行曲的力度。

二、活动准备

1. 经验准备：

(1) 幼儿已听过一些“革命小英雄”的故事。

(2) 幼儿已学习过歌曲《只怕不抵抗》，并会用动作表现歌词内容。

2. 物质准备：

(1)《只怕不抵抗》图谱。

(2) 乐器：碰铃、圆舞板、铃鼓、大鼓、镲。

三、活动过程

1. 开始部分。

(1) 律动“小鸟飞”。

要求幼儿能随3/4拍音乐协调地作“小鸟飞”状，并表现小鸟快乐地飞舞，“飞”时注意脚尖点地。

(2) 复习歌曲《只怕不抵抗》。

师：我们已经学会了唱《只怕不抵抗》这首歌，我们应该怎样唱这首歌呢？

听伴奏乐演唱歌曲2～3遍。

2. 练习打击乐《只怕不抵抗》。

(1) 幼儿听音乐，用拍手的方式表现乐曲节奏。

(2) 教师出示节奏型图谱，引导幼儿按图谱拍节奏：×× | ×— | ×× ×× | × 0 | 。

(3) 幼儿用铃鼓、碰铃、圆舞板边看指挥边演奏。

- 出示完整图谱，让幼儿观察明确每一种乐器何时该演奏、节奏型如何。
- 幼儿尝试看图谱进行打击乐的练习。
- 教师重点提醒拿铃鼓的幼儿根据音乐合拍地摇铃鼓。

3. 累加鼓、镲。

(1) 出示鼓、镲，引导幼儿讨论在哪里使用。(在音乐的后半段一个乐句打一下)

(2) 集体练习鼓、镲演奏2～3遍，请能力强的幼儿用鼓和镲和大家合奏。

(3) 幼儿分声部演奏乐曲。

师：现在我来当指挥家，你们当演奏家，大家一起来表演打击乐《只怕不抵抗》。(幼儿分组使用不同的乐器，看教师的指挥，协调地演奏乐曲2遍)

(4) 交换乐器演奏2遍。

4. 表演《只怕不抵抗》。

鼓励幼儿像革命小战士一样，边唱边表演《只怕不抵抗》1～2遍。

附歌曲

只怕不抵抗

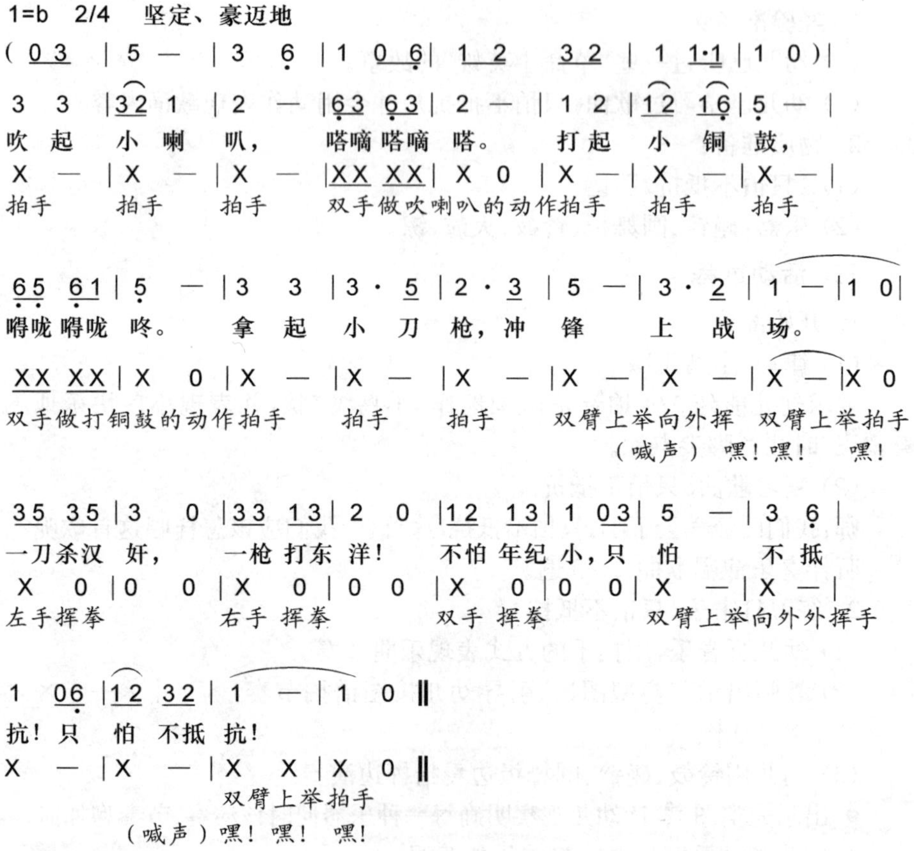

7. 月亮婆婆喜欢我（音乐：唱歌）

教案设计原型

一、活动目标

1. 会用连贯、柔美的声音演唱歌曲。
2. 学习看指挥演唱歌曲。

二、活动准备

1. 经验准备：幼儿学习过律动《只要妈妈露笑脸》。

2. 物质准备："月亮婆婆"、"小娃娃"的图片。

三、活动过程

1. 开始部分。

复习舞蹈《只要妈妈露笑脸》。

2. 新授歌曲。

(1) 出示国旗，复习歌曲《国旗红红哩》。

(2) 出示教具："月亮婆婆"、"小娃娃"的图片。

师(边操作边念歌词，再提问)：这个有趣的故事里有谁？月亮怎么了？月亮婆婆喜不喜欢我？有一首歌曲就是说这个有趣的事，我们来听一听。

(3) 幼儿欣赏教师演唱。

(4) 请全体幼儿跟唱一遍。

(5) 请小朋友指挥再唱一遍。

(6) 全体起立，分句接唱。

● 师：刚才我们学的这首歌叫《月亮婆婆喜欢我》，你听了这首歌想到什么？有什么感觉？睡觉时听的音乐，应该怎么唱？

● 师：最后一句和前面有什么不一样？

3. 结束部分。

音乐游戏"小鱼和大鲨鱼"。

专家点评

1. 这是一首曲调优美、有少数民族特点的歌曲，歌词反映了孩子和月亮之间的亲切的感情，适合大班幼儿。

2. 能够利用教具帮助幼儿理解记忆歌词的内容，但是用什么教具表达不够清晰，是用背景图，还是活动人物，还是课件，应该表达清楚。

3. 目标表述不够准确，还应该提出"要求幼儿会听前奏"，因为前奏较长，可以蕴酿情感，体现民歌风韵。

4. 活动设计考虑不仔细，会影响教学效果。

5. 为了体验歌曲中幼儿与月亮的情感，课前应让幼儿观察月亮，感受"我走她也走"，使幼儿更容易理解歌词内容。

6. 音乐课也要推敲教师的提问，如"这个有趣的事里有谁"这句提问不恰当。

7. 教师在示范演唱时，不一定要用肢体语言，可以用表情、眼神等。

教案设计提升

一、活动目标

1. 初步学唱歌曲，感受歌曲温柔、优美的旋律。

2. 能听前奏，比较准确地起唱。

二、活动准备

1. 经验准备：幼儿观察过月亮，感知交流“我走月亮走、我停月亮停”的现象。

2. 物质准备：和歌曲内容相关的 PPT。

三、活动过程

1. 师幼共同回忆观察月亮的情景。

师：这几天我们都在谈论“月亮和小朋友”这个有趣的话题。你们发现了什么现象？

总结：我们走时，月亮也会跟着我们一起走；我们停下来时，月亮也会停下来。

2. 新授歌曲。

(1) 教师清唱示范。

师：这里有一首关于月亮和小朋友的歌曲，我们来欣赏一下吧！

(2) 欣赏歌曲。

师：歌曲里唱了什么？

(3) 出示 PPT，再次欣赏歌曲。

师：小朋友听一听，从什么时候开始唱歌的？

(4) 幼儿看 PPT 再次欣赏歌曲。

师：你们听，从什么时候开始唱歌？

总结：这首歌有一个长长的前奏，前奏结束时开始唱歌，让我们一起听一听，唱一唱！

(5) 播放前奏至第一句，幼儿练习 2～3 遍。

教师提醒幼儿要唱得轻柔。

(6) 集体、分组练习 3～4 遍。

3. 结束部分。

复习音乐游戏“小鱼和大鲨鱼”。

第二部分
实践与反思

1. 祖国的标志(综合)

一、活动目标

1. 知道自己是中国人,知道国旗、国徽、国歌等是祖国的标志。

2. 了解祖国各行各业为国争光的人和事,为他们感到自豪。

二、活动准备

1. 经验准备:

(1) 与家庭共同收集为国争光的人的照片、事迹介绍或小故事,并制作成剪报。

(2) 教师事先了解幼儿收集的人物和事迹。

2. 物质准备:国徽、国旗、长城等祖国标志性的图片,运动员比赛的精彩片段与领奖的情景等。

三、活动过程

1. 观看运动员比赛后领奖的录像,引导幼儿关注国旗、国歌。

师:这是哪个国家的运动员?你是怎么知道的?

师:领奖的时候,是哪个国家的运动员获得了冠军?你是怎么知道的?

师:颁奖时听到了什么?看到了什么?

小结:哪个国家的运动员得到冠军后,颁奖时就升这个运动员所属国家的国旗、奏这个国家的国歌。

2. 认识中国的国旗、国徽。

师:为什么我国的运动员在得到冠军之后,要奏中国的国歌,升五星红旗呢?

师:国旗、国歌代表什么?

师:除了在运动员领奖时升国旗、奏国歌,你还在什么时候、什么地方看见过国旗,听过到国歌?

小结:在很多时候(国庆节、每周一的升旗仪式、开大会等)都会升国旗、唱国歌。

实践练习:听录音唱国歌。

3. 感知多种代表国家的标志。

师:还有哪些东西能代表我们的祖国?(龙、长城、国徽、天安门、长江、熊猫、瓷器、中国结、茶等)你在什么时候见过?在哪儿见过?

4. 激发做中国娃的自豪感。

师:当你看到我们国家的运动员获得冠军,站在领奖台上,国旗升起,国歌奏响时,心里感到怎么样?

师:我们国家有许多了不起的人,他们为国家争得了许多荣誉,让全世界的人们都佩服中国,你知道这些为国争光的人有谁吗?

小结:我们是中国人,我们中国有许多标志:龙、长城、国徽、天安门、长江、熊猫、瓷器、中国结、茶……还有许多为国争光的人:钱学森、刘翔、姚明、神舟飞船的航天员等。

教学反思

一、课题来源

爱祖国的情感要从小奠基,《中国娃》主题的核心目标中提到,幼儿应“能相互交流关于祖国的知识,感知和了解祖国丰富多样的民俗文化,萌发对祖国的美好情感,为自己是中国人感到骄傲”。为了能让孩子更深入地了解祖国,我们从“标志”这一小点入手,通过调查、谈话等发现,有许多事物能代表我们中国。选择这些开展活动,可以让幼儿进一步感受我们祖国的形象,同时也提供了让幼儿利用原有经验交流分享的机会。

二、研讨要点

1. 这是一节看似简单的活动,却发现幼儿对国旗、国徽、国歌等的含义了解得并不深刻,老师再怎么介绍,孩子没有经验上的迁移,就只是单纯的说教,所以我对原有活动的设计进行了调整。

2. 提问中的有些问题有点绕,如“这是哪个国家的运动员?”“领奖时是哪个国家的运动员”等,后来作了修改,改成“运动员领奖时你看到了什么?听到了什么?”让幼儿有话可说。

3. 在活动的形式上也做了调整，在中间加入了幼儿唱国歌的环节，让幼儿在实践中感受国歌的庄严。

4. 幼儿对祖国的各种标志有着浓厚的兴趣，在老师一一出示各种标志时，孩子们都很投入，尤其对奥运会中的一些标志性的建筑很清楚，当看到我们国家的运动员站在领奖台上时，孩子们跟着一起欢呼，他们也因作为一名中国人而自豪。通过这个活动，孩子对祖国的标志有了更进一步的了解。

5. 在结尾处为了更好地烘托"我是中国娃"的自豪感，也为我们即将进行的"民族大联欢"活动打基础，让孩子通过观看"民族大联欢"的场景，感受作为中国娃的自豪。

6. 在孩子进入大班以后，进行爱祖国的教育活动是非常有必要的，而爱祖国的教育活动如何进行得生动，如何能打动幼儿，我们需要进一步研究，让活动能激发幼儿流露内心情感。

2. 我爱北京天安门(综合)

一、活动目标

1. 知道北京是祖国的首都。
2. 学习看指挥演奏，掌握|X0 X0|、|X— — —|、|X—XX|三种节奏型。
3. 能用完整的语言讲述对北京天安门的认识。

二、活动准备

1. 经验准备：幼儿听过这首乐曲，并有过打击乐的经验。

2. 物质准备：北京天安门图片，乐器（小铃、圆舞板、铃鼓），图谱；幼儿座位摆成双马蹄型。

三、活动过程

1. 交流对北京的认识。

师：谁去过北京？北京是什么样的？

师（出示图片）：这是什么地方？天安门是什么样的？

小结：北京是我们中国的首都，是我国领导人办公的地方，是全国人民向往的地方。天安门在北京，1949 年 10 月 1 日，中华人民共和国在这里举行了开国大典；我们中国的国徽中也有天安门图案。

2. 复习诗歌《天安门》，鼓励幼儿能用诗歌中的句子描述北京天安门的雄伟壮丽。

全班幼儿有感情地朗诵 1～2 遍。

3. 学习打击乐《我爱北京天安门》。

(1) 复习歌曲《我爱北京天安门》。

(2) 看图谱拍节奏。

重点练习|X 0 X 0|、|X — — —|、|X — X X|节奏型。

(3) 看指挥，幼儿拍手练习。

(4) 讨论用这三种乐器共同演奏的方法。

幼儿分小组为乐曲设计配器方案。

(5) 幼儿自由选择乐器，看指挥分声部练习。

(6) 听音乐用乐器完整演奏 2～3 遍。

4. 幼儿交换座位，使用乐器演奏。

鼓励幼儿一边歌唱一边演奏。

5. 在快乐的气氛中结束活动。

四、活动延伸

将乐器和图谱投放至“小舞台”中，让幼儿自由演奏。

教学反思

一、课题选择

《中国娃》主题活动重点是让幼儿了解我们的祖国（如了解祖国的全称、祖国大江大河的名称、祖国有多少个民族等），同时也请爸爸妈妈配合孩子上网或通过电视新闻收集了很多祖国各地的图片，各地有名的土特产，介绍各民族服装、各民族习俗文化的资料等；利用晨间谈话或课后时段，教师带着孩子一起重点了解我国的首都——北京、北京的名胜古迹；结合祖国建国六十周年，进行了“红歌会”活动……通过和幼儿交流，发现幼儿对首都北京、天安门有一些了解，在学习了诗歌《天安门》后，幼儿的兴趣很浓，在绘画天安门中，幼儿的作品效果不错，由此设计了这节综合活动，以进一步培养幼儿爱祖国的情感。这节活动将音乐和认知相融合，结合幼儿的一些前期经验，可以让幼儿了解爱祖国的方式是多种多样的：可以讲述，可以朗诵诗歌，可以歌唱，可以绘画，还可以通过打击乐器表现出音乐……

二、研讨要点

1. 在乐器的选择上，使用了小铃、铃鼓、圆舞板，是幼儿平时比较熟悉的。幼儿已经学会了唱歌曲《我爱北京天安门》，所以在转换为听音乐拍身体节奏时，幼儿的兴趣是很高的。教师对在试教时发现的问题能及时应对、处理。

2. 打击乐可以锻炼幼儿多方面的技能：注意力、节奏、合作等。从最初的律动转换为用乐器演奏，这种转换对于大班幼儿来说是一个挑战。在后面转换到看指挥徒手演奏，直至用乐器演奏，幼儿的兴趣一直一步一步地提高。

3. 在教学过程中发现画面太小，不利于幼儿观察，应放大孩子自己收集的图片与网上下载的图片，提升观察效果。

3. 京剧脸谱(美术：绘画)

一、活动目标

1. 学习用对称的方法画出京剧脸谱的图案，并大胆地尝试装饰脸谱。

2. 进一步感受京剧艺术的魅力，喜爱中国传统的戏曲文化。

二、活动准备

1. 经验准备：欣赏过京剧，对国粹京剧有了初步的了解。

2. 物质准备：京剧脸谱欣赏电脑课件，京剧音乐磁带，空白脸模(有的挖好眼睛孔)，勾线笔和水粉颜料等。

三、活动过程

1. 欣赏京剧，导入课题表演，激起幼儿对京剧的兴趣。

(1) 师(播放一京剧片段)：请你们听一段曲调，听完之后，说说这是什么曲子。

(2) 师：听了曲子，看了表演，你有什么感受？

小结：我们听到的是京剧唱段。京剧是我国独有的一种戏曲，京剧不仅唱腔好听，而且化妆也很独特，它用各种各样的脸谱来表现不同的人物形象和性格。

2. 欣赏京剧脸谱，感知京剧脸谱的主要特征。

(1) 看课件范画，引导幼儿感知京剧脸谱的色彩、图案及对称的美。

引导幼儿观察了解不同的脸谱表现人物的不同个性，并讲述自己了解的京剧人物。

包公：黑色，表示个性刚直；关羽：红色，表示忠诚；曹操：白色，表示多计谋；猴王：金色，表示神话中的人物。

(2) 共同探讨图案的表现方法。

小结：京剧脸谱的共同特点是以鼻子为中心，左右画上对称的颜色和图案。演员在表演京剧时，根据剧情人物的需要夸张地画出不同的脸谱。

3. 教师示范讲解。

教师演示画脸谱的要领：用勾线的方法画出对称的、夸张的五官以及图案。

4. 幼儿绘制脸谱。

鼓励幼儿根据自己的喜好大胆设计一张自己喜欢的脸谱纹样。设计京剧脸谱前一定要想好，勾画时一笔画成，涂上对称的颜色。

5. 相互欣赏表演，体验乐趣。

(1) 请幼儿介绍自己的作品，相互欣赏。

(2) 幼儿戴上自己画好的脸谱，随音乐进行表演。

教学反思

一、课题来源

在《中国娃》主题中，幼儿接触了比较多的中国传统艺术文化，尤其是对中国传统的京剧表演颇感兴趣，而且京剧脸谱上的图案以及色彩对孩子的视觉冲击很大，不同的色彩、不同图案的脸谱代表不同的人物与性格，孩子们也充满着好奇。在角色游戏中，当幼儿听到京剧音乐时，有的幼儿很有兴趣进行表演。基于幼儿兴趣，生成了这节绘画活动，让幼儿有机会为自己设计一张京剧脸谱，再来参加表演，孩子们一定很开心。

二、研讨要点

1. 幼儿参与活动的积极性很高，对称的图案和装饰的方法也都表现得较好。在绘画的过程中能大胆地运用鲜亮和对比的色彩进行涂色，还能区分什么颜色的脸，如：红脸的张飞、蓝脸的窦尔顿、白脸的曹操等人物。

2. 过程设计层层递进，运用了电脑课件帮助幼儿理解，效果很好，孩子容易理解，所以孩子也能大胆表现。

3. 最让孩子们开心的是戴上自己设计的脸谱，随着戏曲音乐进行表演，个个神气十足，积极性很高。

4. 活动中材料不够丰富，还不能完全满足他们的需要。日常活动中可以借助多种方法绘画京剧脸谱，如水粉画、版画等，让活动更加丰富多彩。

4. 我是小小京剧演员(综合)

一、活动目标

1. 根据自己喜爱的京剧角色，运用对称的方法在自己脸上绘画出夸张的脸谱。

2. 有喜爱中国传统戏曲文化的初步情感，尝试听京戏歌曲自主表演。

二、活动准备

1. 经验准备：欣赏过京剧，对脸谱有一定的认知；绘画过平面、立体的脸谱；使用过油彩。

2. 物质准备：脸谱的 PPT，歌曲《说唱脸谱》，油彩，化妆笔，镜子。

三、活动过程

1. 播放京剧歌曲，出示脸谱，师幼共同回忆对“脸谱”的认知。

师：这是什么？什么人要画京剧脸谱？

2. 感知京剧脸谱的主要特征。

(1) 出示脸谱 PPT，引导幼儿说说脸谱有什么特点。

师：你看到了什么样的脸谱？他的五官和我们平时有什么不同？

(引导幼儿观察眉毛、眼睛、嘴巴的特征，以及图案左右对称特点及色彩表现等)

(2) 总结：脸谱的颜色非常鲜艳，五官比普通人的五官要大，要夸张；是以鼻子为中心左右两侧图案对称；不同的人物有不同的脸谱。

3. 教师示范运用油彩在自己脸上作画。

4. 幼儿自己画脸谱。

(1) 播放京剧音乐作背景，幼儿尝试对着镜子在自己的脸上画脸谱。

鼓励幼儿大胆尝试，设计自己喜欢的脸谱。

提醒幼儿将脸谱的外形画大，色彩鲜艳，注意图案、色彩左右对称。

(2) 指导和帮助个别胆小的幼儿积极绘画。

5. 体验表演京剧的乐趣。

幼儿听京剧歌曲《说唱脸谱》自主表演(教师为幼儿拍照留影)。

四、活动延伸

在晨间桌面活动中,让幼儿装饰各种面具,使其感受不同的面具所代表的不同意义。

教学反思

一、课题来源

《中国娃》主题第四周的课程,重点是让孩子们了解和欣赏我国的京剧文化艺术。虽然平时孩子们接触京剧的机会不多,但他们还是非常喜欢听和唱的。通过让孩子们先欣赏,再自己动手画平面的脸谱、立体的脸谱,幼儿对京剧、对京剧脸谱产生了喜爱之情。在此过程中,随着材料的更换,孩子们的兴趣变得更加浓厚。为了进一步培养幼儿喜欢我国的国粹——京剧的情感,提升孩子们对于脸谱的认知和表现力,设计了让幼儿在自己脸上绘画脸谱的教学活动,以提升幼儿对京剧脸谱艺术的表现能力。

二、研讨要点

1. 本次活动改变了绘画的方法,将用纸绘画变成了在自己的脸上绘画,孩子们非常喜欢,充满了兴趣,在绘画过程中情绪高涨。

2. 由于本次活动一层一层地渐进:感知认识—平面绘画—立体面具,幼儿对京剧脸谱的认知、表达能力逐步提高,技能得到进一步提升,孩子们能够大胆地在自己脸上画脸谱,并且都能够表现出脸谱夸张、对称等特征,对于大班幼儿来说是一种新颖的体验。

3. 从活动中可以看出幼儿按照自己的想法在自己脸上自由进行创作时是相当开心的,虽然有一点小小的困难,但幼儿的收获已经超越了这种困难。当他们听着京剧歌曲、自主地扮演着京剧角色时,他们是享受的、快乐的、创造的。这样的教学活动是我们要大力提倡的。

5. 青花瓷盘(美术:线描画)

一、活动目标

1. 知道青花是我国最具民族特色的装饰方法之一。
2. 感受青花瓷蓝白色彩对比的美。

3. 尝试用蓝笔绘画青花瓷盘，喜欢青花工艺品。

二、活动准备

1. 经验准备：幼儿收集一些有关青花的资料，如青花瓷饰品、青花磁画相关图案、视频等。

2. 物质准备：PPT 课件，蓝勾线笔，白色纸盘子，作品展台。

三、活动过程

1. 导入：出示青花瓷花瓶图案。

师：这是什么？瓷瓶是什么颜色？上面有什么图案？

小结：这种瓷器有一个好听的名字，叫"青花瓷"。青花是我国最具民族特色的瓷器装饰方法，也就是线描画。运用天然材料制成的蓝色颜料，在白泥上进行绘画装饰，然后在高温 1300 摄氏度下一次烧成。

2. 欣赏青花瓷盘，介绍操作方法。

(1) 师：我们今天来欣赏一组青花瓷盘。(欣赏 PPT 课件)

● 师：这些青花瓷盘是使用什么方法来装饰的？

● 师：线描画都有哪些线条和图案呢？

小结：边缘用间隔、连续纹样，中间单独纹样；上面的图案是具有民族特色图案(如：荷花、菊花、孔雀的羽毛形等)。

● 师：线描画有什么特点？(黑、白、灰)

利用瓷盘分析特点，引导幼儿观察黑、白、灰的分布情况。黑：涂实；白：没有图案；灰：线条。

3. 介绍材料，幼儿操作。

师：今天我们也来用线描画的方法设计青花瓷盘。你想怎么装饰？我们需要用什么颜色的笔？用(蓝色)什么颜色的盘子？(白色)

4. 欣赏评价。

师：你觉得谁的瓷盘设计得最特别？特别在哪里？

5. 共同欣赏生活中常见的青花装饰的物品。

总结：在我们的生活中也经常能见到很多青花装饰的物品。如：奥运纪念奖牌、奥运礼仪小姐的服装、窗帘、台灯、城市中的美化物等(欣赏 PPT)。请小朋友们回去以后再去找一找生活中还有哪些青花装饰的物品，把你找的信息带到幼儿园来与大家分享。

四、活动延伸

在区域可以提供空瓶子、纸盘、纸碗等供幼儿制作青花瓷，进行连续纹样、间隔图案的绘画练习。

教学反思

一、课题来源

青花是我国最具民族特色的瓷器装饰方式,也是我国陶瓷装饰中较早发明的方法之一,其特点一是着色力强,发色鲜艳,呈色稳定;二是纹饰永不褪色;三是丰富多彩,明净素雅,有中国水墨画的艺术魅力;四是不含铅、砷等有毒元素,对人体无毒副作用;五是不但适合装饰餐具、茶具等日用瓷,而且也适合装饰花瓶等。大班幼儿对青花瓷上的一些简单的纹样感兴趣,于是就想到了请他们在蛋糕盘上进行简单的纹样装饰,制作青花物品。

二、研讨要点

1. 幼儿基本掌握了在圆盘上作画的方法,从边缘纹样开始,以连续纹样为主,中间可以是连续纹样,也可以是装饰图案。

2. 大部分幼儿能运用线条的粗细反映画面,主要围绕黑、白、灰的特点作画。

3. 由于幼儿线描的前期经验不是很好,幼儿对线条的控制力不够,同时在大胆构图方面也有些欠缺,平时需多提供幼儿一些作画的材料。

6. 祖国之最(社会)

一、活动目标

1. 爱我们的祖国,初步了解“祖国之最”。

2. 会提一些祖国之最的问题,并会讲述自己知道的“祖国之最”。

3. 能倾听他人讲述,以积极的情绪参与游戏,遵守游戏规则。

二、活动准备

1. 经验准备:师生共同收集关于“祖国之最”“祖国成就”的图片,如:长江、黄河、长城、故宫等。

2. 物质准备:

(1) 中国地图、《祖国之最》课件。

(2) 分组竞赛(红黄队)的标记。

(3) 黑板、五角星贴画若干。

三、活动过程

1. 出示中国地图，激发幼儿了解祖国的兴趣。

（1）看地图找北京。

师：这是什么？（中国地图）我们的首都在哪里？请你在地图上找一找北京在什么地方。

（2）谈一谈祖国的标志。

你知道哪些东西可以代表我们的祖国？

（3）交流“我喜欢祖国什么”。

师幼小结：我国有河流、高山、名胜古迹、少数民族等，我们最喜欢我们的祖国——中华人民共和国。

2. 竞赛游戏：“说说‘祖国之最’”。

（1）介绍游戏内容。

师：刚才你们说了许多最喜欢祖国的地方，那我们就来玩个“祖国之最”的游戏。你们知道“最”是什么意思吗？

师幼小结：“最”就是最大、最长、最小……有特点的。

（2）幼儿分组。

师：在玩游戏前，小朋友们自选一组准备游戏。

（3）讲解游戏规则。

- 幼儿自愿选择分成两队进行比赛。
- 比赛分两种形式：必答环节和两队互相提问环节。
- 互相提问时，轮流回答，回答正确就得一颗星。
- 在规定的时间内哪队得的星多就获胜。

（4）必答题竞赛。（教师提问，幼儿回答，同时欣赏课件）

- 我国最长的城墙叫什么？

幼儿回答后，课件展示“长城”，讲述：长城的一头在山海关，另一头是嘉峪关，弯弯曲曲，上上下下，很长很长，它是我国最长的城墙。

- 我国最长的河流叫什么？

幼儿回答后，课件展示“长江”时，长江起源于青藏高原唐古拉山，流经11个省市，最终从上海的吴淞口入东海。

- 我国最大的宫殿叫什么？

幼儿回答后，课件展示“故宫”时，讲述：故宫是中国最大的宫殿，有近一万间房屋。房屋的顶是金黄色的琉璃瓦，四周装饰着各色的图案，雕刻着龙、凤等吉祥物。故宫里有大量的珍贵文物，这些都是古代劳动人民创造出来的。

- 中国的“四大发明”是什么？

（5）互问互答游戏。

师：必答题你们回答得真好，下面难度加大了，你们能接受挑战吗？互问互答“祖国之最”开始。

两组幼儿互相提问并且回答。

（6）统计宣布比赛结果。

师：十分钟到了，我们看看每队得了多少颗星。

小结：小朋友知道这么多的“祖国之最”，身为一名中国娃娃，你们感到自豪吗？

3. 欣赏歌曲《大中国》。

师：这有首歌曲里面也藏着“祖国之最”，我们一起来听一听。

跟着音乐边自豪地演唱边离开活动室。

教学反思

一、课题来源

《中国娃》主题非常适合大班幼儿的求知需要，通过各种丰富的活动，幼儿对祖国有了更多的了解，如：中国有多少个民族，一些主要的民族生活在哪里，中国有哪些著名的名胜古迹、旅游景点……特别是韵味十足的国粹京戏，通过欣赏京剧、唱一唱京剧、画画京剧脸谱等一系列的活动，让幼儿为自己是中国人而自豪。在国庆举行的阅兵仪式，更激发了幼儿爱祖国的情感，这些从关于国庆谈话中充分表现出来：阅兵式正式开始了，国旗护卫队第一个出场；他们迈着整齐的步伐；解放军真有精神啊……设计“‘祖国之最’竞答”这一活动，目的是为幼儿提供一次表达、交流、提升对祖国的深厚感情的机会。

二、研讨要点

1. 将目标定位放在社会领域是合适的，这是以社会为主的综合活动。讲述“祖国之最”以及学会提出问题，对幼儿语言的要求较高。

2. 活动中充分调动幼儿的已有经验，比赛的形式让幼儿的参与积极性较高。在相互提问中表现了幼儿对祖国的了解，幼儿能提出“祖国最高的山峰是什么？我们的母亲河是什么河？”等问题。

3. 只需要一张地图即可；互问互答用两个记录表，即：会提问、会回答。还可增加抢答题，增加每个幼儿的参与机会，提升参与热情。

4. 本活动是对主题《中国娃》中知识点的一个小汇总，教师采用了抢答、必答等大班幼儿喜欢的竞赛形式来调动每一个幼儿回顾“祖国之最”的积极性，从而使他们更加了解、热爱自己的祖国。另外活动中幼儿以

“小组”为一个团体，这也要求幼儿参与活动的同时也要遵守游戏规则，为自己小组获取更多的“星”，培养了幼儿团队的意识。可加入儿歌《我们的祖国真大》，激发幼儿的自豪感。

7. 猪八戒吃西瓜(综合)

一、活动目标

1. 能大胆创编歌曲《猪八戒吃西瓜》的动作，并尝试用“双簧”的形式进行表演。

2. 对民间“双簧”表演有兴趣，初步了解“双簧”的基本特征：前脸表演、后背说唱等。

3. 能积极尝试参与“双簧”表演。

二、活动准备

1. 经验准备：幼儿已会唱歌曲《猪八戒吃西瓜》；看过“双簧”表演的片段。

2. 物质准备：头绳、粉扑、毛巾、音乐等。

三、活动过程

1. 律动《胖小猪》入场。

幼儿和同伴一起边跳边进活动室。

2. 复习歌曲《猪八戒吃西瓜》。

(1) 复习歌曲 1～2 遍。

(2) 创编动作进行歌曲表演。

引导幼儿表现歌曲的风趣。

3. 学习用“双簧”表演歌曲。

(1) 欣赏教师表演歌曲。

师：今天老师要用一种特殊的方式来表演这首歌。等一会看看我会有什么变化。(教师化装后表演)

师：刚才是我在唱歌吗？那么是谁在唱歌呢？

(2) 介绍“双簧”的基本特征和表演方法。

师：“双簧”表演分为前脸和后背，前脸是负责用夸张的方法表演，后背是负责唱歌说话。两人合作一同表演。

师：为什么要在表演前，前脸要先拍一下手？（告诉后面的人可以开始了）

4. 幼儿学习“双簧”表演。

（1）幼儿当后背、教师当前脸表演。

（2）教师当后背、幼儿当前脸表演。

（3）幼儿与幼儿合作表演。（两次）

（4）两人一组化妆上台表演。

5. 全体幼儿分为两组，一组坐在座位上当前脸，另一组则蹲在座位后当后背，表演“双簧”。

教学反思

一、课题来源

“双簧”是我国传统表演形式，在一次对国粹艺术形式的欣赏活动中，幼儿对这种表演形式非常感兴趣，因此我们在《中国娃》主题中设计了此活动，以满足大班幼儿的求知欲、表现欲。教师利用了《猪八戒吃西瓜》这首曲子，设计了“双簧”的表演形式。之所以选择这首曲子，是因为这首歌曲幼儿会唱，歌词利于幼儿表现。活动前我们进行了许多经验方面的准备工作，如让幼儿看电视中“双簧”表演的片段（传统式的、化妆的），让幼儿看过《猪八戒吃西瓜》的剪纸动画片、听相关故事，让幼儿会熟练演唱《猪八戒吃西瓜》。

二、研讨要点

1. 活动形式幼儿感兴趣，能将传统文化与儿童歌曲有机地结合，为幼儿提供了更丰富的表现形式。这首歌曲也利于幼儿表演。

2. “双簧”活动形式利于幼儿表现，幼儿学习积极性高，表演得非常精彩，这与教师的示范动作到位、夸张有密切的关系。

3. 如果能设计小组环节，让所有的幼儿都有机会上台表演则更好。

8. 地球上的人种(综合)

一、活动目标

1. 能感受地球上的人肤色是不同的，主要有白种人、黄种人、黑种人等。

2. 根据人种的特点选择相对应色彩的卡纸进行制作活动。

3. 激发幼儿热爱地球这个大家庭的情感。

二、活动准备

1. 经验准备:看过相关的图书。

2. 物质准备:卡纸、皱纹纸、糨糊、抹布、剪刀、笔、图片、地球模板。

三、活动过程

1. 奥运主题导入。

师:2008 年在北京举行了奥运会,我们来唱一唱奥运歌吧。

(师幼共唱奥运歌)

2. 介绍不同人种的主要特征。

师:在北京奥运村里有许多来自各地的运动员,你看见了有哪些国家的运动员?

师:这些运动员皮肤是什么颜色?头发是什么颜色?眼睛是什么颜色?

小结:现在我们知道地球上生活着不同的人种(白种人、黑种人、黄种人等),他们有着不同颜色的皮肤、头发和眼睛。

师:我们中国人是哪种人?你们怎么知道的?

3. 制作《地球上的人们》。

(1) 出示地球模板,引发制作兴趣。

(2) 讨论如何制作。

● 选纸。

师:我们可以用什么纸来做娃娃呢?为什么?

● 做不同的头发。

师:你们发现了吗?四种人的头发除了颜色不同,还有什么不同?卷发可以怎么做?黄种人是直发,可以怎么做?

● 师:头发有许多,一根一根地做,需要很多时间。有什么办法可以一下子做很多头发?(引导幼儿使用一张纸多次对折剪的方法)

(3) 幼儿制作。

注意卡纸颜色和人种颜色要匹配。

4. 欣赏幼儿作品,请幼儿相互介绍自己的制作方法。

师:我们一起来看看我们做的“娃娃”。这个×种娃娃是谁做的?

请幼儿介绍他是用什么好办法做“娃娃”的头发的。

小结:地球上的所有人都生活在一起,和平共处,都是朋友。

四、活动延伸

利用幼儿的制作装饰教室，在区域活动中提供材料供幼儿继续操作。

教学反思

一、课题来源

本节活动来源是一本书。翻阅到书中“地球上的人种”这一页时，听到有些幼儿交流说：“我是中国人。”有的指着书上的黑种人说：“这是黑种人。”我问幼儿：“那你是什么人种？”幼儿回答：“我是中国人。”幼儿对人种的概念有兴趣，但不是很清楚“人种”的概念和类别。通过本活动来帮助幼儿初步了解人种，并在制作中进一步加深对四种人种特征的认识。

二、研讨要点

1. 这是一节生成活动，通过唱歌、谈话、制作等一系列层层递进的活动环节，幼儿感知了地球上四种人种的存在，并通过自己的亲手制作，进一步加深了对人种特征的认知，在操作中发现了制作各种头发的方法。

2. 制作好的立体娃娃外形可爱俏皮，充分展示了幼儿对人种的认识和表现水平。

3. 幼儿制作的人种娃娃可以悬挂在教室里，作为国庆节环境布置。

4. 如果在活动前再联系奥运会谈一谈世界运动员，幼儿进入活动的兴趣会更高。

9. 秋天的故事(美术：种子贴画)

一、活动目标

1. 大胆利用种子的形状、颜色、大小等特点进行贴画。
2. 会用粘贴的方法把种子粘贴牢。
3. 发现自然材料的美，体验成功的乐趣。

二、活动准备

1. 经验准备：观察过秋天的植物，收集过植物种子。
2. 物质准备：

(1) 幼儿与家长共同收集不同种类的种子(如黄豆、红豆、花生、瓜子、芝麻、绿豆等),糨糊、棉签、抹布,事先画好的平面画。

(2) 种子贴画范画一幅。

三、活动过程

1. 以"猜种子"游戏导入,引起幼儿对种子的兴趣。

(1) (出示"种子宝盒")师:听(摇动盒子),谁在里面发出这么好听的声音?

(2) 请个别幼儿来摸一摸,再说说摸到了什么,什么感觉。

2. 辨认、观察几种种子,说出其特点。(大小、颜色、形状)

师:这些种子都一样吗?你发现它们有什么不同吗?

总结:原来种子的颜色、形状和大小都不一样。

3. 欣赏范例。

(1) 观察范例,了解种子贴画。

师:种子宝宝的本领可大了,除了可以给大家吃、可以种,我们还可以用它们来作画。瞧,我用种子做成了什么?(出示范画)

师:种子在一起变成了这么有趣的一幅画。这幅画的名字叫种子贴画。

(2) 分清外轮廓和轮廓内的不同种子。

师:这幅画选用什么种子贴了轮廓?选用的是大的还是小的啊?为什么?(外轮廓是粗线条,选用大的种子贴会比较快)

师:里面可以选择的是大的还是小的?为什么?(里面可以选择小的,用散放的方法来加快速度)

3. 共同讨论制作方法。

请幼儿拿起画好的画,说一说自己想怎样用种子作画。

师:想一想,外轮廓用什么种子?里面又用什么形状、什么颜色的种子?

师:分部位进行粘贴,先在要粘贴的部位用棉签涂上胶,涂好的地方要快快地把种子贴上去,因为胶干得很快;然后用手压平,牢固后再继续粘贴其他部分。

4. 幼儿作画时,教师给予适时、适当的指导。

(1) 引导能力弱的幼儿按步骤操作。(注意颜色、大小、形状的搭配)

(2) 鼓励能力强的幼儿大胆进行创作,选择不同的种子、用不同的方法粘贴。

(3) 提醒幼儿要贴得牢固。

5. 用投影仪展示幼儿作品。

做好的小朋友可以向好朋友介绍是用了哪些种子进行贴画的。

四、活动延伸

继续收集种子，放在区角中，供幼儿进行种子粘贴画。

教学反思

一、课题来源

这节活动是从《种子的秘密》主题中的一节种子镶嵌活动引出的，本来考虑节约粮食，准备用面粉来做，后来改成了用胶来粘贴。幼儿在这个主题中对种子有了一定的认识，对种子的形状、大小、颜色产生了很大的兴趣。因此在本周生成主题《植物知多少》中设计了这节活动，通过幼儿对秋天植物的观察，感受秋天的美，从而画出自己"秋天的故事"，并和"种子宝宝"一起变魔术来丰富故事场景，从而发现自然材料的美，体验成功的乐趣。

二、研讨要点

1. 这次活动幼儿作品的总体效果是不错的，当幼儿与自己作品合影并将照片展示在墙上时，孩子们真正体验到了创作带来的快乐。

2. 观察、了解孩子的需要是一个前提条件，教师通过细心的观察，知道孩子到底需要什么，通过此活动培养了孩子细致观察的品质。

3. 活动提醒我们所提供的材料的难度要与孩子日常经验相结合。幼儿和家长共同收集了许多种子，不仅扩展了幼儿的认识，而且培养了孩子对大自然的热爱之情。

4. 不足之处是个别能力弱些的幼儿在使用方法的选择上不是很好，这与教师之前的引导有关：让幼儿涂一点胶就要快快粘，幼儿就一个一个地粘，速度就慢了。有些幼儿涂的胶太少，小面积的地方就粘得不牢固，当作品拿起来时，种子就掉了下来。

10. 秋天的礼物(数学：分类计数)

一、活动目标

1. 学习按物体特征进行分类，并用数字统计。
2. 探索用多种方法给礼物统计分类。

3. 能大胆地讲述自己操作的过程和结果。

二、活动准备

物质准备：7个礼物卡片，大小标记、颜色标记等，1～7数字卡片；鞋子卡片、裤子卡片、帽子卡片；分礼物记录单；蜡笔6盒、黑色勾线笔16支、雪花片若干等。

三、活动过程

1. 创设情境，引导幼儿观察礼物的不同特征。

师：秋天来了，大树哥哥为我们带来了礼物（出示礼物盒），我们一起看一看！

师：一共有几个礼物？这些礼物一样吗？哪里不一样？

2. 分礼物，探索多种分类方法并用记录表记录。

师：大树哥哥想把礼物分分类，可以怎么分？

（1）教师引导幼儿用标记记录分类统计的方法。

幼儿边表述教师边用标记记录分类统计的方法。

（2）用数字记录分类结果。

引导幼儿数一数每种礼物的数量。

3. 幼儿分组操作。

（1）介绍操作内容。

师：除了礼物之外，我们还有几组物品要分类。第一组是帽子，第二组是裤子，第三组是鞋子。小朋友们每组都可以试一试，将分类结果统计在表中。第四个是我们玩过的"种花游戏"，请你选择三种不同颜色的雪花片，进行间隔排序。

（2）交代操作要求。

师：每进行过一种操作后就找一根皮筋扎在手上，这样就知道已经练习过几组了。

4. 评价、小结。

（1）个别幼儿介绍，集体交流。

师：谁愿意说一说，自己做了什么？是怎么分类统计的？

（2）提示幼儿对着自己的表格，看看自己和同伴分类统计的结果是不是一样。

小结：我们也可以用大小、颜色、样式、用途等方法分类统计日常用品。小朋友还可以回家找一找各种物品，自己试着分类统计。

教学反思

一、课题来源

在数学经验方面，大班幼儿能尝试分析和标出图形的各项特征，并能按标出的特征选取图形。在《标志的世界》主题中我们投放了分析图形特征的材料，大部分幼儿都能看表格选出所要的图形，以及能看图形在表格上记录。

二、研讨要点

1. 选题适合大班，他们喜欢探索，喜欢尝试，对于动手做做非常感兴趣，活动内容与幼儿的兴趣、需要及接受能力相吻合。

2. 结合季节特征用“大树哥哥送礼物”的形式导入，加上孩子喜欢挑战的游戏方法，所以孩子在活动中能主动思考，教育目标达成很轻松。

3. 幼儿对分类游戏之前有过简单的接触，这一次在实际的操作中探索和学习，获得了有关数学概念的感性经验。幼儿只有在做的过程中，才能对某一数学概念或规律有所体验，才能获得直接的经验。

11. 植物的趣闻(科学)

一、活动目标

1. 能观察几种植物的外形特征，发现它们的特殊性。

2. 有了解植物特性与人们关系的积极性。

二、活动准备

1. 经验准备：收集多种有关植物的资料。

2. 物质准备：常见植物的图片（幻灯）若干，含羞草、仙人掌、芦荟、吊兰各一盆。

三、活动过程

1. 观看图片，知道一些常见植物的名称。

师：生活中有很多植物，我们一起来看看，认识它们吗？（教师一一出示PPT）

2. 讨论观察植物的方法。

师：你们仔细观察过植物吗？怎么观察的？

小结：我们可以用眼睛看它的形状、大小、粗细……可以用手摸摸看是什么感觉，是厚还是薄，是细还是糙，还可以用鼻子闻有什么气味等。

3. 幼儿自由地观察四种植物。

师：在我们身后的桌子上有四种植物，你认识它们吗？（一盆一盆说名字）下面就请你仔细观察这四种植物，等一下把你的发现告诉大家。（鼓励幼儿用多种感官观察、发现这四种植物的特性）

4. 交流、分享观察的植物。

师：谁来说说你观察的是什么植物？它是什么样子的？（鼓励幼儿相互补充）

5. 谈谈四种植物的本领。

师：刚才我们观察了含羞草、仙人掌、吊兰和芦荟，它们都有什么特别的本领呢？（含羞草：人的手一碰它，它的叶子就合上；仙人掌：身上的刺可以防止水分流失；吊兰：能净化空气；芦荟：可以食用）

6. 说说自己知道的植物趣闻。

师：今天我们认识了四种植物，它们各有各的本领。你们还知道哪些植物的有趣的事呢？

7. 师幼共同总结。

师：我们生活中的植物真多，我们的生活也离不开植物。抗旱性强的植物叶子都是针叶，比如仙人掌，因为它们生活在干旱的地方，只有这样才能防止水分流失；有的植物叶子厚厚的，比如芦荟，叶子里有很多汁，可以让我们人食用、做保健美容产品；还有的植物不怕冷也不怕热，比如万年青，一年四季都是绿的，放在家里很美。我们可以再去小区或者周围看看还有什么植物，它们有什么特殊的本领。

教学反思

一、课题来源

大自然蕴藏着无限的秘密，幼儿在寻寻觅觅的过程中，惊奇地发现植物是千姿百态的，深切地感受到植物生长的意义以及与人们生活的紧密联系，更重要的是孩子们学到了查找资料、同伴合作等解决问题、寻找答案的方法。孩子们在观察自然角时，有一位小朋友偶然发现用手摸一下含羞草，含羞草的叶子居然合上了，再摸又合，于是将自己的发现告诉了老师和小朋友。有个孩子说："植物这么有意思啊！"于是顺着孩子们的思路开展了本次活动。

二、研讨要点

1. 本课题很适合大班幼儿,他们会发现很多植物的特殊性。

2. 教师在活动中提供的几种植物是孩子们平时能接触到的、比较熟悉的,所以有很多孩子对这几种植物有了解,便于活动开展。

3. 在观察之前老师提出了观察的方法,给幼儿的观察予以提示,对于幼儿发现这些植物的特点有帮助。

4. 本主题中能接触到的植物其实是很多的,有的小朋友对植物的一些奇怪的特性很感兴趣,能提出很多自己的问题和想法。但是由于植物本身就是一个很深奥的话题,有很多术语的东西孩子还是不能理解的,包括老师最后的总结也只是帮助孩子提升和归纳,让他们初步有所感受。

12. 帮助熊妈妈盖房子(综合)

一、活动目标

1. 认识正方体,体验正方体有 6 个面。
2. 能两两合作将大小相同的正方形组合成正方体。
3. 体验帮助小动物"盖房子"带来的快乐。

二、活动准备

物质准备:"熊妈妈的房子"的地基,拼好的正方体 10 个(备用);KT 板制作的三角形的房顶一个、正方形的塑胶软垫 108 块。

三、活动过程

1. 情境:帮助熊妈妈盖房子,激发幼儿兴趣。

师:在寒冷的冬天,哪些小动物要冬眠?

师:(出示小熊图片)天越来越冷,熊妈妈要盖房子准备冬眠了,可是她发现盖房子的砖不够了,我们一起来帮帮她。

2. 尝试两两合作拼正方体。

(1) 出示用正方形塑料软垫拼成的正方体的"砖"。

师:这个砖是什么形状的?

(2) 学习分组制作正方体的"砖块"。

第一次拼搭,两人一组搭一个正方体,观察制作正方体的过程。

学习用商量的方法与同伴沟通共同完成任务。

请幼儿相互交流制作正方体的方法。

师：你和你的好朋友是怎样搭出正方体的？用了几块正方形？

第二次拼搭，请幼儿尝试用不同的方法，并且以最快的速度再次搭正方体，速度快的可以多搭几个正方体。

3. 教师对两次活动进行简单小结，并和幼儿共同归纳正方体的特点。

4. 帮助"熊妈妈"盖"房子"，用自己拼出的正方体砖来帮助熊妈妈继续把房子盖好。

师：我们终于把熊妈妈的房子盖好了，帮助别人后你的心情怎么样啊？

四、活动延伸

在桌面游戏中投放正方体的盒子，让孩子组装、粘贴正方体。

教学反思

一、课题来源

孩子到了大班以后，接触的图形不单单是正方形、长方形、梯形等平面图形了，他们开始关注身边立体的事物，如：正方体、长方体，甚至有些孩子在关注圆锥体、圆柱体等立体物品。而本主题中也有认识立方体的教学活动课程，认识正方体等主要立体图形也是大班数学领域的内容。

二、研讨要点

1. 这是一个操作性很强的活动。孩子通过和同伴合作来完成正方体的拼搭，这一过程中孩子有探索、发现、学习、合作的机会和经验的交流。

2. 通过操作来了解正方体，这种形式孩子很喜欢，同时也符合大班孩子的年龄特点。活动过程中教师带孩子一起感受正方体的时候，数六个面有一定的顺序：以上下、左右、前后这样的顺序来数，这样做能锻炼幼儿清晰的逻辑思维能力。

3. 孩子在活动的每个环节与老师互动很默契，与同伴合作很投入，活动的每个环节紧密相扣。

4. 孩子拼搭好后交流方法时，应该请孩子到前面来演示两人的配合方法，这样也体现了自主学习与相互学习。

13. 我们的恐龙园(综合)

一、活动目标

1. 能用油泥、纸盒造型等形式表现恐龙的外型特征。

2. 喜欢探索恐龙的秘密。

二、活动准备

1. 经验准备：去过常州恐龙园，了解恐龙的一些特征。

2. 物质准备：各色油泥、果壳、牙签、泥工板、纸盒、泡沫胶、剪刀、双面胶；恐龙的图片；背景音乐、恐龙园背景。

三、活动过程

1. 回忆有关恐龙的经验。

(1) 师：我们去了恐龙园，在恐龙园看到了哪些恐龙？都是什么样子的？(幼儿讲述，教师出示相关恐龙的图片)

小结：大约在2.55亿年前，地球上出现了一类新的爬行动物。像所有的爬行动物一样，恐龙是陆地动物，所有的恐龙都长有四肢，但许多恐龙(如这只霸王龙)仅用后肢行走，它们腾出前肢做其他事情。恐龙的体型多种多样，非常壮观。有的恐龙以肉食为主，有的恐龙则食草。

(2) 师：现在还有恐龙吗？为什么？

小结：恐龙已经消失，我们看到的都是化石或者仿制雕塑。

2. 利用各种材料制作恐龙。

(1) 师：各种油泥、大大小小的纸盒、果壳等，引起幼儿自己动手制作恐龙的兴趣。

● 引导幼儿讨论如何用油泥捏恐龙，如何用瓜子壳等物品表现恐龙的特征。

● 引导幼儿根据恐龙的特征选择盒子，重点讨论如何用纸盒制作恐龙的嘴和牙齿。

(2) 幼儿选择材料制作。

教师指导幼儿先做好恐龙头，再选择制作恐龙身体的盒子，用泡沫胶进行粘贴，加上腿就行了。

(3) 鼓励幼儿与同伴合作完成制作。

3. 展示评价。

将作品放入“恐龙园”，幼儿边欣赏边相互介绍自己的恐龙是怎么做的，和谁一起完成的。

四、活动延伸

美术区域活动中，提供大小不同的纸盒等多种材料，让幼儿继续与同伴合作丰富“恐龙展”。

教学反思

一、课题来源

幼儿都喜欢恐龙，在《可爱的动物》主题中进行了参观恐龙园的亲子活动，在活动中幼儿表现出了极高的兴趣。回到幼儿园后，他们从图书、照片、见闻等途径见到恐龙，继续讨论着关于恐龙的话题。看到幼儿有探索恐龙及表现恐龙的欲望，我们就在这个主题的最后一周，利用师幼共同收集的纸盒、碟片等一些废旧材料，鼓励幼儿用制作“恐龙”，在班级布置自己的“恐龙园”。

二、研讨要点

1. 幼儿喜欢探究恐龙，在认识、研究恐龙后，教师能利用身边的油泥、废旧材料让幼儿制作、表现恐龙，满足幼儿的兴趣，很有价值。

2. 在制作中幼儿能再现和反映自己对恐龙的已有经验，使“恐龙展”生动有趣。

3. 本次活动体现出教师准备较少，而幼儿在活动中收获较多。

4. 幼儿制作出的恐龙大同小异，可在技能上给予幼儿更多的指导与支持，更好地反映不同恐龙的外形特征。

14. 营救小动物(综合)

一、活动目标

1. 小组内的同伴能商量、分工合作完成任务。

2. 会仔细观察小图提供的线索(物件、方位、地点等)，拼合成完整的场景，找到被困的“小动物”。

3. 尝试用合适的方法或是借助工具“营救动物”，并注意自身的安全。

二、活动准备

1. 经验准备:幼儿对于户外活动场地很熟悉,玩过拼图游戏。

2. 物质准备:

(1) 幼儿园的环境照片 6 张,将每张照片剪成 3～4 块,分信封包装好。

(2) 各种辅助材料:梯子、垫子、拼接玩具、球、椅子,毛绒玩具如猴子、熊猫等共 6 个,分别藏在 6 张照片所示处。

三、活动过程

1. 引出“营救小动物”的话题,明确任务。

(1) 师:今天有一些小动物遇到了困难,它们被困在我们幼儿园的某个地方,但是不知在哪里,民警叔叔要请我们当小小营救员,想办法把小动物营救出来。

(2) 出示一组照片请幼儿观察,让幼儿想办法完成任务。

(3) 幼儿按小组,将 3～4 块小照片拼成一张照片,确认本小组需要营救的“小动物”所在的地点。

2. “营救小动物”。

(1) 幼儿按小组讨论“拯救小动物”的方法。

师:你们发现小动物被困在了什么地方? 可以怎样去营救它? 如何利用工具?

小结:我们可以在班级先找一找营救的工具,然后听哨音出发。在营救的过程中要注意自身的安全。

(2) 游戏:“营救行动在进行”。

师:营救小组都准备好了,现在就去营救小动物吧。在营救的过程中注意安全。

幼儿根据自己小组照片所展示的方位去营救。教师注意观察幼儿营救的方法。

3. 完成任务。

各小组将“营救”的“小动物”带回,集体交流各自的营救方法。

各组向大家介绍:小动物被困在哪里,小组成员用了什么方法营救的。(如个别小组的幼儿完成有一定的困难,集体进行帮助,共同完成任务)

4. 总结营救的方法,幼儿与同伴分享完成任务的喜悦。

师:我们小小营救员真棒,在花坛里找到了小猫,在大树顶上找到了小熊,在竹林里找到了小鹿。有的用细竹竿帮忙,有的还找来了梯子,终于把被困的小动物全解救出来了。

教学反思

一、课题来源

在《可爱的动物》这个主题中，孩子们不仅仅了解了一些动物的生活习性，同时也探索和发现动物之间、动物与环境之间相互依存、相互联系的生存状态，从而感受到动物是人类的朋友，人类更是动物的伙伴。"捉迷藏"这个游戏一直是孩子们非常喜爱的游戏，当孩子看到别人有困难需要帮助时，也能发自内心地去帮忙。因此设计了"营救小动物"这个活动，不仅加深孩子们对动物的爱护之情，而且可以锻炼孩子的观察能力、认方位能力、使用工具解决问题及小组合作能力等。

二、研讨要点

1. 在活动过程中幼儿自发地运用合适的工具去帮助小动物，体现大班幼儿"玩中学"的能力。如几个人找来人字梯，有的扶着，有的爬上去把树杈上的小动物抱下来。

2. 在活动目标中加入"快速、准确拼图"目标，将小动物放到实际环境中，让幼儿当"小小营救员"去营救被困的小动物，使活动生动、有趣、形象。

3. 本活动孩子非常投入，幼儿是自发运用各种方法帮助小动物，在活动中能够提供机会让幼儿相互商量、配合，体现了小组分工合作，每个幼儿都有明确的任务和责任意识，此类活动有利于幼儿社会性的发展。

4. 结合当今社会的发展，在"目标 2"中应该增加"自身安全"的要求，提醒孩子们在帮助别人的同时，注重自身的安全。在活动中有的幼儿为了帮助别人不顾自己的安全，因此在这个方面可作为延伸话题继续进行探讨。

15. 动物狂欢节(美术:手工制作)

一、活动目标

1. 尝试用多种材料表现动物面部的基本特征。
2. 学会用重叠的方法剪出两个大小相同的小动物耳朵。
3. 愿意克服困难大胆地参与制作，体验制作活动带来的乐趣。

二、活动准备

1. 经验准备：已对各种小动物的外形特征有初步的认识。

2. 物质准备：面具半成品若干（纸盘剪成），各种纸，笔、棉花、绳、毛条、各色油彩等，背景音乐、电脑课件。

三、活动过程

1. 以参加“动物狂欢会”引出课题。

(1) 师：今天我接到一份请柬，邀请我们去参加动物狂欢会，我们怎么去呢？

鼓励幼儿想象自己扮演什么动物，并且用身体动作表现。

(2) 互相介绍自己喜欢的小动物的外形特征。（出示 PPT）

小结：小动物长得都不一样，它们的耳朵……眼睛……身上的花纹……

2. 讨论制作动物面具的方法。

(1) 引起做动物面具的愿望。

师：如果我想扮演斑点狗，怎样可以让别人一看就知道？

(2) 探讨面具的制作方法。

重点讨论：怎样才能一次剪出两只一样大的耳朵？

(3) 师：除了耳朵外，脸上还少了些什么？

戴上面具后，还可以用哪些材料装扮自己？（如：装上尾巴、翅膀等）

3. 幼儿制作，教师适时指导与帮助。

鼓励幼儿大胆使用各种材料，会根据动物的外形特征选择合适的材料等。

4. 师生戴着面具一起参加“动物狂欢节”，共同体验制作活动的乐趣。

四、活动延伸

延伸到区域游戏中进一步进行制作，还可以在亲子活动中进行；或者尝试举办一个“动物化装舞会”，进一步增加孩子对小动物的认识。

教学反思

一、课题来源

大自然的千奇百态无时无刻不吸引着孩子，尤其是可爱的动物们。孩子们也常常问老师与动物有关的问题，如：猫为什么会有胡须？斑马身上的斑纹为什么是一条一条的？为什么小动物的尾巴有的长有的短？小鸡宝宝为什么和鸡妈妈的颜色不一样……基于幼儿的兴趣和需要，我们生成了主题活动《可爱的动物》。活动中，孩子们通过调查、观察、查阅资料、小组和集体讨论等多种学习方式，对小动物有了一定的认识。但我们发现对于大班的孩子来说，仅仅了解动物的名字、知道它们的生活习性，已经远远不能满足他们的需要了。所以我们在幼儿对动物的特征和习性有了一定认识的基础上，又生成了一系列的动手和韵律等活动，为孩子提供多种表现动物的机会。

二、研讨要点

1. 活动的设计达到了预期的效果，活动的自主性、材料的开放性、内容的综合性，都给孩子的发展提供了至关重要的支撑。

2. 在活动中，孩子讨论积极，选材新颖，制作细致又大胆。“狂欢节”将活动推向了高潮，孩子的发展也随之被推入更高的起点。总体来说，这节活动在老师的细致设计下，目标完成得很好，孩子对动物的认识进一步得到提高，也为我们后面的活动作了铺垫。

3. 这节活动的进场律动，给孩子提供了用形体来表现动物特征的操作活动，给孩子提供了一次用双手表现小动物的机会，也为今后将进行的“亲子化装舞会”奠定了基础。

4. 因为孩子之间的差异，当其他幼儿都打扮好自己开始狂欢的时候，有一位幼儿仍然坐在那细心地制作着，直到“狂欢”结束，她还没有完成，一时之间，老师没有能够找到合适的解决方式，等她完成后，虽然没有参加到“狂欢节”中，但她还是那么快乐。通过这节活动，我明白，只要老师将孩子放在首位，精心设计活动，细致观察、指导孩子的活动并尊重孩子，这活动就是成功的！

16. 要下雨了(语言)

一、活动目标

1. 了解小动物在下雨前的一些特殊表现，知道一些动物是怎样预报天气的。
2. 学说故事中人物的对话。
3. 能大胆进行表演，体验与同伴游戏带来的乐趣。

二、活动准备

物质准备：动物图片、课件《要下雨了》、磁带、录音机、纸张和笔。

三、活动过程

1. 猜谜语，引发幼儿思考。

师：今天带来一个谜语，请小朋友猜一猜。“千条线万条线，落到水里看不见。”这个谜语说的是什么？（雨）

2. 欣赏故事。

师：今天我还带来一个关于雨的故事呢。看完后要请你告诉大家：故事的名字叫什么？故事里都有谁？（幼儿讲述，教师出示相应的图片）

3. 看课件再次讲述故事。

师：故事里除了它们还有谁呢？请你再听一遍，故事里要发生一件什么事情？小动物们是怎样知道的？它们之间都说了些什么？（根据幼儿的回答，补充画面内容，加深幼儿对故事的印象）

4. 看图片跟着老师分段学说人物对话。

师：燕子和小兔是怎么说的呀？小鱼和小兔是怎么说的？小兔和蚂蚁又是怎么说的？

5. 完整欣赏课件。

师：这次我们来听一遍故事，会说的小朋友可以跟着一起说。

6. 扩展幼儿的经验。

师：除了这些小动物知道要下雨了，还有什么迹象表示要下雨了呢？

附故事

要下雨了

小白兔弯着腰在山坡上割草。天气很闷，小白兔直起身子，伸伸腰。一只小燕子从他头上飞过。小白兔大声喊：“燕子，燕子，你为什么飞得这么低啊？”

燕子边飞边说：“要下雨了。空气很潮湿，虫子的翅膀沾了小水珠，飞不高。我正忙着捉虫子呢！”是要下雨了吗？小白兔往前一看，那边池子里的小鱼都游到水面上来了。

小白兔跑过去问：“小鱼，小鱼，今天怎么有空出来啊？”

小鱼说：“要下雨了。水里闷得很，我们游到水面上透透气。小白兔，你快回家吧，小心淋着雨。”

小白兔连忙挎起篮子往家跑。他看见路边有一大群蚂蚁。小白兔把要下雨的消息告诉蚂蚁。一只大蚂蚁说：“是要下雨了，我们正忙着往高处搬家呢！”

小白兔加快步子往家跑。他一边跑一边喊：“妈妈，妈妈，要下雨了！”

哗，哗，哗，大雨下起来了！

教学反思

一、课题来源

“你看，书上的小鱼把头伸出来吐泡泡了呢，真好玩。”“我知道的，因为要下雨了，小鱼要出来吐泡泡，不然它就会死掉的。”“我也知道的，还有蚂蚁搬家也是快要下雨了……”孩子们议论着图书中的内容，头都聚到了一起。利用这一话题，我与孩子们进行了讨论，孩子中有的对于下雨这种自然现象有一定的了解。为了让孩子们更多地了解生活中的知识，了解民间谚语，所以设计了这一节教学活动。

二、研讨要点

1. 激发幼儿的好奇心，引导幼儿去了解动物与气象之间变化的关系与奥秘，这样的教学教育活动对于幼儿很有必要。

2. 新《纲要》中指出，教师应成为学习的引导者、支持者、合作者。活动中教师采用了清讲法、多媒体演示法、提问法、猜谜法等。整个活动以幼儿为主体，遵循由浅入深的教学原则，幼儿在猜猜、听听、想想、说说、看看的气氛中掌握故事内容。

3. 建议班级设立“小小气象站”，引导幼儿关注每日气象变化。

17. 水族馆(美术:泥工)

一、活动目标

1. 能运用团圆、压扁、切、铲的技法，塑造海底的鱼。

2. 感知鱼身上各种花纹图案，探索制作花纹的方法。

3. 体验两两合作装饰鱼缸的乐趣。

二、活动准备

1. 经验准备:学习过律动“小鱼游”。

2. 物质准备:装饰好水草的油桶，粉、绿、蓝、白、红、黄色的面团，“蓝色海水”、五彩石、拓印模板(海龟、章鱼等)，花纹图案四幅，泥工板、展示台。

三、活动过程

1. 进场:律动“小鱼游”。

2. 欣赏视频。

师：我们刚刚变成小鱼真开心。这儿有一段视频说的是水族馆里发生的事，我们一起来看一看。

师：你看到了什么？（水族馆里有各种形状、花纹的鱼，还有海龟、海星、章鱼、五彩石）

3. 再次欣赏视频。

师：海里的鱼有各种各样的形状，身上还有漂亮的花纹呢！请小朋友边看边找一找花纹。

师：（画面定格）说一说，你看到了哪些花纹？

4. 引导幼儿感知各种花纹图案，示范做法。

（1）师：看一看花纹图案，说说你最喜欢哪一幅。用面团怎么做？

（2）分析并示范制作方法，圆型叠加、半圆、横条、竖条、三角型。

（3）参与示范制作三角形状的面团。

（4）师：这里还提供了一些模具，有海龟、章鱼等形状，大家可以用拓印的方法来制作，水族馆里的动物看起来更加丰富，还可以加上一些五彩石，这样就更像水族馆了。

5. 讨论制作中的困难。

（1）师：制作好的鱼怎样从泥工板上取下，贴在鱼缸上？（用工具轻轻铲、用大拇指压鱼身边缘）

（2）两两合作完成一个鱼缸的装饰，两人要商量好分工、布局。

6. 幼儿制作，教师巡回指导。

（1）引导幼儿相互交流、商量好再分工合作，材料轮流使用，懂得相互谦让。

（2）章鱼、海龟以及装饰物使用现成的工具制作，提高效率。

（3）为完成的作品倒上“海水”，布置在展示区。

7. 活动评价。

师：水族馆里不仅有各种形状花纹的鱼，我还看到了海龟、海星、章鱼、五彩石，你们把水族馆变得更美了，真棒！我们把漂亮的鱼缸带回班里，种上水培植物，自然角也会更美的。

教学反思

一、课题来源

《纲要》在艺术领域提出了“感受与创造并重”的观点，强调让幼儿在视觉和情感获得满足、愉悦的同时，培养其对美的感受能力和艺术创造能力。

陶艺活动既锻炼了幼儿手部触觉的敏感性，刺激其手部小肌肉的发育，又解决了幼儿动手能力普遍较低的问题。海洋动物是幼儿熟悉而又喜欢的动物，因此，选择了“水族馆”作为本次教学活动的素材，以“水族馆”贯穿整个教学活动，通过学小鱼游一游、制作海底动物，最后感受亲亲热热在一起的气氛，在增强幼儿动手能力的同时，提高其认知能力和审美能力，从而达到身心和谐的发展。

二、研讨要点

1. 水族馆的海洋生物是很多的，不仅仅是表现鱼，为了切合主题，提供了一些工具，如拓印的模具、五彩石等。

2. 利用油桶装饰后呈现幼儿作品的方式，新颖美观，而且在油桶中盛上蓝色“海水”，使作品更形象生动。

3. 让孩子体验分工合作，用合作的语言相互商量，遇到问题协商解决，材料轮流使用，相互谦让等。

4. 由于受面团软硬程度的限制，幼儿制作得不够细致。

18. 鸵鸟(美术:水粉画)

一、活动目标

1. 尝试绘画鸵鸟的头、颈、身体、腿的不同动作，表现出各种不同姿态的鸵鸟。

2. 能用排笔侧峰点提的方法添画鸵鸟的绒毛、睫毛。

3. 体验绘画鸵鸟的趣味和成功感。

二、活动准备

1. 经验准备：对鸵鸟的外形、生活习性有一定的了解，观看过电视节目《动物世界》中有关鸵鸟的介绍。

2. 物质准备：各色卡纸，黑白颜料，桌垫，大号小号排笔，抹布，自制相框若干，护衣，音乐，鸵鸟图片。

三、活动过程

1. 出示单张鸵鸟站立的图片，引导幼儿回忆鸵鸟的生活习性，观察鸵鸟的外形特征。

(1) 谈话引出鸵鸟。

师:你们知道世界上最大的鸟是什么鸟?

(2) 引导幼儿观察图片,示范绘画鸵鸟。

师:现在我们按照从头到脚的顺序一一观察鸵鸟。(引导幼儿观察、讲述鸵鸟身体各个部位的样子)

(3) 幼儿示范鸵鸟各个部位的绘画方法。

重点介绍睫毛、绒毛的添画方法(侧峰点提)、身体与腿的空间比例关系。

2. 出示鸵鸟在各种活动中的图片,师幼共同讨论鸵鸟的不同姿态。

(1) 观察形态各异的鸵鸟姿态。

师:这里有哪些不同姿态的鸵鸟?我们一起来看一看。(单脚站立、蹲下、孵蛋、大带小、头埋进土中、奔跑、腿交叉等)

(2) 小组讨论:如何绘画不同姿态的鸵鸟。重点讨论鸵鸟双腿、颈部的表现方法。

3. 自由选择不同底色的画纸及绘画工具(黑、白颜料)进行绘画。(播放音乐)

重点指导绘画鸵鸟的不同姿态。

4. 展示作品,欣赏作品中形态各异的鸵鸟。

(1) 重点讲评鸵鸟的不同姿态,请幼儿相互模仿。

(2) 播放音乐,模仿鸵鸟跳舞,感受绘画、模仿鸵鸟的快乐。

教学反思

一、课题来源

在《可爱的动物》主题中,孩子们被鸵鸟各种可爱又滑稽的动作吸引,相互交流"动物之最"时,孩子对世界上最大的、却不能飞的鸟——鸵鸟充满兴趣,围绕着鸵鸟产生各种疑问。

水粉画粗犷、大笔画的绘画方式,有利于幼儿大胆表现鸵鸟的各种姿态。黑白颜料在彩色卡纸上形成强烈对比,夸张地突显了鸵鸟的憨态可掬、滑稽有趣。大班孩子对事物充满了探究和表现欲望,有激情地投入活动中,用自己的方式大胆地表现鸵鸟的可爱。

二、研讨要点

1. 情景式画展的展示方法特别新颖,有美感,吸引幼儿相互欣赏。

2. 幼儿在活动中很快乐,作品可爱有趣,情景氛围清新自然。

3. 鸵鸟身体的黑色部分可以预留出白色羽毛的位置，让白色颜料容易上色。

4. 个别指导幼儿操作时，可以强调身体羽毛的绘画方法，告诉幼儿不用全部画实（有虚有实更能突显羽毛的质感）。

5. 重点指导幼儿把握鸵鸟身体的比例，把腿部的空间预留出来，让鸵鸟腿部的变化可以清楚地表现出来。

6. 以幼儿示范为主，可以让他们充分自主探究绘画的方法。重点部分建议老师重点示范，如身体的比例、绒毛的画法（侧峰点提）等。

19. 拼地毯（综合）

一、活动目标

1. 学会选用合适的三角形、长方形、正方形拼接成大的“正方形地毯”，进一步感受图形之间相互转换的关系。

2. 在设计地毯图案中注意到颜色间隔、图形对称等方法。

3. 不怕困难，能大胆探索和尝试，体验探索的乐趣。

二、活动准备

1. 经验准备：幼儿已经认识三角形、长方形、正方形等，有简单拼图的经验。

2. 物质准备：手偶小熊，不同大小的彩色小正方形、三角形、长方形图形片若干，正方形底板人手两份（上面用虚线分别画成 6 个小的正方形）。

三、活动过程

1. 引发幼儿帮小熊新家拼地毯的积极性。

(1) 师（出示小熊手偶）：小熊搬新家了！它想要一块正方形的地毯，可是小熊家里只有一些零碎的小图形，它请我们帮它设计一块大地毯，可以吗？

(2) 师：这是一个大正方形，你能用哪些图形拼成这样的大正方形？

师幼共同观察并讨论拼地毯的方法。

2. 自主尝试拼图形，感受各图形之间相互转换的关系。

(1) 介绍操作材料和操作要求：把操作纸上第一排的正方形拼满，不能留白。

（2）幼儿尝试拼图，教师观察、了解幼儿拼图的策略。

（3）教师请2～3个幼儿将自己的拼图策略展示出来，师幼共同探讨图形之间的相互转换关系。

3. 幼儿再次拼图，完成操作纸中的第二块。

引导幼儿用几种不同的图形拼贴成大正方形。

帮助操作中遇到困难的幼儿。

4. 鼓励幼儿用间隔、对称的方法拼地毯。

（1）师幼共同观察拼地毯的多种方法。

（2）提出挑战：小熊喜欢有花纹的地毯，我们可以做到吗？（幼儿完成第三块地毯）

5. 将幼儿作品用相机拍摄下来并播放，相互交流不一样的拼法。

6. 活动评价。

师：在你们的帮助下，小熊终于可以得到它想要的漂亮的地毯，你们都很能干，会用三种不同的小图形拼成大地毯，这块大地毯真漂亮。

四、活动延伸

区域活动中，提供多种图形供幼儿操作，感受不同的图形通过拼贴都能变成正方形。还可让幼儿尝试用小图形拼成长方形等。

教学反思

一、课题来源

通过本活动，既能增加幼儿对动物的认识与关心，又进行了数学教学活动。

二、研讨要点

1. 活动设计情境化、游戏化，层次清楚，让幼儿在玩中练习了图形的分解组合与转换。

2. 此活动对大班幼儿来说具有挑战性，因此幼儿的兴趣浓厚。

3. 通过拍摄幼儿的作品进行展示，分享别人的经验，此方法较好。

4. 孩子在操作中才会显得有挑战，每一位孩子拼出来的图形都能根据自己的想法来设计，但在粘贴方面，孩子做得还不够细致，需加强粘贴技能的练习。

20. 快乐的小丑（美术：手工制作）

一、活动目标

1. 表现小丑面部的夸张、诙谐。

2. 体验圣诞节欢乐的气氛，享受制作小丑面具及装扮小丑的快乐。

二、活动准备

1. 经验准备：进行过小丑角色扮演。

2. 物质准备：小丑图片 PPT、用报纸糊好的面具、颜料、排笔、装饰帽、小圆球、圣诞音乐《铃儿响叮当》。

三、活动过程

1. 导入：幼儿随《铃儿响叮当》进场，欢快地跳舞。

师：这首歌曲叫什么名字？唱了些什么？这首歌曲什么时候唱呢？

师：圣诞节有很多的庆祝活动，其中必不可少的节目就是小丑表演。今天我收到一张邀请函，是邀请我们在平安夜参加小丑舞会的。你们想参加吗？那我们要把自己打扮一下。

2. 欣赏小丑图片 PPT，感受小丑面部特征。

师：小丑是什么样子呢？（第一次整体欣赏小丑）

师：小丑的脸是什么样子的？（重点欣赏小丑的眼睛、嘴巴）

师：我们一起来看，小丑的眼睛是什么样的？是怎么画的？颜色怎么样？再来看一看小丑的嘴巴，怎么样？（很夸张，都画得非常的大）

3. 介绍制作方法及要求。

(1) 师：今天我们就来为自己画一个小丑面具，准备参加小丑舞会。（拿出糊好的面具）这是我们用废旧报纸做的，等会儿我们就要在面具上打扮。

(2) 请幼儿示范画出夸张眼睛和嘴巴：先想好画什么；画的时候要换色了，要洗笔，注意不混色；有的小丑眼眶是黑色的，黑色可以最后用；面具是空心的，画的时候要轻，否则面具会压坏。小丑还拥有一个大大的鼻子，你们自己也搓了一些圆球，用双面胶把它粘在面具上，看看是不是更像了？

4. 相互欣赏、评价。

师：你们真棒！都设计出了自己喜爱的面具，有××样的眼睛，有××样的嘴巴，还有我们没有见过的××，很特别哦！

5. 播放欢快的音乐，请幼儿戴上面具跳舞。

教学反思

一、课题来源

小丑原是古时欧洲宫廷的重要角色，他们负责令君王一笑忘却国事。小丑的职责是逗乐，所以有夸张的面部表情、有趣的形象。带孩子欣赏小丑脸谱时，他们表现得非常激动，也学着做“鬼脸”。于是我就思考能不能用面具制作这样的方式让孩子直接去接触、感受所谓“鬼脸”带给我们的艺术感受。

本次活动是在圣诞节前生成的，在进行平面脸谱设计的基础上开展，可以帮助幼儿认识小丑的形象特点，又为圣诞活动做准备。

二、研讨要点

1. 活动的题材与季节、节日相吻合。

2. 活动过程是快乐的，原因一是小丑带给我们视觉上的快乐；二是装饰面具给我们带来的快乐；三是体验成功的快乐。

3. 由直观形象的导入，到欣赏局部特写对比图，感受“小丑”多样的、夸张的各类表情，这一点是比较成功的。

4. 投入了新型材料，自制面具。

5. 活动“环节 2”和评价环节体现自主经验提炼。

6. 由于是报纸糊的面具，色彩涂上去不够亮丽。建议在报纸外面再糊上白色的面巾纸，色彩会更亮丽。

21. 神奇的迷彩(美术:绘画)

一、活动目标

1. 了解迷彩四色的深浅，掌握迷彩的涂色方法。
2. 尝试用水粉画的方法有创意地勾画出不规则的迷彩图案。
3. 体验与同伴共同合作完成用迷彩装饰“兵器”的成就感。

二、活动准备

1. 经验准备：了解迷彩颜色的由来，知道军事演习的含义。
2. 物质准备：排笔，颜料，背景图，抹布，音乐《团结就是力量》。

三、活动过程

1. 以“军事演习”导入。

师：前面的森林里有一支部队，他们正准备进行一场军事演习，你们能看到他们的服装和武器吗？

师：看不清楚吗？他们用什么方法伪装，不被敌人发现？

小结：迷彩色由绿、黄、茶、黑的不规则图案组成，四种颜色分别代表草地、土地、树干、影子。

2. 教师示范画迷彩。

师：接到上级指示，需要小兵们帮助这支部队进行战前伪装，今天我们就用排笔和颜料画迷彩。

引导幼儿观察教师所穿的迷彩服上面的不规则图案特征；讨论操作方法，幼儿示范操作；进一步优化操作方法，请幼儿示范。（向幼儿提出常规方面的要求）

师：小兵们，看看我穿的迷彩服上的迷彩图案有什么特征？怎样用排笔画出不规则图案呢？谁来试一试？

3. 幼儿操作。

教师出示未涂色的森林大背景（解放军分别躲藏在草丛、山脚处，还有一些未涂色的兵器）

（1）体现分工合作，自主分配，自主选择。

师：上级打来电话，演习就要开始，小兵们要加快速度。这次任务需要小兵们分工合作，5 人一组，请大家快速选出指挥官 1 人，检查官 1 人，执行官 3 人。

（2）教师将森林大背景图分为三块，各组指挥官带领成员领任务并进行分配。

师：各组指挥官们可以先与队员商量，分配好任务，商量好以后立即开始行动。

（教师指导能力弱的幼儿操作）

4. 欣赏评价。

从颜色、不规则图案、整洁度等方面进行评价，讨论哪一组伪装得最成功。

师：一起来看一看，哪一组伪装得最成功？为什么？

总结：通过大家的共同努力，这支部队演习前的准备工作顺利完成，演习即将开始，小兵们撤回部队！（齐唱《团结就是力量》）

教学反思

一、课题来源

军训中，孩子们个个都像一个小兵，接受任务时态度很坚决，有了初步的合作的意识。为此，活动中设计了合作环节，让幼儿体验与同伴合作完成任务的成就感。此次活动的背景图不是完整的整体，而采用整体分割的形式，便于幼儿小组操作。本节活动也是“小小侦察兵”活动的延伸。

二、研讨要点

1. 以演习情境导入，增强活动的趣味性，激发幼儿的兴趣，为幼儿营造氛围，幼儿参与其中，感受迷彩的神奇。

2. 幼儿操作时体现分工合作，自主分配，自主选择，注重观察、合作、比较、记忆，这些都使幼儿感知事物特征的能力得到提高。

3. 环节清楚，过程安排能够保证目标的实现。经过“小小兵”活动的训练，幼儿完成任务的意识增强了许多，本次活动又是以演习情境导入，并贯穿整个活动，幼儿投入其中，能够自主合作、分工，还体现幼儿的责任意识，接到任务以后积极去面对并完成，体验与同伴共同合作用迷彩装饰兵器的成就感，以及帮助别人的快乐。

4. 由于示范操作时未能体现出不规则的图形，导入时间过长，两种方法有局限性，建议修改为不规定操作方法，让幼儿自己探索；颜料摆放应更利于幼儿使用。

22. 多彩的军营(美术:合作绘画)

一、活动目标

1. 学习用小组组画的方式表现军营的多种场景。

2. 能与组内同伴商量，分工合作进行绘画。

3. 体验合作组画的乐趣。

二、活动准备

1. 经验准备：参观过军营，交流过军营见闻。

2. 物质准备：将在参观军营过程中拍摄的军营场景做成 PPT，每组一张铅画纸，勾线笔、油画棒、水彩笔。

三、活动过程

1. 回忆、交流参观军营时的所见所闻。

(1) 师：参观军营的时候，你看到了什么？

观看 PPT,引导幼儿感受、体验军营生活的丰富多彩。

（2）师:军营里有哪些精彩的活动呢？我们一起来看一看。

（3）师:在军营里看到最多的颜色是什么？

2. 确定组画形式和组画主题。

（1）师:军营的生活真是丰富多彩啊！这么多的场景如果小朋友一个人画还真不容易,你们有什么好办法能把看到的场景都画出来？(引导幼儿运用跟同伴合作组画的形式)

（2）分小组并与同伴讨论印象最深刻的场景,确定组画主题。

3. 幼儿组画,教师参与讨论和指导。

（1）鼓励幼儿以小组为单位讨论:画什么,如何构图,每个组员的不同分工等。

（2）教师巡视指导,帮助小组确立主题;提醒幼儿注意合作组画的布局,要考虑自己和别人画的位置;遇到小组合作出现困难时适时介入给予个别指导。

4. 交流评价各组作品。

（1）各组派代表介绍画面的内容。

（2）引导幼儿尝试表达自己的审美体验和感受。

教学反思

一、课题来源

在《小小兵》主题中,幼儿参观了炮兵团,了解了军营的一些生活,如:参观解放军的寝室、食堂,观看解放军打军体拳、队列训练、拆装大炮等。另外,还请解放军叔叔到班级,让幼儿和解放军叔叔一起军训,学本领,学习解放军们训练有素、团队合作、不怕苦不怕累、吃苦耐劳的精神。孩子们对解放军在军营里的生活非常感兴趣,如:解放军叠的跟豆腐块儿一样的被子,衣服的晾晒要分类,进餐前唱歌……在军训过程中孩子们和解放军零距离接触,和他们一起交流,使得他们非常向往军营的生活,把解放军视为自己心中的偶像。设计本活动是为了进一步满足孩子们的需要,把孩子们内心的想法用绘画展现出来。

二、研讨要点

1. 活动中最重要的部分是讨论,孩子们很投入,讨论的效果很好。

2. 从孩子的作品来看,部分孩子能够理解组画的形式,过程中会分工合作,而有些孩子就是自己画自己的,因此主题不够明确。

23. 战斗小组在行动(综合)

一、活动目标

1. 能学习解放军遵守纪律，在小组内能共同商量合作，完成各自的任务。

2. 能寻找、发现图片线索，拼出整图，并根据图片的提示寻找目标。

3. 体验闯关活动的乐趣。

二、活动准备

1. 经验准备：有热爱、学习解放军的情感和合作的经验。

2. 物质准备：信封，图片（地理图和敌人），抢答器，钟，笔和黑板，KT板，小组号等。

三、活动过程

1. 情境导入。

师：今天早上我接到了上级的命令，有重要的任务要交给我们。到底是什么任务呢？就藏在这些信封里，我们打开来看看。

2. 讲解闯关要求和闯关活动。

（1）游戏第一关：知识问答。知识问答分为必答题和抢答题。

● 介绍必答题的规则。

每组轮流请一人回答问题，答对得一颗星，答错不得星。

● 介绍抢答题的规则。

每组选出一名动作快的抢答员按动抢答器。

师：当我提完问题，说"开始"，抢答员才能按动抢答器。答对得一颗星，答错重新抢答。

● 统计星数。

（2）游戏第二关：拼图。将藏有敌人方位的照片图剪成3～4块，并用信封装好，幼儿要拼出藏有敌人的地点的完整图。

（3）游戏第三关：找出"敌人"。

介绍今天的目标，分小组和角色，指挥官发出命令："对时间"，"出发"。

3. 庆祝胜利。

师：今天你们怎样完成任务的？在哪里找到的敌人？

师：让我们听《解放军进行曲》庆祝自己的胜利。

教学反思

一、课题来源

在《小小兵》主题活动中，解放军叔叔带孩子操练，让孩子们从心里敬佩解放军叔叔，更加喜欢解放军叔叔，以学习解放军为目标，不怕苦，不怕累，希望自己也能够成为一名光荣的小兵。结合大班幼儿现有的心理特点设计了此活动，对幼儿进行了关于解放军知识（理论）、拼图（动手、合作能力）和找出隐藏的“敌人”（侦察能力）三方面综合智能的训练，以满足幼儿学习解放军、扮演解放军行动的需求。

二、研讨要点

1. 本次活动加入了知识问答和抢答环节，是对幼儿三周以来学习的关于解放军的相关知识的回顾和总结。另外还采用了记星制度，更加增添了小兵的竞争意识。

2. 将原有目标进行了修改，将“目标 1”“与同伴相互合作，共同商量分配角色，完成上级交给的任务”，改为“能学习解放军遵守纪律，在小组内能共同商量合作，完成各自的任务”；将“目标 2”“进一步感受解放军勇敢团结的优秀品质，有向解放军学习的愿望”，改为“能寻找、发现图片线索，拼出整图，并根据图片的提示寻找目标”。目标调整后，与本活动环节更匹配，更精炼。

3. 活动内容很好，幼儿积极性高，涉及的知识面广，适合大班幼儿。组织形式 3 人 1 组，让每个幼儿有展示的机会。

4. 第一环节轮流回答，可以推选回答的幼儿，给幼儿提供商量合作的机会。知识题中有关于圆柱体和圆锥体的问题可以不要，与本活动关系不大。

5. 用钟记时间的方式可以改为吹哨子，又方便又体现时间性。图片隐藏得不够隐蔽，要进行遮挡，以增加寻找的难度。

6. 本教学活动是对《我是小小兵》主题的一个大整合，考验幼儿在体能、知识、合作等方面的能力，充分利用幼儿园里的每一个角落作为“作战”环境，通过层层闯关的游戏形式考验每一个“小小兵”。教师在这个活动中承担的更多的是“指挥官”的角色，要充分相信每个“小兵”的能力，在设计障碍的难度、知识点与面的广度以及拼图的难度方面都要更大胆些。

24. 春天的田野(美术欣赏)

一、活动目标

1. 欣赏农民画作品《春耕》,感受作品中的色彩美和人物的动态美。

2. 能大胆地选用黑、白、红、绿,蓝、黄对比色作画。

二、活动准备

1. 经验准备:幼儿课前先了解春天里农民们的劳动。

2. 物质准备:农民画作品《春耕》、春耕轮廓图、音乐《边区十唱》、油画棒、颜料、排刷、抹布等。

三、活动过程

1. 谈话导入课题。

师:我们一起来看一看图片上有什么?(一大片的黄色油菜花;桃树,好多好多的桃树就成了桃树林;这些都是农民伯伯种的,农民伯伯真勤劳)

小结:农民勤劳、能干,他们不但会种粮食和蔬菜,他们的手还非常的灵活,他们还会编簸箕和扫把,还会扎蝈蝈笼,有些更能干的农民还喜欢在空闲的时候画画呢。

2. 欣赏农民画《春耕》中的美丽的色彩。

师:今天我带来了一幅画,我们来看一看。

师:这是什么季节?你是怎么看出来的?(冰雪融化,山上的水流到了小河里,春暖花开,春意盎然,桃花、大片的油菜花,农民伯伯在田间劳作。鼓励幼儿把话说完整,能用唐诗来表达最好)

师:这幅画用了哪些漂亮的颜色?你发现哪两种颜色放在一起很亮丽?(白色旁边是黑色,黑色和白色放在一起)

小结:作者大胆运用两种反差比较大的色彩,使画面色彩对比强烈,让人感觉色彩鲜明,场面很热闹。(如:白色的水车和黑色的田野对比,绿色的田和红色的衣服对比,蓝色的水田和桔黄色衣服对比,红色的树和绿色的背景对比)

3. 分析作画步骤。

(1) 师:(出示田野轮廓图一)今天我们也来学一学画一幅表现春耕的图画。这里有油画棒和颜料,我们可以用什么来画出农田的轮廓呢?(用油画棒来勾画出一块一块的田野)我请一个人试试。农村的田地有些不一样哦,

它们有高有低，我们可以怎么画？（将田埂加粗）

（2）师：人物怎样表现呢？除了大块的农田，田野里谁在劳作啊？（有的是站着播种、施肥，有的蹲着除草，有的往前走）

小结：春天是个播种的季节，农田里有很多农民伯伯，人物可以多画一点，来丰富我们的画面。

（3）师：用油画棒画出树干、树枝，然后请颜料帮忙，刷上一块一块的颜色；农田都是一大片一大片的，我们用排刷大块地刷。

小结：这里准备了油画棒，我们可以用油画棒勾画出田野和人物的轮廓，画好后到后面请颜料来帮忙刷出大片大片的色彩。

4. 幼儿作画，教师巡视。

指导幼儿用油画棒勾画轮廓，选用对比色涂色。

5. 欣赏、评价幼儿的作品。

师：你觉得哪幅作品美？美在哪儿？

小结：春天是个播种的季节，农民们忙着耕田、播种、插秧、施肥、引水灌溉。农民种粮食和蔬菜真辛苦。有句古诗说得很好："谁知盘中餐，粒粒皆辛苦。"我们应当尊敬农民伯伯，应该爱惜粮食和饭菜。

四、活动延伸

鼓励幼儿继续利用对比的方法，绘画大片的草地等景象。

教学反思

一、课题来源

春天来了，我就选择了农民画《春耕》让小朋友来欣赏，其重点在于欣赏作品的色彩运用和作品中人物的动态。这幅作品用色很大胆，色彩对比鲜明，同时作品中的人物有许多不同的动作，但每个单个的个体形象又比较简单。本活动让幼儿根据自己的经验绘画一幅《春天的田野》图，感受春天里人们耕作的劳动场面。

二、研讨要点

1. 农民画通常色彩鲜艳，构图大胆，形象生动有趣，与我们的儿童画颇有几分相似，许多优秀的农民画作品很适合幼儿来欣赏和模仿，其中许多地方值得我们学习和借鉴。

2. 本节是一节欣赏活动，因此欣赏的环节应该多一些，如欣赏人物的不同动态美、春天的自然美等。

3. 幼儿都能很好地运用对比色作画，大胆地用油画棒勾画出不同农田的造型，大部分幼儿在使用排刷时都很细心，考虑到对比色、大块色块的运用等。

4. 活动中教师说得多，幼儿说的、表达的欠缺了些，教师过于着急将结论说出来。

25. 拔根芦柴花(音乐:打击乐)

一、活动目标

1. 学会× ××｜×× ××｜节奏型，并看指挥演奏乐曲。
2. 在集体演奏中，注意敲出的音量、音色与乐曲、同伴和谐一致。
3. 对打击乐有兴趣。

二、活动准备

1. 经验准备：幼儿对乐曲已经熟悉，幼儿有打击乐的经验。
2. 物质准备：乐器：铃鼓、碰铃、圆舞板、大鼓；幼儿坐位安排成双马蹄型。

三、活动过程

1. 复习歌曲《柳树姑娘》。

用对唱的方式来演唱歌曲。

2. 新授打击乐《拔根芦柴花》。

(1) 听音乐拍节奏。

师：这是什么曲子？

师：我们来跟着音乐把节奏拍出来吧。（× ××｜×× ××｜）

重点练习｜×× ××｜节奏型。

师：除了拍手，还可以拍身体的哪里？

(2) 看指挥进行表演。

与幼儿讨论指挥方法：用什么手势来表示所有的乐器一起演奏？用什么手势表示分组演奏？

对于掌握不好的地方着重练习。

(3) 师幼共同讨论用乐器演奏的方法。

师：这首曲子还可以用乐器来演奏，可以用哪些乐器呢？

师：在我们摇手的时候可以用什么乐器？

（4）幼儿看指挥演奏乐曲。（练习2～3次）

师：小指挥怎样才能让演奏的人很高兴、很投入、很认真呢？（提前预令，用眼神提醒演奏下一组乐器的小朋友准备好）

（5）叠加大鼓进行演奏。

师：大鼓也想加入我们的表演中，你们觉得放在什么地方比较合适呢？（教师唱谱，幼儿区分乐曲的强弱，决定在什么时候加入大鼓）

练习加入大鼓：第一遍教师演奏大鼓；第二遍请个别幼儿演奏大鼓。

3. 音乐游戏："谁是带头人"。

提醒幼儿遵守游戏规则，不用语言、动作提醒别人。

教学反思

一、课题来源

活动应根据孩子的兴趣来设计。《拔根芦柴花》是一首节奏比较欢快的乐曲，第一课时后，幼儿熟悉了乐曲并能用身体动作组合，找出乐曲的节奏。本活动是第二课时。以往的打击乐活动一般都是把重点放在配乐和演奏上，对看指挥演奏练习得很少，而这个活动主要是指导幼儿学习指挥，重点是引导幼儿学习指挥和看指挥演奏乐曲；难点是引导幼儿学会了打击乐的基础上叠加大鼓，并能和谐地进行演奏。

二、研讨要点

1. 通过学习指挥演奏，幼儿也学习了如何与人沟通、与人合作，以及如何在情感、行为方面与人协调。

2. 整个教学过程中，教师始终用眼神、肢体动作等感染幼儿，让幼儿全身心地投入到活动中，激发他们的活动热情。

3. 结尾的"谁是带头人"游戏能培养大班幼儿的观察能力。

4. 能启发幼儿运用已有经验学习，在过程中如果及时进行小结，那样效果会更好。

5. 幼儿学习的积极性很高，歌唱部分孩子在表现6/8拍的节奏还是有点困难，不够合拍，在叠加大鼓时孩子对鼓的音量控制得不够好，声音太大。

6. 幼儿园打击乐器演奏材料的选择应注意以下几点：乐器、音乐、配器方案。今天活动的重点是配器方案，教师提供了适合本音乐的乐器：铃鼓、碰铃、圆舞板、大鼓。在演奏之前需要与幼儿共同商量解决什么地方用什么乐器更合适，并集体进行尝试。这对幼儿而言是非常重要的探索过程，需要扩散开来讨论。

26. 我来说新闻(社会)

一、活动目标

1. 知道每天都有许多新闻,大家都要关心新闻。

2. 乐意参加听新闻、收集新闻的活动,并能积极与同伴交流。

二、活动准备

1. 经验准备:

(1) 幼儿在家通过各种途径了解报纸、广播、电视中的新闻,并收集一条有趣的新闻。

(2) 教师事先选择最近发生的幼儿感兴趣的热门新闻,加以编排。

2. 物质准备:师幼共同收集的新闻报纸若干份,录音机(录好当天的一段新闻)。

三、活动过程

1. 新闻分享。请幼儿和同伴相互讲述自己搜集的有意思的新闻。

师(出示幼儿收集的报纸):这是什么? 报纸上都有些什么内容呢? 新闻是什么?

2. 了解新闻的传播途径。

(1) 师(说一条热门新闻话题):你们听过这条新闻吗? 是从哪里知道的?

(教师出示相应的报纸,或打开录音机让幼儿听广播录音,引导幼儿了解获取新闻的途径)

(2) 师:还可以从哪里知道新闻?

小结:我们通过看报纸、听广播、看电视,都可以知道周围发生的事情。

3. 介绍“新闻栏”。

(1) 讨论:怎样让我们班的人都知道新闻?(听新闻)

(2) 师幼讨论做剪报的方法:收集报纸,把相关的新闻剪下,粘贴在纸上,这样大家都能看懂。

4. 幼儿分组做剪报。

5. 幼儿分组把剪报贴在“新闻栏”中,并相互介绍新闻。

四、活动延伸

鼓励幼儿每天在家观看、收听新闻,把收集来的报纸张贴在“新闻栏”中。

教学反思

一、课题来源

看电视是孩子们平时在家少不了的一件事，他们喜欢在一起说看了哪些电视节目，多数是动画片与少儿节目。其实在今天的信息时代里，孩子看电视不仅必要，而且必须，因为它是儿童开阔眼界、激发智力、塑造人格必不可少的社会传媒，我们应该让孩子“学会看电视”。通过开展“我来说新闻”活动，不仅让孩子们了解了新闻，而且培养了孩子的语言表达力和广泛的兴趣，知道新闻必须是真实的，通过看新闻、说新闻，了解新闻的来源，从而激发孩子关心周围生活的热情。

二、研讨要点

1. 这个课题适合即将升小学的大班幼儿，通过对新闻的关注和传播途径的了解，开拓孩子们的知识面，培养他们从小关心、了解社会生活的能力。

2. 选用最近大家比较关心的课题，从生活经验中引发幼儿对新闻信息的兴趣，是很好的开始。

3. 幼儿有“播音员”的经验，从而在说新闻过程中表现得自信，有话想说，有想会说。

4. 在一定时期内，班级设置《新闻栏》可以提升幼儿对新闻的关注、对周围的事物的关心。

27. 数积木(数学:空间)

一、活动目标

1. 感知正方体的空间存在形式，体验4～7块正方体的数形关系，理解它们的空间组合。

2. 初步理解重叠堆放的正方体之间的遮挡关系。

3. 能与同伴共享材料，体验合作游戏的愉快。

二、活动准备

1. 经验准备：幼儿认识正方体，了解它的主要特征。

2. 物质准备：

(1) 教具:7 个大小、颜色相同的正方体积木,实物图两张(图 1、图 2)。

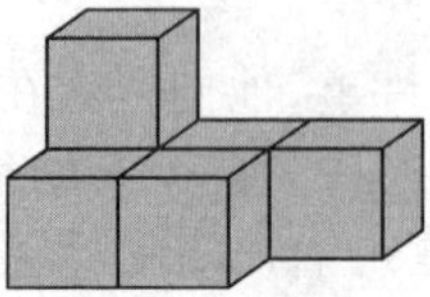
图 1

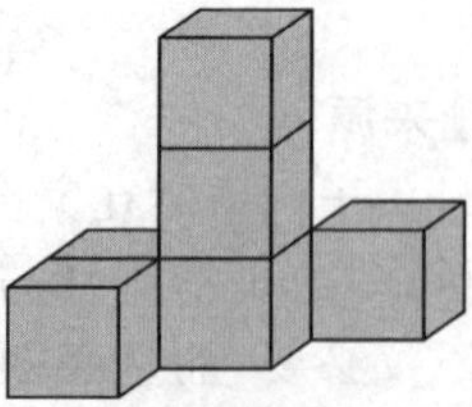
图 2

(2) 学具:数积木封塑操作单(图 3、图 4)两组,每组 6 套,水彩笔,相同大小的红、黄、蓝、绿正方体积木若干。

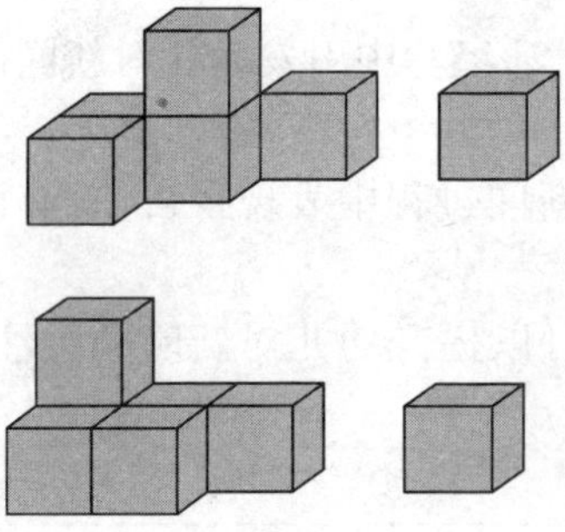
图 3

图 4

三、活动过程

1. 观察图 1,数一数积木的数量。

(1) 教师出示 PPT(图 1),引导幼儿观察积木的数量。

师(出示图 1):我们用积木搭建了一座城堡,请你们数一数,用了几块积木?

请个别幼儿说出积木的数量。讨论到底用了几块积木建造了这座“城堡”。

(2) 教师利用 PPT 动画移开积木,帮助幼儿理解重叠堆放的正方体之间的遮挡关系。

2. 观察图 2,猜一猜积木的数量。

(1) 师(出示图 2):我们设计了另一座城堡,请你们看一看,这次需要用几块积木?

（2）教师请个别幼儿用积木按提示搭建，体验立体图形与平面图形的不同，进一步理解重叠堆放的正方体之间的遮挡关系。

3. 幼儿分组操作活动。

（1）数积木（图 3）。

请幼儿数数图 3 中每堆积木有多少，先在方框中用数字记录，再用相应颜色的积木摆放出相同的造型，最后请他们再数一数，验证自己的记录结果。

（2）数积木（图 4）。

每堆积木要放 7 块积木，请幼儿数数图 4 中每堆还缺几块，将缺少的相应颜色和数目的积木放在这堆的旁边。

当幼儿感到困难时，教师引导幼儿通过摆放小积木的方法帮助幼儿理解重叠堆放的正方体之间的遮挡关系。

4. 活动评价。

教师展示幼儿的活动结果，引导大家讨论和验证结果。

教学反思

一、课题来源

在区角活动和游戏中，孩子很喜欢用积木进行建构活动。活动中经常听到孩子们有这样的讨论："我的房子比你的高。""我用的积木多，你的少。"有时还会因为这样的问题争执不休，因为在数积木的过程中，有一些被遮挡的部位孩子看不见，不知道到底有多少块。

于是针对孩子的空间逻辑能力，设计了这节以培养孩子有条理推测数量和挑战空间逻辑的活动，让幼儿通过 PPT 分析、实物操作、图片观察等形式，来理解积木的遮挡关系，从而正确地理解、点数积木的数量。

二、研讨要点

1. 感知正方体的空间存在形式，体验 4～7 块正方体的数形关系，理解它们的空间组合，对于处于抽象逻辑初步发展时期的幼儿很必要，又具挑战性。

2. 教学中能借助实物操作帮助幼儿理解重叠堆放的正方体之间的遮挡关系，用 PPT 的形式生动地帮助幼儿理解，很好。

3. 让幼儿观察图片，尝试数被遮挡的积木数量，重视幼儿的实践活动，让幼儿尝试搭积木来解决，可以起到化难为简的作用，符合幼儿的认知特点。

4. 幼儿对空间逻辑关系的认知尚需在游戏活动中继续练习，积累经验。

28. 制作书签(美术:创意制作)

一、活动目标

1. 能借助七巧板的图案模型,用喷画的方法做书签,并能在喷出的图案中进行线描画装饰。

2. 知道书签的作用,会使用书签。

3. 体验自己制作书签的乐趣。

二、活动准备

1. 经验准备:欣赏过、用过书签。

2. 物质准备:牙刷、书签样图人手一份,颜料、吹风机,勾线笔人手一支,打孔机、丝带、教师做好的书签、抹布、图书架。

三、活动过程

1. 导入,引出话题。

师:我们看书的时候,如果没看完,下次接着看时想快翻到那一页,你们有什么好办法吗?(用书签)

2. 认识书签。

(1) 欣赏老师的书签。

师:我今天带来个书签呢!看看是什么样的?

引导幼儿从书签的结构、色彩、图案等方面观察、讨论。

(2) 讨论书签的制作方法。

师:你们知道我的书签是怎么做出来的?上面的斑点是怎么做的?今天要用一种新的方法做书签——喷画。

教师介绍:首先拿一张长方形的硬纸,剪出自己喜欢的图案模型,均匀地放在另一张长方形的硬纸上。用牙刷蘸上颜料对着梳子刷,这样才能让颜料喷到书签上。要对着长方形的纸刷,到处都刷到以后,轻轻地拿下图案模型放进另一个筐里,擦擦手,然后就请老师用吹风机帮忙吹干。

师:在书签这样的小空间里,可以用哪些线条进行装饰呢?

师:我们可以用对称的方法,或用黑白灰的方式来表现。画好后,打个孔系上丝带,书签就做好了。

3. 介绍操作材料。

师:在你们身后的长排桌上有喷画需要的材料:牙刷、梳子、颜料、抹布,喷好后要请老师帮忙吹干，再去进行线条装饰，全部完成后打孔系上丝带。

4. 幼儿操作，教师来回进行指导。

重点：指导幼儿来回密密地喷，使图案清晰。

5. 结束部分：使用书签。

请先做好书签的幼儿到图书架选一本图书阅读。

师：书看完了吗？没看完下次还想从这页看怎么办？（把书签放进去）

四、活动延伸

在美术区域活动中，提供材料供幼儿进一步制作各种不同图案、不同形状的书签。可以把自己制作的书签送给别人。

教学反思

一、课题来源

书是我们生活中必不可少的伴侣，书可以带给我们知识，让我们获得快乐，每个人都需要看书。一本书很可能不会一下子全部看完，没看完想放下的时候就需要做一个标记，所以需要拥有一个书签。我们原先有相关的书签操作材料，但比较死板，只要剪下来后打孔穿线，做出来的书签大同小异，没有什么特色，于是想到用不同的方法来表现书签，这样每一个书签都是与众不同的，有特色的。

二、研讨要点

1. 材料的选择对幼儿来说是非常重要的，好的材料不仅仅要有较强的观赏性，更要便于幼儿进行操作。本次活动从材料美观上进行了创新，视觉效果更好。

2. 幼儿学习的经验是一个前后连贯的整体，活动设计要建立在幼儿的原有基础上。比如喷画的方法，到底该怎样和孩子说，才能让他们操作起来更方便？喷画的技能不是通过一节活动就可以掌握的，所以之前可能还要让孩子充分体验一下喷画的感觉，这样在书签上操作的时候难度才会降低。

29. 广场花卉设计（美术：水粉画）

一、活动目标

1. 尝试用图形、环绕、放射的形式设计广场花卉。

2. 能按一定的规律用点画、转笔的方式来为设计的花卉艺术涂色。

3. 能欣赏、感受花卉艺术的美。

二、活动准备

1. 经验准备：欣赏过广场的花卉，设计并画过花球。

2. 物质准备：报纸球、颜料、铅笔、铅画纸、表现花卉艺术的 PPT。

三、活动过程

1. 谈话导入，激发对花卉艺术的兴趣。

（1）师：在节日到来的时候，广场有哪些变化？是什么样子的？

（2）师幼共同探讨园林叔叔阿姨怎样布置广场。

2. 欣赏图片，分析花卉的摆放方式。

分析不同的花卉摆放的方法，逐一出示圆形、环形、放射状的图标。

小结：园林叔叔阿姨会用不同的方式设计出花卉的图案，再有规则地用各种颜色的花来摆放，从而让广场上的花卉更加好看。

3. 讨论如何设计花卉广场。

（1）师：今天我们也来设计一幅广场花卉的图画，我们首先要设计什么？可先设计出什么形状呢？

小结：在大图形里设计出不同的图案，可以是圆形的、环形的或是放射状的。最后按规律来添加各种颜色。

（2）教师请个别幼儿尝试示范。

4. 介绍材料和方法。

师：我们要用什么来涂色才能涂得又快又满？

（1）介绍用报纸球点画的方法来涂色。

（2）介绍用排笔点、转笔、提笔的方法作画。

5. 幼儿作画，教师巡回指导。

提醒能力弱的幼儿先用铅笔设计，然后拿报纸球用点画的方式来着色，最后在设计好的花卉中间粘贴上之前画好的花球，使广场花卉设计更加美丽。

6. 欣赏作品。

（1）请幼儿介绍自己设计的广场花卉的与众不同之处。

（2）继续让幼儿欣赏广场的图片。

教学反思

一、课题来源

“五一”劳动节放假回来，很多小朋友都带了出游的游记和照片，同伴相互交流外出的感受，有几张是在广场上和花卉中拍的照片，幼儿都在谈论广场非常漂亮。大班幼儿已有了空间的概念，也喜欢用美术手段表现自己的想法，请他们自己设计花卉广场，能充分调动幼儿的参与性，因此设计了这节活动。

二、研讨要点

1. 展示的花卉的组成图案给幼儿带来视觉冲击，在欣赏图片时，幼儿也能根据已有的经验说出不同的摆放形式，能感受到花卉广场的美。

2. 幼儿自己的作品有不同的设计，对于点画，基本上每个孩子都知道花要一盆一盆的放(一个挨一个地点)，但在颜色的搭配上可能是教师提供的颜色比较少，所以幼儿只能用仅有的颜色来搭配，出来的画面美感还有所欠缺，也限制了幼儿的创作表现力。

3. 教师提供的底色纸如果能采用彩色的卡纸，上面再加上较亮的水粉颜料的话，作品的效果会更加好。不过幼儿对自己的设计还是比较喜欢和自豪的。

30. 我喜欢的奥运项目(综合)

一、活动目标

1. 尝试学习用毛根造型表现自己喜爱的运动项目。
2. 能对奥运项目进行分类。
3. 激发幼儿喜欢体育运动的情感。

二、活动准备

1. 经验准备：幼儿对奥运项目有一些了解。
2. 物质准备：

(1) 泡沫板做出的五种运动场地、毛根若干、运动项目 PPT 及运动项目小图标(幼儿自己画的，放在幼儿的椅子下面)。

(2) 代表三种类别项目的图标、背景音乐。

三、活动过程

1. 复习歌曲《我的 2008》。

师:2008年的8月8日,奥运会在中国北京举行,运动员们为了在奥运会上取得好成绩,都在进行艰苦的训练呢!我们一起用歌声为运动员们加油吧!

2. 回忆运动项目并进行分类。

(1) 师生共同看运动项目的PPT。

师:奥运会中有许多运动项目,让我们一起来看看吧。(看PPT,让幼儿边看边说出项目名称)

(2) 巩固对运动项目的认识。

● 师:你最喜欢哪个运动项目?请你学一学这个项目是怎么做的?(幼儿自由地做动作)

● 游戏"我做你猜"。

师:看谁做得最像,让我们能猜出是什么项目。

请个别幼儿(4～5名)表现运动项目的运动方式,让大家一起猜。

教师做2～3个幼儿未做的项目,让幼儿一起猜。

(3) 将运动项目进行分类。

师:你知道这些运动项目是在哪个场馆进行的吗?我这有五个场馆图标:球类的、水上的、田径的、体操的、其他的。你们知道什么项目在哪个场馆进行吗?请你们拿出椅子下面的运动图标,分类放在场馆图标下面。放好后检查分类是否正确,不对的赶紧进行调整。

3. 幼儿操作,用毛根表现出各种运动项目。

(1) 教师介绍材料,幼儿自学制作步骤图。

师:奥运会有许许多多的运动项目,怎样用毛根做出运动的姿势呢?这里有个步骤图,你们能看懂吗?哪里不懂?(引导幼儿讨论制作方法,重点讨论人体比例、运动器材等的关系)

(2) 幼儿操作,教师来回指导幼儿表现运动员的动态。

师:这儿有三块运动场,一块代表室内,一块代表田径场,一块代表水上运动场,请你们把做好的小人根据项目的不同插在对应的运动场上。

4. 幼儿欣赏自己的作品。

师:今天大家一起动手做出了这么多运动项目,我们一起来看看,都有哪些项目?是什么样的?(师生巡回欣赏作品)

师:最后再让我们用歌声为运动员们加油,祝运动员们取得好成绩!

四、活动延伸

在晨间体育活动中,和幼儿共同制作体育游戏材料,感受奥运运动项目带来的乐趣。

教学反思

一、课题来源

2008年我们迎来的激动人心的一个活动——奥运会，而且这一次是在北京举行，让我们中国人觉得很骄傲和自豪。为了这一次活动，还特地建了豪华的运动会馆，展示了我们中国的水平。这段时间，所有的人都在关注奥运会，当中国获得金牌的时候，每一个中国人都为之雀跃。大班的小朋友，对时事还是非常关注的，奥运会运动项目很多，让孩子全部了解也不可能，但是通过相互学习，他们可以获得更多的经验和对奥运的热爱，让他们对项目进行适当的分类，可以提高幼儿的逻辑思考能力。

一、研讨要点

1. 能根据时事来选择、设计活动，利用身边的常见材料让幼儿表现、表达，效果很好。

2. 活动中引导幼儿自主观察、学习制作步骤图，可以养成幼儿自主学习的良好品质，符合大班幼儿的学习特点。

3. 前期经验对此节活动非常重要，由于教师本身对奥运项目还有些概念模糊，所以在环节设计安排上存在一些不合理。

31. 有趣的影子(美术:喷洒画)

一、活动目标

1. 学习用牙刷和雪糕棒进行喷洒画，掌握使图案清晰的方法。

2. 大胆想象、拼摆出各种动态的小人，体验喷洒画的乐趣。

二、活动准备

物质准备：牙刷、雪糕棒、颜料、黑色底板，表现人身体各部位的图片若干，皮影戏动画一段，投影仪，音乐。

三、活动过程

1. 游戏："木头人"，导入活动。

师：你们摆出的造型可真是丰富多彩呀！

2. 观看皮影戏中各种有趣的影子。

师：有一群可爱的老奶奶也会摆出很多有意思的造型，我们一起来看看！

师：这些有趣的影子是身体的什么部位在变化形成的？（关节）

鼓励幼儿试一试用自己身体关节的活动，看看动作的变化。

3. 出示各种材料，讨论怎样通过这些材料把有趣的影子留下来。

师：这里有牙刷、雪糕棒、黑色卡纸、颜料，还有拼摆小人的材料，怎样使用这些材料将有趣的影子留下来呢？

4. 请幼儿示范，并讨论怎样才能使影子的边缘更加清楚。

师：怎样才能让我们的影子的边缘更加清楚呢？（在边缘多喷些颜料）

5. 幼儿创作。

引导幼儿充分想象，用图片拼摆出各种造型的影子，再进行喷洒画。

活动中教学重点指导孩子如何让影子更加清楚。及时表扬拼摆造型多样的幼儿。

6. 评价作品。

（1）先做完的幼儿将自己的作品介绍给同伴，说一说小影子在干什么。

（2）集体说一说哪些小朋友画的影子很清晰，影子在做什么。

四、活动延伸

提供牙刷、鞋刷和喷壶等，投放到区域活动中，给孩子继续操作。

教学反思

一、课题来源

给孩子们欣赏过春节晚会上一群活泼可爱的奶奶的精彩表演，这成为他们最近常常讨论的话题。利用喷洒画来表现影子活动，应该非常有趣。

二、研讨要点

1. 孩子们在活动中积极性非常高，拼摆的造型也很丰富，有的摆出了举重的造型，有的摆出了跳绳的造型，有的摆出了跳水的造型，更有想象力丰富的幼儿摆出了击剑的造型。

2. 幼儿能充分发挥想象力，离不开活动开始时皮影戏的启发和讨论。也就是说皮影戏的引入为幼儿打开了想象之窗。

3. 由于材料提供的层次性不够，不少幼儿不能很好地配合使用牙刷和雪糕棒，如果我们能够针对孩子能力的不同，提供牙刷、鞋刷和喷壶等，他们作品的效果会更加明显。

32. 球儿碰碰8(数学)

一、活动目标

1. 看图列出8的分合式和加减法算式,体验总数与部分数之间的关系。

2. 能从游戏中感受事物的数量关系,体验数学活动的有趣。

二、活动准备

1. 经验准备:会跑组进行数学操作;已学习过7的分合和7以内数的加减。

2. 物质准备:操作单人手一份,绳子、小夹子、铅笔等。

三、活动过程

1. 玩保龄球游戏,学习8的分合。

(1) 师:你玩过保龄球游戏吗? 怎么玩?(讨论)

(2) 师:这儿还有一张记录表,请你们把砸倒的和没砸倒的保龄球个数记录在表格上。

(3) 全体幼儿玩游戏,并记录。

(4) 师:谁来说说你在游戏中,没倒的保龄球有几个? 砸倒了几个? 谁还有不同的记录?

(5) 教师总结幼儿的记录按顺序归纳并,小结:原来每组都有8个保龄球,你们记录的单子就是8的分合形式。

2. 分组练习。

(1) 分苹果:将8只苹果用不同的方法分给两只小猫。

(2) 数气球列算式:根据气球的特征,列出2道加法算式、2道减法算式。

(3) “变电话号码”:能根据算式题计算出得数,组成小动物家的电话号码。

(4) 看图列算式:能根据三张图的图意列出相应的算式题。

(5) “扣链”游戏:能一、二、三间隔地进行串扣链的游戏。

(6) “数草莓”:能按数序给草莓涂色。

3. 玩“找朋友”的游戏。

(1) 介绍“小树叶对对碰”的游戏:每个小朋友挂一个数字挂牌,听音乐起,“小树叶”飞舞,音乐停,两片“小树叶”抱在一起,要求身上的数字挂牌合起来是8。(进行3~4次)

(2) 将挂牌与朋友交换,再次进行游戏。

教学反思

一、课题来源

分合是学习加减的基础，因为加法里蕴含着合的思想，减法里蕴含着分的思想。分合其实是幼儿学习加减之前必经的一条学习路径。通过学习 5 的分合，幼儿已完全能够体验到数分合中任意一个“总数”和两个“部分数”所组成的分合形式，以及它们所代表的意义和相互关系，掌握了 5、6、7 分合的规律性后，幼儿能较好地理解与掌握 8 的分合，为以后的加减运算打好基础。大班孩子在学习分合的时候，融入一些游戏的情境会让孩子接受得更快，在游戏过程中，孩子能主动地操作，并在教师的帮助下，总结出 8 的分合规律。

二、研讨要点

1. 数学本身是抽象的，教师设计了游戏的情境，让孩子在玩中主动探索数学的奥秘与规律，感觉数学的生活化与趣味性。

2. 练习分合式的语言，不仅可以说“8 可以分成 3 和 5”，也可以说“3 和 5 合起来是 8”。看图列算式的图，在一、三幅图上可以加上背景，帮助幼儿理解。

3. “变电话号码”游戏中可以加入减法。

4. “找朋友”游戏可以不玩，或者放在最后，让活动达到高潮。

33. 星空(美术欣赏)

一、活动目标

1. 感受《星空》中色彩的变化

2. 大胆想象并创作《星空》，能合理构图，运用不同的色彩、线条自由表现。

二、活动准备

1. 经验准备：幼儿已欣赏过夜晚的星星、月亮。

2. 物质准备：

(1) 梵·高的《星月夜》等图画，及其他不同意境的星空图。

(2) 背景音乐《星空》《天空之城》等。

三、活动过程

1. 欣赏梵·高的作品《星月夜》。

(1) 师:你们见过夜晚的星星和月亮吗?它们是什么样的?

(2) 出示梵·高的《星月夜》,引导幼儿整体欣赏。

师:你看见了什么?画面上有哪些颜色?这些颜色是鲜艳的还是灰暗的?看见这幅画你有什么感觉?(从颜色角度欣赏)它们在一起时你有什么感觉?

(3) 引导幼儿关注画面构图的特点。

师:画面上画了些什么?有几部分?哪一部分多?

小结:画家用波浪形、螺旋形的线条来画画,星星、月亮好像都被漩涡围住了,给我们流动的、不稳定的感觉。

2. 局部观察,具体分析。

师:星空的上部分你看见了什么?它在哪儿?它是什么样子的?它给你什么样的感觉?

小结:画家用蓝色、紫色和黄色,色彩鲜明,对比非常强烈。星空中的物体大部分分布在画面的上部分,下面是简单的村落,充分体现以星空为主体的特点。

3. 欣赏多幅有关星空的美术作品,感受不同的意境。

(1) 欣赏梵·高的另外几幅作品,说出自己的不同感受。

师:这几幅画都是画星空,你觉得一样吗?你有什么感觉?

小结:同样是星空,画家根据自己不同的心情、感觉,创作出了不同的画面内容。

(2) 进一步欣赏其他有关星空的作品,拓展幼儿的视野。

4. 幼儿自由创作《星空》。

(1) 介绍绘画材料及绘画方法,幼儿操作,教师巡回指导。

鼓励幼儿大胆想象,根据自己想表达的主题,用合适的色彩和线条大胆构图。

(2) 运用脱色画的方法为自己的画涂上底色。

5. 展示作品,相互欣赏。

欣赏作品,让幼儿说说自己喜欢哪一幅作品,为什么。

四、活动延伸

布置艺术画廊,供幼儿赏析,让孩子有更多的欣赏美的机会。

教学反思

一、课题来源

这节活动是《神秘的天空》主题中的一节欣赏课，在此之前幼儿对天空的自然现象充满了好奇和探索的欲望，同时也积累了关于星空的知识。运用美术手段比较容易让大班孩子把自己对天空的理解、认知和感情表现出来，同时还有助于提高想象力。过去在我们的绘画活动中常常会采用看看、谈谈、说说等方式来帮助孩子回忆已有经验，再让孩子进行绘画创作，忽略对绘画本身技能的要求。此次我想尝试从欣赏大师的名画角度入手，提高孩子对色彩、构图和情感的认知，提高孩子的审美能力，在此基础上再进行创作。

我收集了画家梵·高的几幅关于星空的作品，同时还收集了不同画家乃至儿童的作品，可以让孩子感受星空的不同表现方式，体验到画家根据自己不同的情绪、情感体验绘画出不同的星空。此活动采用蜡笔画，最后运用水粉脱色画的方法，可以让幼儿更好地表现星空，进一步感受美术技法的丰富性、艺术性。

二、研讨要点

1. 运用对比欣赏的方法让孩子体验到色彩和构图，进一步拓展孩子的思路，丰富孩子的感性经验，这样他们才能结合自己的体会创作出艺术作品。

2. 幼儿欣赏应该如何表达更好，可以在活动前丰富幼儿的已有经验。

3. 此节活动需要比较充分的前期铺垫，尤其了解幼儿对星空的经验。

34. 小小气象员(综合)

一、活动目标

1. 能大胆设计不同的图标来表示各种天气状况，初步尝试做气象记录。

2. 能注意观察天气，知道天气和气温是经常变化的。

二、活动准备

1. 经验准备：

(1) 幼儿认识过气象记录表。

(2) 认识中央电视台气象预报中的不同的天气图标。

2. 物质准备：气象记录表、笔。

三、活动过程

1. 引发幼儿对天气情况及气温的关注。

(1) 师：今天天气怎样？和昨天比，气温是高还是低？

(2) 师：早晨来园你穿了几件衣服？到了中午会怎样？为什么？

小结：一天中的气温是会变化的，早晚的气温最低，我们会穿厚一点的外套，中午气温最高，我们就会脱掉厚的衣服。

2. 讨论“怎样知道天气情况和气温”。

师：我们怎样知道自己今天需要穿多少衣服呢？可以通过哪些途径知道？（听天气预报或是看温度计等）

3. 运用图标帮助幼儿回忆对天气预报的已有经验。

师：天气预报都是怎样来表示天气与温度的呢？（幼儿叙述，教师出示图标）

启发幼儿大胆思考，如“雨天”除了用雨滴标志，还可以用雨伞、雨鞋等标识。

4. 幼儿设计图标来表示天气情况。

幼儿各自设计，请1～3名幼儿交流，互相启发、拓展思路。

5. 游戏：“我是小小气象员”。

出示画有晴天的气象记录单，由一名幼儿当“播报员”，播报今天是几月几日，天气如何，其他的幼儿做当天的气象记录。

总结：天气是经常变化的，有晴天，有雨天；一天中气温也会变化，一般早晨会凉一些，中午会热一些。我们要关注天气和气温的变化，注意及时增减衣服，保证身体健康。

教学反思

一、课题来源

“今天的天气真好，可以去散步啦！”“今天下雨我们不能出去玩了！”孩子们对于天气给自己活动带来的影响还是有所关注的。但对于大班的孩子们来说，他们讨论的话题也仅限于此，对于气温的高低对自己生活及穿着方面的影响却关注得较少，在穿衣方面更多的是家长做主。到了大班下学期，幼儿即将升入小学，让孩子们学会关心天气，并且知道根据天气、气温来安排自己的穿着，还是有必要的，将懂得的常识落实并运用到生活中，可以增强幼儿的自我管理能力。

二、研讨要点

1. 班级幼儿认识气象记录表，记录的图标是运用电视上的天气图标，并且尝试记录过两次，有一定的前期经验，为本节活动的顺利开展奠定了基础。

2. 幼儿能够大胆想象，抓住一些典型的事物来表现气象。

3. 通过对气象、气温变化的了解，引导幼儿懂得关注周围环境的变化，并且要学习关注生活中的事情。

4. 活动中不能把“天气”与“温度”的概念混淆。

35. 邮箱上的百数图(数学:100以内的计数)

一、活动目标

1. 学习100以内数的排列规律，探究“百数图”行、列中隐含的规律。

2. 能按顺序念一念排列的数字，感知数字排列的规律。

二、活动准备

1. 经验准备:会唱数到100;会2个2个、5个5个……数到100。

2. 物质准备:“百数图”PPT;“百数图”表六张、6种“俄罗斯方块”形状的卡纸若干、需要填空的“百数图”作业单、1～100数序排列积木十套、带绳子的夹子、铅笔若干、贴画若干。

三、活动过程

1. 复习已有的数数经验(1～100)。

师:你会数数吗？谁能从1数到20?

师:谁能接着往下数?

师:除了1个1个地数到100，谁还有其他的数法？(2个2个数、5个5个数、10个10个地数)

2. 游戏:“邮递员”。感知100以内数字间后面的数字比前面一个数字大1的规律。

(1) 师:今天有个邮递员叔叔要去送信，我们来数一数一共有几封信。

信封上缺了数字几？为什么是20？

（2）出示“百数图”，引导幼儿发现其横、竖排列的规律。

师：55前一个数是多少？后一个数是多少？竖看这两列数字有什么规律？横看这两行数字有什么规律？

小结：每一竖列的后面数字都一样，前面的数是从0、1、2、3、4、5、6、7、8、9；每一横行的后面数字都是1、2、3、4、5、6、7、8、9、0。

3. 分组练习，进一步加深对1～100数字排序规律的了解。

（1）游戏一：“有趣的百数图”。幼儿与同伴共同游戏，一人用卡片遮挡住某些部位的数字，请同伴说出被遮挡的数字。每人选用三种卡片。对方回答全部正确的，就给对方贴一个贴画。

（2）游戏二：“填空百数图”。按规律书写出1～100之间缺少的数字。

（3）游戏三：“百数图排列”。按照1～100的数字排列顺序排列积木，能念一念排列的数字，感知数字排列的规律。

4. 活动评价。

鼓励幼儿顺着读一读自己的“百数图”，再互相看一看、读一读。

教学反思

一、课题来源

“百数图”属于数与代数领域中对数的认识的知识块面。建立数感是数概念教学的重要任务之一。数的关系与位置体现了数之间的相对大小关系和运算关系。大班下学期的幼儿能够进行1～100的唱数，对于前后数之间的规律可以引导其再探究，通过观察发现其中隐含的规律，以这样的活动来提升孩子们对于数的感知是很有必要的。在日常生活中也可以进一步提升他们数数的速度，进而提升做事的效率。

二、研讨要点

1. 活动时先复习已有的数数经验，可以进一步了解班级每位幼儿数1～100数字的能力，师幼共同提炼了数数的不同数法。在同伴讲述的过程中孩子们也可以相互学习，丰富和巩固各自的数数能力。

2. 在感知数的规律环节，在第一张PPT中有目的地空了三个位置：20、31、40，因为20与19之间有一个进位制的特殊关系，故在这里与幼儿共同总结其关系。第二张PPT则给孩子们一个整体的感受，出示了完整的“百数图”。

3. 分组进行了关于"百数图"的练习，通过分组游戏进一步巩固幼儿对"百数图"的认识和了解，也让孩子们在玩一玩、做一做、写一写、说一说中感知数字排列的规律。

4. 出示 PPT 让幼儿观察行与列中数字的排列规律时，孩子们更容易发现列的规律，故建议用两种颜色区分行、列，先让幼儿观察行，然后再过渡到对每行数字的观察。

后记：专业成长在路上

上个世纪后期，随着科学技术的迅猛发展，社会的快速进步，人们对于早期教育的重视程度提高到一个崭新的阶段。国家先后颁布了《面向21世纪教育振兴行动计划》《中共中央国务院关于深化教育改革、全面推进素质教育的决定》等重要文件，为幼儿教育的健康发展指明了方向，社会上也逐步形成了公办园和民办园共同发展的格局。方圆绿茵园成立于2001年，这是全社会重视学前教育的一个新生事物，是南京市实验幼儿园优质教育资源拓展的新试验，也是该地区人们在自家附近可以近距离享受、品味高水平教育文化的新天地。

如何全面、快速培养师德素养高、专业技能好的教工团队，是每一所新创办幼儿园面临的重之又重的课题。因为“幼儿教育是学校教育和终身教育的奠基阶段”，对高质量幼儿教育的要求，只有凭高素质的幼儿教师才能实现。《幼儿园教师专业标准》指出：幼儿园教师是履行幼儿园教育工作职责的专业人员。方圆绿茵园的园长、教师们，从幼儿园成立的第一天起就明确目标、脚踏实地地前行在专业成长的路上。

从刚刚毕业的学生成长为幼儿教育方面合格、优秀教师，必须经历专业成长之路：将所学习的各种理论与幼儿的现场表现进行联系、加以对照，在教育教学中初尝成功的愉悦后，又必然经历“无能为力”的苦恼，遇到各种各样的困难、接连不断的困惑……若在此时此刻有人热情相助，对于成长中的年轻教师来说，好比是“久旱逢甘霖”，在善于学习、积极研究的环境中，他们能够如雨后春笋般获得自身的专业发展。

方圆绿茵园的教师们是幸福的，作为南京市实验幼儿园第一所分园的教师，他们能够经常参加总园的业务学习、现场观摩、教育实践、课题探讨、总结交流……直接接受总园园长、教师的悉心指导并与他们进行互动；同时，他们还一直得到众多有很深造诣的幼教专家面对面、手把手的帮助、指点。十余年来，南京师范大学的张慧和、楼必生教授等，定期下园开讲座、看教学，听教师反思、研讨，并进行中肯的评价、分析，使老师们获得教育理论的提高、教育观念的更新，实施幼儿园教学和课程的能力也不断增强。还有江苏省最早的幼教特级教师闵传华，南京市中学高级教师、原南京市幼儿园音乐教研组组长薛瑜等幼儿教育界的前辈们，先后几年相继在方圆绿茵园进行语言、音乐、数学等各领域的教学和实践指导。在这些全国知名的幼儿教育教授、专家、前辈的亲切、有效的指导下，方圆绿茵园的教师们逐步学会了如何将爱孩子、爱事业的理想转化为优良的教育行为。

制定教育教学计划是每一位幼儿教师的专业基本功，但是没有教学经验的年轻教师在具体操作时会出现一系列的问题：教案中不写年龄班，不标明什么领域，课题名称不准确……目标表述不合适的情况更是普遍存在：目标不符合幼儿的年龄特点，目标泛化没有领域特征，目标提得太笼统，目标没有针对性、可操作性……在思考教学准备时，一般只考虑物质准备，基本不考虑幼儿的经验准备，有的能注意幼儿的经验准备了，但是并没有很好地分析这一节教学活动中幼儿应该具有什么基础、已有哪些经验……教学过程的设计和表达方面问题更多：过程太繁琐或者太简单，有的只有步骤，没有具体的操作过程，看不到主要目标是如何达成的，还有的只有教师的教，不能让幼儿主动地学、积极地学……"实践出真知"，教师的专业能力只有通过自身的实践和团队互动，只有通过不断反思，不断修改，不断总结，才能逐步提高。在多年的活动设计、现场实践、研究讨论、评析评价中，年轻教师们经历着，成长着，收获着。一篇篇教案的设计、评析、修改，一次次教学活动的实践、反思、评价……我们看到了方圆绿茵幼儿园青年教师在专业成长道路上不断前行的步伐和辛勤耕耘的身影。

十余年，在人类历史的发展长河中，仅仅是一瞬间，但是，对于方圆绿茵幼儿园来说，却是一天天、一步步地走过来的。老师们认认真真备课，扎扎实实组织活动，切切实实进行反思，真诚愉悦地参加团队互动，在此过程中，他们成长着、进步着、发展着。本书收录的这些教案，仅仅是他们学习、研讨过程的片鸿鳞爪，虽然还经常显露出稚嫩、不够成熟，但却显现出方圆绿茵幼儿园的管理者对教师专业成长的注重和不懈坚持，也显现了专家经经验与实践工作者的实践紧密结合后园本教研活动的实效。

本书中的教案按小、中、大班编排，每一个年龄段首先提供几份不成熟、不完善的教案，附上专家点评的文字，再呈现修改提升后的教案。前后对比阅读，对于提升修改教案的水平将有直接的帮助。在阅读过程中，我们仿佛听到了专家亲切的点评话语，看到青年教师虚心好学、认真修改教案的身影。好的教案往往是修改出来的。在设计者自己积极思考的过程中、在同伴坦诚的互相评价中，在专家高屋建瓴的指点下，青年教师逐步掌握幼儿园各年龄班、各领域教育的特点，最终拿出了较满意的教案。

随后的数十篇教案，则附有“课题来源”和“研讨要点”，展现了该教案的产生与形成过程、教师的琢磨与提升思路，并实事求是地指出了该教案的精彩之处与不足之处。每一则案例，从遴选课题、初写教案、修改教案，到实施教案，再到反思与提升，全面展现了幼儿园教师在教案设计方面的磨炼与成长过程。从修改后的教案中我们看到方圆绿茵幼儿园的青年教师在专业成长道路上的辛劳攀爬：有不同教学领域的教学计划，有综合教育的教案，更有认真的反思与评析。方圆绿茵幼儿园的青年教师们的水平一天天在提高，对幼儿园教育教学真谛的领悟也在逐渐加深。他们明白了：只有主动积极经历反思、剖析，幼儿教师才能不断将感性认识提高到理性认识。

本书中提供的教案大部分是南京市实验幼儿园“综合教育课程”中的内容，同时还较多地呈现了方圆绿茵幼儿园的教师们在独特的办园思想指导下，从本园的实际出发，经过多年的实践，逐步形成并且被幼儿家长和社会公认的特色课程——幼儿美术教育的教案，表现了方圆绿茵幼儿园的青年教师们在专业成长中，既全面发展又独具特点的发展方向。

阅读、研究本书中收录的精彩教案，分享青年教师成长的愉悦，体验他们专业成长的历程，就能充分感受到青年教师们在努力实践“工作着、学习着、发展着、幸福着”的理念。愿所有的青年教师能从本书中收获专业成长的甘蜜，再奉献于幼儿教育的宏伟事业！

陈国强

2014 年 8 月

图书在版编目（CIP）数据

幼儿园教案设计与反思：新教师专业成长之路 /潘娟主编. 一 南京：江苏凤凰教育出版社，2014. 9（2020. 11 重印）
ISBN 978-7-5499-4427-9

Ⅰ. ①幼… Ⅱ. ①潘… Ⅲ. ①幼儿园－教学活动－教学设计 Ⅳ. ①G612

中国版本图书馆 CIP 数据核字(2014)第 217434 号

书　　名　幼儿园教案设计与反思——新教师专业成长之路
策　　划　金　玲
主　　编　潘　娟
主　　审　陈国强
责任编辑　严小英
出版发行　江苏凤凰教育出版社（南京市湖南路 1 号 A 楼　邮编 210009）
苏教网址　http：//www.1088.com.cn
照　　排　南京前锦排版服务有限公司
印　　刷　江苏凤凰通达印刷有限公司（电话 025-57572508）
厂　　址　南京市六合区冶山镇（邮编 211523）
开　　本　787 mm×1092 mm　1/16
印　　张　18.5
版　　次　2016 年 12 月第 2 版
印　　次　2020 年 11 月第 3 次印刷
书　　号　ISBN 978-7-5499-4427-9
定　　价　39.00 元
网店地址　http：//jsfhjycbs.tmall.com
公 众 号　苏教服务（微信号：jsfhjyfw）
邮购电话　025-85406265，025-85400774，短信 02585420909
盗版举报　025-83658579